Python para Todos

Explorando Dados com Python 3

Charles R. Severance

Créditos

```
Suporte Editorial : Elliott Hauser, Sue Blumenberg
Cover Design: Toby Koening
Tradução para Português (PT-BR): Antonio Marcos, Alysson Hyago,
Andhré Carvalho, Arthur Carneiro, Caio Porto,
Debora Nunes, Gabriel Araújo Medeiros, Giovana
Oliveira,  João Pedro Melquiades, Lara Sobral,
Maysa Freire, Natã Macedo, Pyettra Feitosa, Victor
Marinho, Vinicius França, Vinicius Formiga, Vitor
Araujo, Yuri Loia
```

Printing History

- 2020-Jan-08 Tradução completa para o português em Python 3.0
- 2016-Jul-05 Primeira Edição Completa em versão Python 3.0
- 2015-Dec-20 Conversão inicial para Python 3.0

Detalhes de Direitos Autorais

Prefácio

Transformações em uma Jornada

A transformação do livro *Python for Everybody* em **Python para Todos** é o resultado árduo de um projeto do capítulo sobre Robótica e Automação do IEEE-UFCG (RAS IEEE - UFCG), localizado em Campina Grande - Paraíba - Brasil.

Secretário da RAS no ano de 2018 e graduando em Engenharia Elétrica pela UFCG, Arthur Carneiro foi o pioneiro a tornar este sonho realidade. Em seus estudos e pesquisas sobre a área, descobriu que Charles Severance, autor do *Python for Everybody*, é um grande encorajador de qualquer estudante, cientista ou profissional que tope o desafio de traduzir sua obra para outro idioma.

Arthur aceitou a missão e recrutou o seu time. Em agosto de 2018, 7 pessoas foram convocadas para cumprir a nobre tarefa de tornar o trabalho de Severance acessível a milhares de leitores da Língua Portuguesa. Yuri Loia, aluno de mestrado, com conhecimento prévio em Python e fluência em inglês, foi nomeado como gerente do projeto. Sua equipe era composta por 6 graduandos do curso de Engenharia Elétrica: Allyson Hyago, Andhré Carvalho, João Pedro Melquiades, Maysa Freire, Natã Macedo e Vinicius França.

O grupo trabalhou incansavelmente na tradução do livro até março de 2019, quando receberam mais apoio intelectual para cumprir a meta. Mais 8 apaixonados por Python se juntaram aos demais para seguir com o trabalho: Caio Porto, Débora Nunes, Giovanna Oliveira, Pyettra Feitosa, Vinícius Formiga, Victor Marinho e Vitor Araujo. Com essa força extra, em janeiro de 2020 surge a primeira versão do **Python para Todos**, que, posteriormente, passou por novas melhorias.

Batizamos a obra tal qual o seu nome em Inglês, pois realmente qualquer um pode começar a sua jornada em Python a partir da leitura deste livro. Sua leitura coloquial é proposital e foi traduzida da melhor forma possível para que o entendimento seja abrangente a todos que o tiverem em mãos.

Prepare-se! Sua jornada com Python está prestes a começar!

Remisturando um Livro Aberto

É bem comum para os acadêmicos serem instigados com frases como "publique ou pereça" quando se trata de produzir novas ideias, onde se perpetua uma cultura de começar tudo do zero para que se obtenha uma criação genuína. Este livro é um experimento em não começar da etapa inicial, ao invés disso será "misturado" o livro *Pense em Python: Pense como um Cientista da Computação* escrito por Allen B.Downey, Jeff Elkner, e outros.

Por volta de dezembro de 2009, eu estava me preparando para lecionar *SI502 - Networked Programming* na University of Michigan pelo quinto semestre seguido, e decidi que estava na hora de escrever um livro de Python focado na exploração de dados ao invés de se limitar ao estudo de algorítimos e abstrações. Meu objetivo naquela turma era para ensinar habilidades vitais utilizando o estudo de dados, para que meus alunos pudessem levar para o resto da vida estes conhecimentos em Python. Poucos destes alunos tinham planos de se tornar cientistas da computação. Como alternativa, eles tinham planos de se tornar economistas, advogados, bibliotecários, biólogos, etc., mas que mas que queriam usar habilmente a tecnologia e programação nas suas áreas.

Dentro deste contexto, parecia que não havia um livro de Python orientado à análise de dados que se adequasse perfeitamente ao meu curso, e então decidi escrever tal livro. Felizmente, em um encontro na faculdade três semanas antes de começar as férias e consequentemente o início deste projeto, o Professor Dr. Atul Prakash me mostrou o livro *Think Python* que ele havia usado para lecionar a disciplina naquele semestre. É um livro bem escrito voltado para ciência da computação e focado em explicações breves, diretas e de fácil compreensão.

A estrutura geral do livro foi modificada para que o leitor possa começar a trabalhar com análise de dados o mais rápido possível, além de ter uma série de exemplos e exercícios desde o começo.

Os capítulos 2–10 são parecidos com os do *Think Python*, mas com grandes mudanças. Exercícios com orientação aos números foram substituídos com outros exercícios orientados à análise de dados. Os tópicos são apresentados em uma sequência necessária para evoluir a construção de respostas cada vez mais sofisticadas. Alguns tópicos como `try` e `except` foram colocados mais a frente no capítulo de condicionalidade. Funções são levemente abordadas no início, até o momento em que seja necessário trabalhar com programas de maior nível de complexidade, ao invés de ser uma abstração inicial. Quase todas as funções que necessitam de definição pelo usuário foram removidas dos códigos de exemplos e exercícios que não sejam do capítulo 4. A palavra "recursividade"[1] não está presente neste livro de maneira alguma.

Nos capítulos 1 e 11–16, todo o material apresentado é inédito, com foco em aplicações no mundo real e exemplos simples do uso de Python para a análise de dados, incluindo expressões comuns para pesquisa e análise, automatizando tarefas do seu computador, programação orientada a objetos, recuperando dados por meio da internet, buscando-os em páginas da web, utilizando serviços online, analise de dados XML e JSON, criando e utilizando uma base de dados de Linguagem de Consulta Estruturada (Strutured Query Language - SQL) e visualizando de dados.

O objetivo final destas mudanças é estabelecer uma modificação do foco em ciência da computação para um voltado para informática, incluindo em uma turma inicial de tecnologia apenas tópicos que possam ser úteis mesmo que os alunos não pretendam se tornar programadores profissionais.

Para aqueles que acharem este livro interessante e tiverem a motivação de explorar além dos limites dele, sugiro que deem uma olhada no livro *Think Python* do Allen B. Downey. Apesar disso, existem muitas interseções entre os dois livro, e para aqueles que desejam obter habilidades em áreas mais técnicas de programação e construção de algoritmos podem ter acesso a esta informação no livro *Think Python*. Dado que os livros possuem uma semelhança no estilo de escrita, a transição entre eles deverá ser fácil e rápida, com o mínimo de esforço.

Como proprietário dos direitos autorais do *Think Python*, Allen me permitiu modificar a licença do material do livro dele para o material herdado neste livro, da licença GNU de Documen-tação Livre para a mais recente licença Creative Commons — licença compartilhável semelhante . Isso acarreta em uma mudança geral

---

[1]Com exceção, é claro, desta linha.

na licença de documentação aberta, trocando de uma GFDL para uma CC-BY-SA (ex., Wikipedia). Utilizar a licença CC-BY-SA mantém a forte tradição de direito de cópia (copyleft) ao mesmo tempo em que o processo de novos autores reutilizarem este material como eles acharem melhor se torna mais direto.

Tenho o sentimento de que este livro servirá como um exemplo do porquê materiais com uma compartilhação mais aberta são tão importantes para o futuro da educação, e também gostaria de agradecer ao Allen B. Downey e a gráfica da universidade de Cambridge pela sua decisão voltada para o futuro de tornar este livro disponível sob direitos autorais abertos. Espero que estejam satisfeitos com o resultado dos meus esforços e que você leitor esteja satisfeito com *nossos* esforços coletivos.

Gostaria de agradecer a Allen B. Downey e Lauren Cowles pela ajuda, paciência e orientação em lidar com e resolvendo ativamente problemas relacionados aos direitos autorais deste livro.

Charles Severance
www.dr-chuck.com
Ann Arbor, MI, USA
9 de Setembro 2013

Charles Severance é um professor associado na University of Michigan School of Information.

Contents

Capítulo 1

Por que você deveria aprender a programar?

Escrever programas (ou programar) é uma atividade muito criativa e gratificante. Você pode escrever programas por várias razões, seja para ganhar a vida, para resolver um problema difícil de análises de dados, ou apenas se divertir ajudando alguém a solucionar um problema. Este livro assume que *todos* precisam saber como programar, e, uma vez sabendo, você vai descobrir o que deseja fazer com suas novas habilidades.

Em nosso dia-a-dia, estamos rodeados de computadores, de laptops a celulares. Nós podemos imaginar esses computadores como nossos "assistentes pessoais", que cuidam de muitas de nossas coisas. O hardware dos nossos computadores cotidianos é essencialmente construído para nos perguntar continuamente: "O que você deseja que eu faça agora?".

Os programadores adicionam um sistema operacional e um conjunto de aplicativos ao hardware e nós acabamos tendo um Assistente Pessoal Digital que é bastante útil e capaz de nos ajudar em várias coisas.

Nossos computadores são rápidos e têm vastos espaços de memória e poderiam ser ainda mais úteis se nós {apenas} soubéssemos "falar" a língua para explicar ao computador o que nós "queremos que ele faça agora". Se nós soubéssemos essa linguagem, poderíamos mandar o computador realizar tarefas repetitivas ao nosso querer. Interessantemente, os tipos de coisas que computadores podem fazer melhor são muitas vezes as coisas que nós humanos achamos entendiantes e mentalmente exaustivas.

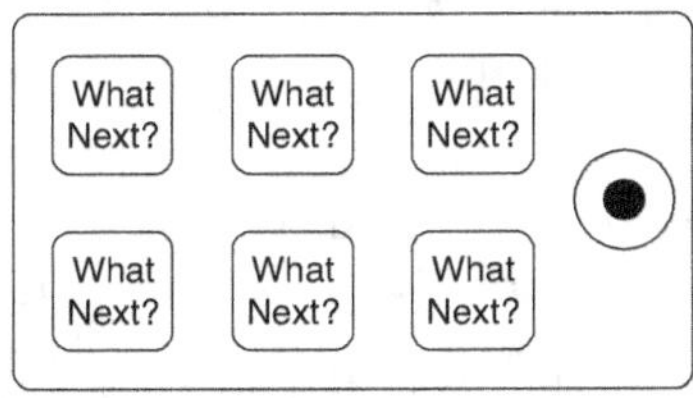

Figure 1.1: Personal Digital Assistant

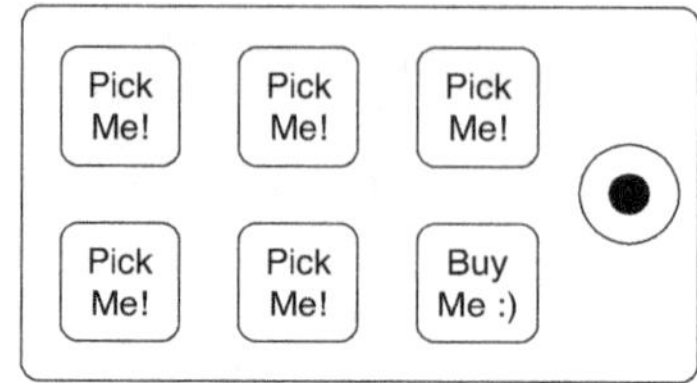

Figure 1.2: Programmers Talking to You

Por exemplo, leia os três primeiros parágrafos desse capítulo e me diga qual é a palavra mais usada e quantas vezes essa mesma palavra apareceu. Enquanto você era capaz de ler e entender as palavras em poucos segundos, contar o número de vezes que a palavra foi usada é quase que doloroso, pois esse não é o tipo de problema que mentes humanas foram feitas para resolver. Para um computador é o contrário, ler e entender o texto escrito num pedaço de papel é difícil, mas contar as palavras e dizer quantas vezes aquela palavra foi usada é muito fácil:

```
python words.py
Enter file:words.txt
de 8
```

Nosso "assistente pessoal de análises de informação" rapidamente nos diria que a palavra "de" foi usada oito vezes nos três primeiros parágrafos desse capítulo.

Esse mesmo fato de que computadores são bons em coisas que humanos não são é o motivo pelo qual você precisa se tornar hábil em falar a "linguagem computacional". Uma vez que você aprende essa nova linguagem, você pode designar tarefas mundanas para seu parceiro (o computador), sobrando mais tempo para fazer as coisas as quais você é unicamente adequado. Você traz criatividade, intuição e inventividade a essa parceria.

1.1   Criatividade e motivação

Embora este livro não seja destinado a programadores profissionais, a programação profissional pode ser um trabalho muito gratificante, tanto financeiramente quanto pessoalmente. Construir programas úteis, elegantes e inteligentes para os outros usarem é uma atividade que exige muita criatividade. Seu computador ou Personal Digital Assistant (Assistente Pessoal Digital - PDA) geralmente contém diversos programas de diferentes grupos de programadores, cada um competindo por sua atenção e interesse. Eles fazem o melhor para atender às suas necessidades e lhe oferecer uma ótima experiência no processo. Em algumas situações, quando você escolhe um software, os programadores são diretamente compensados por sua escolha.

Se pensarmos nos programas como o resultado da criatividade de grupos de programadores, talvez a seguinte figura seja uma versão mais sensata de nosso PDA:

Por enquanto, nossa principal motivação não é ganhar dinheiro ou agradar os usuários finais, mas sim, sermos mais produtivos no manuseio dos dados e das informações que encontraremos em nossas vidas. Quando você começar, você será

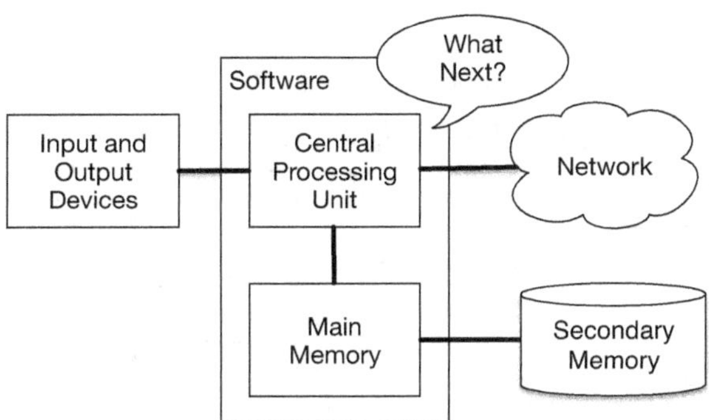

Figure 1.3: Hardware Architecture

o programador e o usuário final de seus programas. À medida que você ganha experiência como programador e a programação lhe parece mais criativa, seus pensamentos podem se voltar ao desenvolvimento de programas para os outros.

1.2 Arquitetura de hardware de computadores

Antes de começarmos a aprender a linguagem que usamos para dar instruções a computadores para o desenvolvimento de software, precisamos saber um pouco sobre como computadores são construídos. Se você por acaso desmontasse seu computador ou celular, encontraria as seguintes partes:

As definições em alto nível dessas partes são as seguintes:

- A *Unidade de Processamento Central* (ou CPU) é a parte do computador que é construída para ser obcecada com a pergunta "E agora?". Se seu computador é avaliado em 3.0 Gigahertz, significa que ele irá perguntar "E agora?" três bilhões de vezes por segundo. Você terá que aprender como falar rápido para acompanhar a CPU.

- A *Memória Principal* é utilizada para armazenar informações que a CPU precisa com urgência. Sendo a memória quase tão rápida quanto a CPU. Mas a informação armazenada nessa memória desaparece quando o computador é desligado.

- A *Memória Secundária* também é utilizada para armazenar informação, mas é muito mais lenta que a memória principal. A vantagem é que os dados podem ser guardados até quando o computador está desligado. Exemplos de memória secundária são os discos rígidos ou as memórias flash (tipicamente encontrados em dispositivos USB e em reprodutores de música portáteis).

- Os *Dispositivos de Entrada e Saída* são simplesmente nosso monitor, teclado, mouse, microfone, alto-falante, touchpad, etc. Eles são todas as maneiras que temos para interagir com o computador.

- Atualmente, a maioria dos computadores também tem uma *Conexão de rede* para receber informações de uma rede. Podemos pensar nessa rede como um local muito devagar para armazenar e receber informação que nem sempre

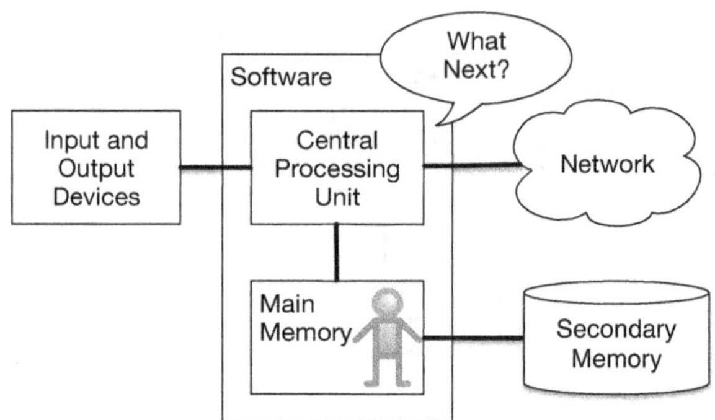

Figure 1.4: Where Are You?

pode estar "à disposição". Então, em resumo, essa rede é uma forma lenta e
às vezes não confiável de *Memória Secundária*.

Embora seja melhor deixar para construtores de computadores a maioria dos detalhes de como esses componentes funcionam, ter algumas terminologias ajuda uma
vez que podemos falar dessas partes à medida que escrevemos nossos programas.

Como um programador, seu trabalho é usar e orquestrar cada um desses recursos
para resolver o problema que você precisa resolver e para analisar as informações
obtidas da solução. Você vai, na maioria das vezes, estar "falando" com a CPU e
dizendo a ela o que fazer agora. Algumas vezes dirá para usar a memória principal,
a memória secundária, a rede, ou os dispositivos de entrada e saída.

Você precisa ser a pessoa que responde à pergunta "E agora?" da CPU. Mas seria
bem desconfortável te encolher a um tamanho de 5 mm só para que você emita um
comando três bilhões de vezes por segundo. Então, em vez disso, você deve escrever
suas instruções antecipadamente. Chamamos essas instruções armazenadas de
programa e o ato de escrevê-las e garantir que estejam corretas de *programar*.

1.3   Entendendo Programação

No resto do livro, nós tentaremos te transformar numa pessoa que tem habilidade
na arte de programar. No final, você será um *programador* — talvez não um profissional, mas ao menos você terá a capacidade de olhar um problema relacionado
a dados e/ou informações e conseguirá desenvolver um programa que solucione o
problema.

De um modo ou de outro você precisará de duas habilidades para ser programador:

- Primeiro, você terá que aprender a linguagem de programação (Python), ou
  seja, você tem que saber o vocabulário e a gramática. Você tem que ser
  capaz de soletrar as palavras adequadamente nesta nova linguagem de forma
  a construir "sentenças" bem elaboradas.

- Segundo, você precisa "contar uma história". Quando se conta uma história
  se combina palavras e sentenças para se transmitir uma ideia ao leitor. Existe

uma habilidade e uma arte na construção de uma história e a habilidade de
contá-la é aperfeiçoada quando se escreve e alguém avalia o seu trabalho
dando um feedback sobre ele. Na área de programação, o nosso programa é
a "história" e o problema que nós estamos querendo solucionar é a "ideia".

A partir do momento que você aprende uma linguagem de programação como
Python, você terá muito mais facilidade em aprender uma segunda linguagem de
programação como Javascript ou C++. A nova linguagem poderá ter gramática e
vocabulário diferentes, mas as habilidades para resolver problemas serão as mesmas
através de todas elas.

Você aprenderá o "vocabulário" e as "sentenças" de Python muito rápido. Será
mais demorado para você aprender a escrever um programa coerente para solucionar um problema novo. Nós ensinamos programação assim como ensinamos a
escrever. Nós começaremos lendo e explicando programas, depois nós escevere-
mos programas simples e logo após vamos passar para programas cada vez mais
complexos conforme o tempo for passando. Em algum ponto você "pegará o gan-
cho" e perceberá padrões por conta própria e verá mais claramente como pegar um
problema e escrever um programa que o soluciona. Quando chegar nesse ponto,
programar será um processo agradável e criativo.

Começaremos com o vocabulário e a estrutura dos programas em Python. Seja
paciente, pois os exemplos te lembrarão como foi ler pela primeira vez.

1.4 Palavras e Frases

Ao contrário das línguas humanas, o vocabulário da Python é realmente muito
pequeno. Chamamos de "vocabulário" as palavras "reservadas". Estas são palavras
com um significado muito especial para Python. Quando ela as vê em um programa,
elas tem um e apenas um significado para Python. Posteriormente, você escreverá
programas com suas palavras próprias que chamará de variáveis. Você terá uma
grande liberdade na escolha de nomes para as suas variáveis, mas não será possível
utilizar as palavras reservadas do Python como um nome para uma variável.

Quando treinarmos um cão, usamos palavras especiais como "senta", "fica" e
"pega". Quando você fala com um cão e não utiliza alguma destas palavras reservadas, eles encaram você com uma reação questionável em seu rosto até que você
diga uma palavra reservada.
por exemplo, se você diz, "Eu desejo que mais pessoas caminhassem para melhorar
sua saúde", o que a maioria dos cães ouve é, "blah blah blah *caminhar* blah blah
blah blah." Isso porque "caminhar" é uma palavra reservada na liguagem canina.
Muitos podem sugerir que a linguagem entre seres humanos e gatos não tenha
palavras reservadas[1].

As palavras reservadas na língua onde os seres humanos falam com Python incluem
as seguintes:

```
and        del        global     not        with
as         elif       if         or         yield
```

---

[1] http://xkcd.com/231/

```
assert     else       import     pass
break      except     in         raise
class      finally    is         return
continue   for        lambda     try
def        from       nonlocal   while
```

É isto, e ao contrário de um cão, Python já está completamente treinado. Quando você diz "tente", ele vai tentar toda vez que você falar, sem falhar. Nós iremos aprender essas palavras reservadas e como elas são usadas, mas por ora vamos nos concentrar no equivalente a "falar" Python (na linguagem entre homem e cachorro). A vantagem de pedir a Python para falar, é que podemos até mesmo dizer-lhe o que falar, dando-lhe uma mensagem em citações:

```
print('Hello world!')
```

E até escrevemos nossa primeira frase sintaticamente correta em Python. Nossa sentença começa com a palavra reservada *print* seguido por uma sequência de texto de nossa escolha entre aspas simples. Este conjunto de caracteres pode ser acompanhado de aspas simples ou duplas, sem distinção do funcionamento da função. Entretanto, é interessante utilizar-se de aspas duplas para os casos em que seja necessário utilizar as aspas simples como um apóstrofo.

1.5 Conversando com Python

Agora que nós já conhecemos uma palavra e uma simples sentença em Python, precisamos saber como iniciar uma conversa com ela para testar nossas novas habilidades linguísticas.

Antes de você poder conversar com Python, você deve primeiro instalar o software do Python no seu computador e aprender a como inicializá-lo. Isso possui detalhes demais para este capítulo, então eu sugiro que você consulte www.py4e.com onde eu tenho instruções detalhadas e screencasts sobre configuração e inicialização do Python nos sistemas Macintosh e Windows. Em certo ponto, você vai estar num terminal ou janela de comando e vai digitar *python* e o interpretador de Python vai começar a executar no modo interativo, onde aparece algo como o seguinte:

```
Python 3.5.1 (v3.5.1:37a07cee5969, Dec  6 2015, 01:54:25)
[MSC v.1900 64 bit (AMD64)] on win32
Type "help", "copyright", "credits" or "license" for more
information.
>>>
```

O >>> prompt é o modo como o interpretador da Python te pergunta, "O que você deseja que eu faça agora?" Ele está pronto para ter uma conversa com você. Tudo o que você tem que saber é como falar a sua linguagem .

Vamos dizer, por exemplo, que você não conheça nem as mais simples palavras ou sentenças da linguagem Python. Você pode querer usar a frase padrão que os astronautas usam quando aterrissam num planeta distante e tentam falar com os habitantes locais::

```
>>>  Venho em paz. Por favor, leve-me ao seu líder
File "<stdin>", line 1
    Venho em paz. Por favor, leve-me ao seu líder

SyntaxError: invalid syntax
>>>
```

Isso não está indo muito bem. A menos que você pense em algo rápido, provavelmente os habitantes do planeta irão te apunhalar com suas lanças, colocarão você num espeto, te assarão sobre o fogo e comerão sua carne no jantar.

Felizmente, você levou uma cópia deste livro para sua viagem, abre ele nesta exata página e tenta de novo:

```
>>> print('Alô Mundo!')
Alô Mundo!
```

Isso está parecendo bem melhor, então você tenta se comunicar um pouco mais:

```
>>> print (`Você deve ser o lendário Deus que vem do céu')
Você deve ser o lendário Deus que vem do céu
>>> print (`Nós estávamos te esperando há um longo tempo')
Nós estávamos te esperando há um longo tempo
>>> print (`Nossa lenda diz que você fica bastante saboroso com mostarda')
Nossa lenda diz que você fica bastante saboroso com mostarda
>>> print `Nós teremos um banquete esta noite a menos que você diga
  File "<stdin>", line 1
    print `Nós teremos um banquete esta noite a menos que você diga

SyntaxError: Missing parentheses in call to 'print'
            (Falta de parênteses no uso de 'print')
>>>
```

A conversa estava indo tão bem por um momento, até que você cometeu o menor erro na linguagem Python e ele pegou as lanças de volta.

A essa altura, você também deve ter percebido que, enquanto Python é maravilhosamente complexo e poderoso e muito exigente sobre a sintaxe que você usa para se comunicar com ele, o mesmo *não* é inteligente. Você está apenas tendo uma conversa consigo mesmo, porém usando uma sintaxe apropriada.

De certo modo, quando você usa um programa escrito por outras pessoas, a conversa é entre você e esses outros programadores, com o Python atuando como intermediário. Ele é um meio pelo qual os criadores de programas expressam como a conversa deve proceder. E em alguns poucos capítulos, você será um desses programadores usando-a para conversar com os usuários do seu programa.

Antes de nós acabarmos nossa primeira conversa com o interpretador de Python, você provavelmente deve saber como, adequadamente, dizer "good-bye", quando se está interagindo com os habitantes do planeta Python:

```
>>> good-bye
(tchau)
Traceback (most recent call last):
File "<stdin>", line 1, in <module>
NameError: name 'good' is not defined
>>> if you don't mind, I need to leave
(se você não se importa, eu preciso sair)
File "<stdin>", line 1
  if you don't mind, I need to leave
          ^
SyntaxError: invalid syntax
>>> quit()
```

Você irá perceber que os erros são diferentes para cada uma das duas falhas tentativas. O segundo erro é diferente porque *if* é uma palavra reservada e o Python viu isso e pensou que estávamos tentando dizer algo, mas teríamos errado na sintaxe da frase.

A maneira certa se despedir do Python é inserir *quit()* na parte interativa do >>> prompt. Provavelmente, você teria demorado um pouco para adivinhar essa, então ter um livro em mãos será bem útil.

1.6   Terminologia: Interpretador e Compilador

Python é uma linguagem de *alto-nível* que pretende ser relativamente simples para um humano ler e escrever e para um computador ler e processar. Algumas outras linguagens de alto-nível são: Java, C++, PHP, Ruby, Basic, Perl, JavaScript, and many more. O Hardware dentro da Unidade de Processamento Central (CPU) não entende nenhuma dessas linguagens de alto-nível.

A CPU entende uma linguagem que chamamos de *linguagem de máquina*. Ela é muito simples e francamente bem cansativa de escrever, uma vez que é representada totalmente por zeros e uns.

```
001010001110100100101010000001111
111001100000111010100101011011101
. . .
```

Linguagem de máquina parece ser bem simples superficialmente, visto que somente há zeros e uns, mas sua sintaxe é bem mais complexa e muito mais complicada que Python. Então, poucos trabalhadores escrevem nessa linguagem. Em vez disso, construímos vários tradutores para permitir que programadores escrevam em linguagens de alto-nível, como Python ou JavaScript, e esses tradutores convertem os programas para linguagem de máquina para a real execução pela CPU.

Uma vez que a linguagem de máquina está amarrada ao hardware do computador, ela não é *portátil* para diferentes tipos de hardware. Programas escritos em linguagens de alto-nível podem ser movidos entre diferentes computadores usando um diferente interpretador na nova máquina ou recompilando o código para criar uma versão da linguagem de máquina para o novo computador.

Esses tradutores de linguagem de programação caem em duas categorias gerais: (1) interpretadores e (2) compiladores.

Um * interpretador* lê o código-fonte do programa como o programador escreveu, analisa o código e interpreta as instruções em tempo real. %%Aqui adaptei um pouco visto a repetição excessiva da palavra Python, que não cai muito bem no português Python é um interpretador e quando estamos executando Python interativamente, podemos digitar uma linha (uma sentença) e ela é processada imediatamente e já podemos digitar outra linha de Python.

Algumas das linhas de Python falam para ele que você quer aquilo para lembrar de algum valor para depois. Precisamos escolher um nome para esse valor que será lembrado e podemos usar esse nome simbólico para recuperar o valor depois. Usamos o termo *variável* para nos referir a esses rótulos que se referem à informação armazenada.

```
>>> x = 6
>>> print(x)
6
>>> y = x * 7
>>> print(y)
42
>>>
```

Nesse exemplo, pedimos para o Python que lembre o valor seis e use o rótulo x para que possamos recuperar o valor depois. Nós verificamos que ele realmente lembrou o valor usando *print*. Então, pedimos que o interpretador recupere x e multiplique por sete, colocando o valor recentemente computado em y. Então, pedimos ao Python para mostrar o valor que está atualmente em y.

Apesar de escrevermos esses comandos em Python uma linha por vez, ele trata os comandos como uma sequência ordenada de afirmações com afirmações posteriores capazes de recuperar informações criadas em afirmações anteriores. Estamos escrevendo nosso primeiro parágrafo simples com quatro sentenças em uma ordem lógica e significativa.

É da natureza de um *interpretador* ser capaz de ter uma conversa interativa como mostrada acima. Um *compilador* precisa receber todo o programa em um arquivo, e então executa um processo para traduzir o código-fonte de alto-nível para linguagem de máquina e então o compilador põe a linguagem de máquina resultante em um arquivo para posterior execução.

Se você possui um sistema Windows, frequentemente esses programas executáveis em linguagem de máquina têm um sufixo ".exe" ou ".dll" que correspondem a "executável" e "biblioteca de vínculo dinâmico" respectivamente. No Linux e Macintosh, não há sufixo que marque exclusivamente um arquivo como executável.

Se você for abrir um arquivo executável em um editor de texto, ele vai parecer completamente louco e será ilegível:

```
^?ELF^A^A^A^@^@^@^@^@^@^@^@^@^B^@^C^@^A^@^@^@\xa0\x82
^D^H4^@^@^@\x90^]^@^@^@^@^@04^@ ^@^G^@(^@$^@!^@^F^@
^@^@4^@^@^@4\x80^D^H4\x80^D^H\xe0^@^@^@\xe0^@^@^@^E
```

```
^@^@^@^D^@^@^@^C^@^@^@^T^A^@^@^T\x81^D^H^T\x81^D^H^S
^@^@^@^S^@^@^@^D^@^@^@^A^@^@^@^A\^D^HQVhT\x83^D^H\xe8
....
```

Não é fácil ler ou escrever em linguagem de máquina, então é ótimo termos os *interpretadores* e *compiladores* que nos permitem escrever em linguagens de alto-nível como Python ou C.

Agora, a esse ponto de nossa discussão de compiladores e interpretadores, você deveria estar se perguntando um pouco sobre o interpretador Python em si. Em qual linguagem ele é escrito? Ele é escrito em uma linguagem compilada? Quando nós digitamos "python", o que está exatamente acontecendo?

O interpretador Python é escrito em uma linguagem de alto-nível chamada C. Você pode dar uma olhada no código-fonte real do interpretador Python indo em www.python.org e trilhando seu caminho pelo código-fonte. Então, Python é propriamente um programa e é compilado em código de máquina. Quando você instalou o Python no seu computador (ou o fornecedor instalou), você copiou uma cópia de um código de máquina do programa Python traduzido no seu sistema. No Windows, o código de máquina executável para o Python em si está provavelmente em um arquivo com um nome do tipo:

```
C:\Python35\python.exe
```

Isso é mais do que você realmente precisa saber para ser um programador de Python, mas às vezes vale a pena responder a essas perguntas irritantes logo no começo.

1.7   Escrevendo um Programa

Escrever comandos no Interpretador de Python é um excelente meio de experimentar os recursos da linguagem, mas não é recomendado para resolução de problemas complexos.

Quando queremos escrever um programa, nós utilizamos um editor de texto para escrever as instruções em Python em um arquivo, isto é chamado de um *script*. Por convenção, scripts em Python possuem nomes que terminam com .py.

Para executar o script, você fala ao interpretador de Python o nome do arquivo. Em uma janela de comando, você escreveria `python Alo.py` como a seguir:

```
$ cat Alo.py
print('Alô Mundo!')
$ python Alo.py
Alô Mundo!
```

O "$" é o prompt do sistema operacional, e o "cat Alo.py" nos mostra que um arquivo "Alo.py" contém um programa em Python de uma linha que imprime uma string.

Nós chamamos o interpretador de Python e falamos com ele para que leia o código-fonte do arquivo "Alo.py", ao invés de nos pedir linhas de código Python interativamente.

Você notará que não há necessidade de *quit()* no final do programa. Quando o Python está lendo seu código-fonte a partir de um arquivo, ele sabe parar quando chega ao final do script.

1.8   O que é um programa?

A definição de um *programa* em seu básico é uma sequência de instruções do Python que foram criadas para fazer algo. Até mesmo nosso simples script *Alo.py* é um programa. Trata-se de um programa de uma única linha e particularmente não é útil, mas na definição mais estrita, é sim um programa em Python.

Pode ser mais fácil entender o que é um programa pensando em um problema que um programa poderia ser criado para resolver, e então olhar para um que solucionaria este problema.

Digamos que você está fazendo uma pesquisa de Computação Social em posts do Facebook e que você está interessado nas palavras mais usadas frequentemente em uma série de posts. Você poderia imprimir o conteúdo dos posts do Facebook e examinar o texto procurando pela palavra mais comum, mas isso levaria muito tempo e seria muito propenso a erros. Seria mais inteligente escrever um programa em Python para lidar com esta tarefa, de forma rápida e precisa, para então você poder passar o fim de semana fazendo algo divertido.

Por exemplo, veja o seguinte texto sobre um palhaço e um carro. Veja o texto e descubra qual é a palavra mais comum e quantas vezes ela aparece.

```
O palhaço correu atrás do carro e o carro entrou na tenda e a
tenda caiu sobre o palhaço e o carro.
```

Imagine então que você está fazendo essa tarefa olhando para milhões de linhas de texto. Francamente seria mais rápido para você aprender Python e escrever um programa nesta linguagem para fazer a contagem do que seria examinar manualmente as palavras.

A boa notícia é que eu já escrevi um programa simples para encontrar a palavra mais comum em um arquivo de texto. Eu escrevi, testei, e agora o estou lhe dando para você usar e economizar algum tempo.

```python
name = input('Enter file:')
handle = open(name, 'r')
counts = dict()

for line in handle:
    words = line.split()
    for word in words:
        counts[word] = counts.get(word, 0) + 1
```

```
bigcount = None
bigword = None
for word, count in list(counts.items()):
    if bigcount is None or count > bigcount:
        bigword = word
        bigcount = count

print(bigword, bigcount)

# Code: http://www.py4e.com/code3/words.py
```

Você nem mesmo precisa saber Python para usar este programa. Você irá precisar passar do Capítulo 10 desse livro para entender completamente as impressionantes técnicas de Python que nós usamos para fazer esse programa. Você é o usuário final, você simplesmente usa o programa e se maravilha com sua inteligência e como isso poupou você de muito esforço manual. Você apenas digita o código em um arquivo chamado *words.py* ou faz o download do código-fonte de http://www.py4e.com/code3/, e o executa.

Este é um bom exemplo de como Python e a Linguagem Python estão atuando como intermediário entre você (o usuário final) e eu (o programador). Python é uma forma para nós trocarmos sequências de instruções úteis (i.e., programas) em uma linguagem comum que pode ser usada por qualquer um que o instale em seu computador. Então nenhum de nós está falando *para o Python*, ao invés disso estamos nos comunicando uns com os outros *através* dele.

1.9   A Construção de blocos de programas

Nos próximos capítulos nós iremos aprender sobre vocabulário, estrutura de sentenças, parágrafos e a estrutura da história do Python. Nós aprenderemos sobre a poderosa capacidade desta linguagem e como integrar essas capacidades em conjunto para criar programas eficientes.

Existem alguns padrões conceituais de baixo nível que usamos para construir programas. Essas construções não são apenas para programas em Python, elas fazem parte de todas as linguagens de programação, desde a linguagem da máquina até as linguagens de alto nível.

entrada (input) Obter dados do "mundo externo". Isso pode ser ler dados de um arquivo, ou até de algum tipo de sensor como um microfone ou GPS. Nos nossos programas iniciais, nossa entrada virá do usuário digitando dados em seu teclado.

saída (output) Mostrar resultados de um programa numa tela, ou guardá-los em um arquivo, ou talvez gravá-los em um dispositivo como um alto falante, para que ele toque música ou fale algum texto.

execução sequencial Realizar instruções uma após a outra na ordem na qual são encontradas no script.

execução condicional Checar certas condições para que uma certa sequência de instruções seja executada ou ignorada. execução repetitiva:] Realizar algum conjunto de instruções repetidamente, geralmente com alguma variação.

reuso Escrever um conjunto de instruções atribuindo um nome a ele para que
estas instruções sejam reutilizadas quando necessárias durante o programa.

Parece quase simples demais para ser verdade, e é claro que nunca é tão simples. É
como dizer que andar é simplesmente "colocar um pé na frente do outro". A "arte"
de escrever um programa é compor e tecer esses elementos básicos juntos muitas
vezes para produzir algo que é útil para seus usuários.

O programa de contagem de palavras acima usa diretamente todos esses conceitos,
exceto um.

1.10   O que poderia dar errado?

Como vimos em nossas primeiras conversas com Python, nós devemos nos comunicar precisamente quando estamos escrevendo o código. O menor desvio ou erro
fará com que o Python desista de olhar para o seu programa.

Os programadores iniciantes costumam encarar o fato de que Python não deixa
espaço para erros como prova de que ele é mau, odioso e cruel. Enquanto Python
parece gostar de todos os outros programadores, ele os conhece pessoalmente e
guarda rancor contra eles. Por causa desse rancor, Python encara nossos programas
perfeitamente escritos e os rejeita como "impróprios", só para nos atormentar.

```
>>> primt 'Olá Mundo!'
  File "<stdin>", line 1
    primt 'Olá Mundo!'
                     ^
SyntaxError: invalid syntax (sintaxe inválida)
>>> primt ('Olá Mundo')
Traceback (most recent call last):
  File "<stdin>", line 1, in <module>
NameError: name 'primt' is not defined (nome 'primpt' não está definido)
>>> Eu te odeio Python!
  File "<stdin>", line 1
    Eu te odeio Python!
            ^
SyntaxError: invalid syntax (sintaxe inválida)
>>> se você saísse daí, eu te ensinaria uma lição
  File "<stdin>", line 1
    se você saísse daí, eu te ensinaria uma lição
         ^
SyntaxError: invalid syntax (sintaxe inválida)
>>>
```

Há pouco a ser ganho por discutir com o Python. É apenas uma ferramenta.
Ele não tem emoções e é feliz e pronto para atendê-lo sempre que você precisar
dele. Suas mensagens de erro soam ásperas, mas elas são apenas pedidos de ajuda.
Ele olhou para o que você digitou, e simplesmente não pôde entender o que você
inseriu.

Python é muito mais como um cão, te amando incondicionalmente, tendo algumas Palavras-chave que ele entende, olhando para você com um olhar doce em sua cara (>>>), e esperando que você diga algo que ele compreenda. Quando Python diz "SyntaxError: invalid syntax" (Erro de sintaxe: sintaxe inválida), ele está simplesmente abanando sua cauda e dizendo: "você parecia dizer alguma coisa, só que eu não entendi o que você quis dizer, mas por favor continue falando comigo (>>>)."

A medida que seus programas se tornam cada vez mais sofisticados, você vai encontrar três tipos gerais de erros:

Erros de Sintaxe Estes são os primeiros erros que você vai cometer e os mais fáceis para corrigir. Um erro de sintaxe significa que você violou as regras da "gramática" do Python. Assim, ele faz o seu melhor para apontar diretamente para a linha e caractere em que ele percebeu estar confuso. A única complicação nos erros de sintaxe é que às vezes o erro se encontra na verdade um pouco antes de onde ele havia *notado* que estava confuso. Assim, a linha e caractere que o Python indica pode ser apenas o ponto de partida da sua investigação.

Erros de Lógica Um erro lógico é quando o programa tem uma boa sintaxe, mas há um erro na ordem das afirmações ou talvez um erro na forma como as afirmações se relacionam entre si. UM bom exemplo de um erro lógico pode ser, "abra sua garrafa e beba um pouco d'água, coloque-a em sua mochila, caminhe até a biblioteca e, somente em seguida, tampe a garrafa."

Erros de Semântica Um erro semântico é quando a descrição dos passos a serem tomados é sintaticamente perfeita e na ordem certa, mas há um erro no programa. Ele está perfeito, mas não faz o que você pretendia que fizesse. Um exemplo simples seria se você estivesse dando a uma pessoa direções para um restaurante e dissesse: "... quando você chegar no cruzamento com o posto de gasolina, vire à esquerda e vá um kilômetro de distância e o restaurante é um edifício vermelho à sua esquerda." Seu amigo está muito atrasado e te liga para dizer que eles estão em uma fazenda, andando por trás de um celeiro, sem sinal de um restaurante.
Então você diz "você virou à esquerda ou direita no posto de gasolina?" e Ele diz, "Eu segui suas direções perfeitamente, eu as escrevi todas: diz para virar à esquerda e seguir um kilômetro em direção ao posto de gasolina." Então você diz, "Eu sinto muito, porque enquanto minhas instruções foram sintaticamente corretas, elas infelizmente continham um erro semântico pequeno, mas não detectado."

Novamente em todos os três tipos de erros, Python está tentando ao máximo apenas fazer exatamente o que você pediu.

1.11   Debugging

Quando seu Python emite um erro ou até mesmo quando ele te dá um resultado diferente do esperado, você inicia a "caça'' em busca da causa de tal problema. Debugging é o processo de encontrar essa causa em seu código. Quando você está fazendo o *Debugging* em seu programa, especialmente se for um erro difícil de encontrar, existem quatro coisas a se tentar:

Ler Leia seu código. Fale-o em voz alta para si próprio e verifique se ele diz mesmo o que você quer que ele diga.

Testar Experimente fazer mudanças e rodar diferentes versões do seu programa. Geralmente, quando você coloca a coisa certa no lugar certo, o problema se torna óbvio, porém, às vezes, você precisará levar um tempo para encontrar o que deve ser ajustado.

Refletir Tire um tempo para pensar! Que tipo de erro está acontecendo: sintaxe, semântica, em tempo de execução? Que informações você pode extrair das mensagens de erro, ou da saída do programa? Que tipo de erro poderia causar o problema que você está vendo? Qual foi a última coisa que você alterou antes do problema aparecer?

Retroceder Em certo momento, o melhor a se fazer é voltar atrás. Desfazer mudanças recentes, até retornar a um programa que funcione e que você o entenda. Depois você pode começar a reconstruir o código.

Programadores iniciantes às vezes ficam emperrados em uma dessas atividades e acabam esquecendo as outras. Para encontrar um erro complexo é preciso ler, testar, refletir e retroceder. Se você ficar preso em uma dessas, tente as outras. Cada uma corresponde a um estilo de problema diferente.

Por exemplo, ler seu código pode ajudar caso o problema seja um erro tipográfico, mas não se ele for uma má compreensão conceitual. Se você não entende o que o programa faz, você pode lê-lo 100 vezes e nunca verá o erro, porque o erro está na sua cabeça.

Testar diferentes versões pode ajudar, principalmente se forem testes simples e pequenos. Porém, se você faz os testes sem pensar ou ler o seu código, você pode enquadrar-se num padrão que eu chamo de "programação randômica", que é a arte de fazer mudanças aleatórias até que seu programa funcione da maneira certa. Obviamente, programação randômica pode lhe custar um bom tempo.

Você precisa tirar um tempo para pensar. Debugging é uma ciência experimental. Você deveria ter ao menos hipóteses sobre o que é o problema. Se existem duas ou mais possibilidades, tente pensar em um teste que eliminaria uma dessas.

Tirar uma folga ajuda no pensar. Pratique o falar também. Se você explicar o problema para outra pessoa (ou mesmo para si próprio), você às vezes encontrará a resposta antes de terminar a pergunta.

Mas até mesmo as melhores técnicas de *Debugging* irão falhar se houverem muitos erros, ou se o código que você está tentando concertar for muito grande e complicado. Às vezes, o melhor a se fazer é retroceder, simplificando o programa até que você retorne a algo que funcione e que você entenda.

A maioria dos programadores iniciantes são relutantes a retroceder, porque eles não suportam o fato de deletar uma linha de código (mesmo se estiver errada). Se isso te fizer se sentir melhor, copie seu código em outro arquivo antes de começar a desmontá-lo. Dessa maneira, você pode colar as peças de volta em pouquíssimo tempo.

1.12   A jornada do aprendizado

Conforme for progredindo sobre os tópicos abordados no restante do livro, não se deixe abalar se sentir que os conceitos não estão se encaixando perfeitamente na primeira impressão. Quando você está aprendendo a falar uma língua nova, não é um problema que os seus primeiros anos de prática não passem além do que singelas tentativas gorgolejantes. E está tudo em ordem se você leva um semestre apenas para evoluir de um vocabulário simples para pequenas sentenças, e se levar anos para transformar estas sentenças em parágrafos, e alguns anos a mais para conseguir escrever uma pequena fábula interessante com suas próprias palavras.

Nosso objetivo é que você aprenda Python de uma maneira muito mais rápida, por isso ensinamos tudo simultaneamente ao longo dos próximos capítulos. Todavia, é como aprender uma nova língua que leva um certo tempo para absorver e compreender antes que a sinta natural. Isto pode causar uma desorientação conforme visitamos e revisitamos alguns tópicos com o intuito de lhe fazer observar aquilo de uma visão macroscópica, isto enquanto estamos definindo uma pequena fração do que compõe o imenso todo. Ao passo que o livro for se desenvolvendo linearmente, e, se você está cursando a disciplina, ela também irá progredir linearmente, não hesite de abordar o material de uma maneira completamente diferente e não-linear. Leia coisas do começo ao fim, de acordo com sua necessidade e curiosidade. Ao ler de relance tópicos mais avançados, mesmo sem compreendê-los bem detalhadamente, você pode chegar à um entendimento melhor do "por que?" da programação. Ao revisar o material prévio, e até refazendo exemplos anteriores, você perceberá que na verdade houve um grande aprendizado sobre o material mesmo que o que é estudado atualmente pareça um pouco impenetrável.

Usualmente, quando você está aprendendo sua primeira linguagem de programação, existem alguns momentos maravilhosos de "Ah Hah!", onde você pode se afastar e observar com um martelo e formão nas mãos que o pedaço de pedra que você está trabalhando, está se transformando numa escultura encantadora.

Se algumas vezes a tarefa de programar parecer ser particularmente difícil, não existe vantagem alguma em permanecer a noite em claro encarando o problema. Pare, relaxe, coma alguma coisa, explique o problema verbalmente com alguma pessoa (ou até mesmo o seu cachorro), e somente depois retorne a ele com uma nova perspectiva. Eu lhe garanto que no momento em que você compreender os conceitos de programação presentes neste livro, poderá olhar para trás e observar como tudo isto era realmente fácil e elegante, e que precisou apenas de um pouco do seu esforço e tempo para que tudo pudesse ser absorvido.

1.13   Glossário

análise sintática Processo de examinar um programa e analisar a estrutura sintática.

bug Um erro em um programa.

central processing unit Unidade central de processamento, considerada o coração de qualquer computador. É o que roda o software que escrevemos, também chamado de "CPU" ou "processador".

código de máquina A linguagem de nível mais baixo para software, que é a linguagem que é diretamente executada pela unidade central de processamento (CPU).

código fonte Um programa em uma linguagem de alto nível

compilar Compilar. Ação de traduzir um programa escrito em uma linguagem de alto nível em uma linguagem de baixo nível, tudo em preparação, para a execução posterior.

erro de semântica Um erro em um programa que faz com que, na execução, ele faça algo diferente do que o programador intencionou.

função print Instrução que faz com que o interpretador Python exiba um valor na tela.

interpretar Executar um programa em uma linguagem de alto nível, traduzindo-o uma linha por vez.

linguagem de alto nível Uma linguagem de programação como o Python, projetada para ser fácil para os humanos lerem e escrever.

linguagem de baixo nível Uma linguagem de programação projetada para ser fácil para um computador executar; também chamado de "código de máquina" ou "linguagem de montagem(assembly)".

memória principal. Armazena programas e dados. A memória principal perde sua informação quando a energia é desligada.

memória secundária Armazena programas e dados e retém suas informações mesmo quando a fonte de alimentação está desligada. Geralmente mais lento que a memória principal. Exemplos de memória secundária incluem drives de disco e memória flash em pendrives.

modo interativo Uma maneira de usar o interpretador Python digitando comandos e expressões no prompt.interpret: Para executar um programa em uma linguagem de alto nível, traduzindo-o uma linha por vez.

portabilidade Uma propriedade de um programa que pode ser executado em mais de um tipo de computador.

programa Um conjunto de instruções que especifica a computação a ser executada pela máquina.

prompt Quando um programa exibe uma mensagem e pausa para o usuário digitar alguma entrada para o programa.

resolução de problemas O processo de formular um problema, encontrar uma solução e expressar a resolução.

semântica O significado de um programa.

1.14 Exercícios

Exercício 1: Qual é a função da memória secundária em um computador?

a) Executar toda computação e lógica do programa
b) Recuperar páginas de web através da internet
c) Armazenar informações para o longo prazo,mesmo além de um ciclo de energia
d) Tomar a entrada do usuário

Exercício 2: O que é um programa?

Exercício 3: Qual é a diferença entre um compilador e um interpretador?

Exercício 4: Qual das opções seguintes contém "código de máquina"?

a) O interpretador de Python
b) O teclado
c) Arquivo de origem do Python
d) Um documento de processamento de texto

Exercício 5: O que há de errado com o código a seguir:

```
>>> primt 'Alô mundo!'
File "<stdin>", line 1
  primt 'Alô mundo!'

SyntaxError: invalid syntax (sintaxe inválida)
>>>
```

Exercício 6: Onde é armazenada a variável "X" em um computador, após a seguinte linha de código terminar ?

```
x = 123
```

a) Unidade central de processamento
b) Memória principal
c) Memória secundária
d) Dispositivo de entrada
e) Dispositivo de saída

Exercício 7: Qual será o resultado mostrado em tela do seguinte programa:

```
x = 43
x = x + 1
print(x)
```

a) 43
b) 44
c) x + 1
d) Erro, porque x = x + 1 não é possível matematicamente

Exercício 8: Explique cada uma das seguintes estruturas utilizando como exemplo uma habilidade humana: (1) Unidade central de processamento (CPU), (2) Memória principal, (3) Memória secundária, (4) Dispositivo de entrada, (5) Dispositivo de saída. Por exemplo, "O quê do ser humano é equivalente à Unidade Central de Processamento"?

Exercício 9: Como você corrige um "Syntax Error(Erro de Sintaxe)"

Capítulo 2

Variáveis, expressões e declarações

2.1 Valores e tipos

Um *valor* é uma das coisas mais básicas trabalhadas por um programa, como uma letra ou um número. Os valores que vimos até aqui foram 1, 2, e "Alô, Mundo!"

Esses valores pertencem a diferentes *tipos*: 2 é um inteiro, e "Alô, Mundo!" é uma *string*, assim chamada pois contém uma "string" de letras. Você (e o interpretador) podem identificar string porque elas são demarcadas com aspas.

A sentença `print` também funciona para inteiros. Usamos o comando `python` para inicializar o interpretador.

```python
python
>>> print(4)
4
```

Se você não está tão certo sobre qual é o tipo de um valor, o interpretador pode te falar.

```python
>>> type('Hello, World!')
<class 'str'>
>>> type(17)
<class 'int'>
```

Sem muita surpresa, strings são do tipo `str` e inteiros são do tipo `int`. Um pouco menos óbvio, números com casas decimais são do tipo `float`, porque esses números são representados em um formato chamado *ponto flutuante*.

\index{class!float

```python
>>> type(3.2)
<class 'float'>
```

Mas o que dizer sobre valores como "17" e "3.2"? Eles parecem números, mas estão demarcados com aspas assim como as strings.

```
>>> type('17')
<class 'str'>
>>> type('3.2')
<class 'str'>
```

Eles são strings.

Quando você digita um inteiro muito grande, você deve estar tentado a usar uma vírgula entre grupos de três dígitos 1,000,000. Isso não é um inteiro válido em Python, mas é válido:

```
>>> print(1,000,000)
1 0 0
```

Bom, não é o que esperávamos! Python interpreta 1,000,000 como uma sequência de inteiros separada por vírgulas, a qual é mostrada com um espaço entre cada inteiro.

index{erro semântico}

Esse é o primeiro exemplo em que vemos um erro semântico: o código é executado sem mostrar nenhuma mensagem de erro, mas não faz a coisa "certa".

2.2   Variáveis

Um dos recursos mais poderosos da linguagem de programação é a capacidade de manipular *variáveis*. Uma variável é um nome que faz referência a um valor.

Uma *declaração por atribuição* cria novas variáveis e atribui valores a elas:

```
>>> message = 'E agora, para algo completamente diferente'
>>> n = 17
>>> pi = 3.1415926535897931
```

Nesse exemplo, foram feitas três atribuições. A primeira designa uma string para uma nova variável chamada **mensagem**; a segunda atribui o valor inteiro 17 para n; a terceira atribui o valor (aproximado) de π para a variável **pi**.

Para mostrar o valor de uma variável, você pode usar um comando print:

```
>>> print(n)
17
>>> print(pi)
3.141592653589793
```

O tipo de uma variável corresponde ao tipo do valor ao qual ela se refere.

```
>>> type(message)
<class 'str'>
>>> type(n)
<class 'int'>
>>> type(pi)
<class 'float'>
```

2.3   Nomes de variáveis e palavras-chave

Os programadores geralmente escolhem nomes para suas variáveis que são significativos e documentam para que a variável vai ser usada.

Nomes de variáveis podem ser arbitrariamente longos. Elas podem conter letras e números, mas elas não podem começar com um número. É válido usar letras maiúsculas, mas é uma boa ideia começar nomes de variáveis com uma letra minúscula (você verá o porquê mais tarde).

O caractere de sublinhado (_) pode aparecer em um nome. É frequentemente usado em nomes com várias palavras, como `meu_nome` ou `velocidade_de_uma_andorinha_sem_carga`. Nomes de variáveis podem começar com um caractere sublinhado, mas é bom evitar fazer isso a menos que se esteja escrevendo um código de biblioteca para outros.

Se você fornecer uma variável com nome inválido, você obter um erro de sintaxe:

```
>>> 76trombones = 'grande desfile'
SyntaxError: invalid syntax
>>> mais@ = 1000000
SyntaxError: invalid syntax
>>> class = 'Advanced Theoretical Zymurgy'
SyntaxError: invalid syntax
```

`76trombones` é inválido porque começa com um número. `mais@` é inválido porque contém um caractere irregular, @. Mas o que há de errado com `class`?

Acontece que `class` é uma das *palavras-chave* do Python. O interpretador usa palavras-chave para reconhecer a estrutura do programa, e eles não podem ser usados como nomes de variáveis.

Python reserva 33 palavras-chave para o seu uso:

```
and        del       from     None      True
as         elif      global   nonlocal  try
assert     else      if       not       while
break      except    import   or        with
class      False     in       pass      yield
continue   finally   is       raise
def        for       lambda   return
```

Talvez você queira manter esta lista à mão. Se o interpretador reclamar sobre um de seus nomes de variáveis e você não sabe por quê, veja se ele está nesta lista.

2.4   Declarações

Uma *declaração* é uma parte do código que o Python interpreta e pode executar. Nós temos visto dois tipos de declarações: print como uma declaração ou uma atribuição.

Quando você digita uma declaração no modo interativo, o interpretador a executa e exibe os resultados, se houver um.

Um script geralmente contém uma sequência de declarações. Se houver mais de uma declaração, os resultados aparecerão à medida que as instruções são executadas.

Por exemplo, o script

```
print(1)
x = 2
print(x)
```

produz a saída

```
1
2
```

A declaração por atribuição não produz saída.

2.5   Operadores e operandos

Operadores são símbolos especiais que representam operações como adição e multiplicação. Os valores em que o operador é aplicado são chamados *operandos*.

Os operadores +, -, *, /, e ** realizam respectivamente adição, subtração, multiplicação, divisão, e exponenciação, como nos seguintes exemplos:

```
20+32
hora-1
hora*60+minuto
minuto/60
5**2
(5+9)*(15-7)
```

Houve uma mudança no operador de divisão entre Python 2.x e Python 3.x. Em Python 3.x, a resposta dessa divisão é um resultado com ponto flutuante:

```
>>> minuto = 59
>>> minuto/60
0.9833333333333333
```

O operador de divisão em Python 2.x dividiria dois inteiros e truncaria o resultado para um inteiro:

```
>>> minute = 59
>>> minute/60
0
```

Para obter a mesma resposta em Python 3.x use a divisão inteira(//inteiro).

```
>>> minute = 59
>>> minute//60
0
```

Em Python 3.x a divisão de números inteiros funciona de maneira muito mais semelhante ao que você esperaria se colocasse a expressão em uma calculadora.

2.6 Expressões

Uma *expressão* é uma combinação de valores, variáveis e operadores. Um valor, por si só, é considerado uma expressão, assim como uma variável. O que será apresentado a seguir são expressões válidas (assumindo que tenha sido atribuído um valor à variável x)

```
17
x
x + 17
```

Se você digitar uma expressão no modo interativo, o interpretador a *avaliará* e mostrará o resultado:

```
>>> 1 + 1
2
```

Mas em um script, uma expressão, por si só, não faz nada! Isto geralmente causa muita confusão com iniciantes.

Exercício 1: Digite as expressões a seguir no interpretador Python para ver o que elas fazem:

```
5
x = 5
x + 1
```

2.7 Ordem das operações

Quando mais de um operador aparece em uma expressão, a ordem de avaliação depende das *regras de precedência*. Para operadores matemáticos, o Python segue a convenção matemática. A sigla *PEMDAS* é uma maneira útil de lembrar as seguintes regras:

- *P*arênteses têm a precedência mais alta e podem ser utilizados para que forçar uma expressão a ser avaliada na ordem desejada. Como as expressões em parênteses são avaliadas primeiro, 2 * (3-1) é 4, e (1+1)**(5-2)é 8. Você também pode usar parênteses para tornar uma expressão mais fácil de ser lida, como em (minutos * 100) / 60, mesmo que isto não resulte em uma mudança no resultado final.

- *E*xponenciação tem a segunda precedência mais alta, então 2**1+1 é 3, não 4, e 3*1**3 é 3, não 27.

- *M*ultiplicação e *D*ivisão possuem a mesma precedência, que é maior que a *A*dição e *S*ubtração, que também têm a mesma precedência. Então 2*3-1 é 5, não 4, e 6+4/2 é 8, não 5.

- Operadores com a mesma precedência são avaliados da esquerda para direita. Desta maneira, a expressão 5-3-1 é 1, não 3, pois a opreção 5-3zzzz acontece primeiro e só posteriormente 1 é subtraído do 2.

Quando estiver em dúvida sobre como o computador vai interpretar uma operação, sempre coloque os parênteses nas suas expressões para garantir que os cálculos serão executados na ordem que você pretende.

2.8   Operador de módulo

O *operador de módulo* funciona em inteiros e produz o restante quando o primeiro operando é dividido pelo segundo. Em Python, o operador módulos é um sinal de porcentagem %. a sintaxe é a mesma que para outros operadores:

```
>>> quociente = 7 // 3
>>> print(quociente)
2
>>> resto = 7 % 3
>>> print(resto)
1
```

Assim 7 dividido por 3 é 2 com resto 1 .

O operador de módulo acaba por ser surpreendentemente útil. Para exemplo, você pode verificar se um número é divisível por outro: se x \% y é zero, então x é divisível por y.

Você também pode extrair o dígito ou os dígitos mais à direita de um número. Por exemplo, x \% 10 retorna o dígito mais à direita de x (na base 10). Similar, x \% 100 retorna os dois últimos dígitos.

2.9   Operações com String

O operador + possui uma função ao ser colocado com operandos do tipo string, porém esta função não é aditiva, do modo em que estamos acostumados na matemática. Ao invés de somar, ele executa uma *concatenação*, o que implica na união de strings, ligando-as de ponta a ponta. Observe este exemplo:

```
>>> primeira = 10
>>> segunda = 15
>>> print(primeira + segunda)
25
>>> primeira = '100'
>>> segunda = '150'
>>> print(primeira + segunda)
100150
```

O operador * também funciona strings multiplicando o conteúdo de uma string por um inteiro. Por exemplo:

```
>>> primeira = 'Test '
>>> second = 3
>>> print(primeira * segunda)
Test Test Test
```

2.10   Requisitando valores ao usuário

Em alguns casos, nós podemos preferir que o valor para a variável seja inserido pelo usuário, por meio do seu teclado. Python possui uma função embutida chamada **input** que promove a entrada de dados via teclado[1]. Quando essa função é chamada, o programa pausa e espera o usuário digitar algo. Quando ele pressionar **Return** ou **Enter**, o programa volta à execução e o **input** retorna o que foi digitado como uma string.

```
>>> inp = input()
Qualquer besteira
>>> print(inp)
Qualquer besteira
```

Antes de pedir algo para o usuário, é uma boa ideia mostrar uma mensagem dizendo a ele o que digitar. Você pode passar uma string dentro do **input** para ser mostrada em tela antes da pausa para a entrada do dado: %não sei a melhor tradução para prompt

```
>>> name = input('What is your name?\n')
What is your name?
Chuck
>>> print(name)
Chuck
```

---

[1]No Python 2.0, essa função era chamada raw_input

A sequência \n no fim da string representa *newline* (nova linha), que é um caractere especial que causa a quebra de linha. É por isso que a resposta do usuário aparece embaixo da pergunta.

Se você espera que o usuário digite um inteiro, você pode tentar converter o valor retornado para int, usando a função int():

```
>>> prompt = 'Qual... a velocidade rasante de uma andorinha livre??\n'
>>> velocidade = input(prompt)
Qual... a velocidade rasante de uma andorinha livre??
17
>>> int(velocidade)
17
>>> int(velocidade) + 5
22
```

Porém, se o usuário digitar algo diferente de uma sequência de dígitos, ocorrerá erro nessa conversão:

```
>>> velocidade = input(prompt)
Qual...é a velocidade rasante de uma andorinha sem carga?
Seja mais específico, uma andorinha africana ou europeia?
>>> int(velocidade)
ValueError: invalid literal for int() with base 10:
            (conversão literal inválida para int() com base 10)
```

Veremos como lidar com esse tipo de erro depois.

2.11 Comentários

A medida que os programas se tornam maiores e mais complicados, eles ficam mais difíceis de ler. Linguagens formais são densas, muitas vezes é difícil olhar para um pedaço de código e descobrir o que está fazendo, ou porque.

Por esta razão, é uma boa ideia adicionar notas aos seus programas para explicar em linguagem natural o que o programa está fazendo. Essas notas são chamadas *comentários*, e no Python eles começam com o simbolo #:

```
# calcule a porcentagem da hora que se passou
porcentagem = (minutos * 100) / 60
```

Neste caso, o comentário aparece em uma linha própria. Você também pode colocar comentários no final de uma linha:

```
porcentagem = (minutos * 100) / 60    # porcentagem de uma hora
```

Tudo do # até o fim da linha é ignorado — não tem efeito no programa.

Comentários são mais úteis quando eles documentam características não-obvias do código. É razoável supor que o leitor possa descobrir *o que* o código faz; é muito mais útil que explique *porque*.

Esse comentário é redundante com o código e inútil:

```python
v = 5      # atribuir 5 para v
```

Esse comentário contém informação útil que não está no código:

```python
~~~~ {.python}
v = 5      # velocidade em metros/segundo.
```

Bons nomes de variáveis podem reduzir a necessidade de comentários, mas nomes longos podem dificultar a leitura de expressões complexas, portanto, há uma troca.

2.12 Escolhendo nomes de variáveis mnemônicos

Contanto que você siga as simples regras de nomeação de variáveis, e fuja de palavras reservadas, você tem muitas opções no momento de nomeá-las. Inicialmente essa escolha pode ser confusa tanto ao ler um programa quanto ao escrever o seu próprio. Por exemplo, os próximos três programas são idênticos em termos do que realizam, porém são muito diferentes quando você os lê e tenta entendê-los.

```python
a = 35.0
b = 12.50
c = a * b
print(c)
```

```python
horas = 35.0
taxa = 12.50
pagamento = horas * taxa
print(pagamento)
```

```python
x1q3z9ahd = 35.0
x1q3z9afd = 12.50
x1q3p9afd = x1q3z9ahd * x1q3z9afd
print(x1q3p9afd)
```

O interpretador de Python vê todos os três programa *exatamente da mesma forma*, mas, os humanos veem e interpretam esses programas de formas bastante diferentes. Humanos vão entender mais rapidamente a *intenção* do segundo programa, pois o programador escolheu nome de variáveis que refletem sua função a respeito de qual dado será armazenado em cada variável.

Chamamos essas sábias escolhas de nomes "nomes de variáveis mnemônicos". A palavra *mnemônico*[2] significa "auxiliar de memória". Escolhemos nomes de variáveis mnemônicos para nos ajudar a lembrar o porquê criamos inicialmente essa variável.

Enquanto tudo isso parece ótimo, e é uma otima ideia usar nomes de variáveis mnemônicos, isso pode também atrapalhar a capacidade de um programador iniciante de analisar e entender o código. Isto acontece porque programadores iniciantes ainda não memorizaram as palavras reservadas (existem apenas 33 delas) e às vezes variáveis com nomes que são muito descritivos começam a parecer parte da linguagem e não apenas boas escolhas de nomes.

Dê uma breve observada na seguinte amostra de código que faz um loop em alguns dados. Nós iremos falar de loops em breve, porém por enquanto tente apenas entender o que isso significa:

```
for palavra in palvras:
    print(palavra)
```

O que está acontecendo aqui? Quais das palavras (for,palavra, in, etc.) são reservadas e quais são apenas nomes de variáveis? Python entende um nível básico de noção de palavras? Programadores iniciantes tem dificuldade em separar qual parte do código *tem* que ser iguais a esse exemplo e quais partes do código são simplesmente escolhas feitas pelo programador.

O código a seguir é equivalente ao anterior:

```
for fatia in pizza:
    print fatia
```

É mais fácil para o programador iniciante olhar esse código e saber quais partes são palavras reservadas definidas por Python e quais partes são simplesmente nomes de varáveis decididas pelo programador. É bem claro que Python não tem o básico entendimento de pizza e fatias e do fato de que uma pizza é um conjunto de uma ou mais fatias.

Mas se nosso programa é verdadeiramente sobre leitura de dados e procurar palavras nos dados, `pizza` e `fatia` são nomes de variáveis não-mnemônicos. Escolhê-los como nome de variáveis distraem do sentido do programa.

Depois de um curto período de tempo, você saberá as palavras reservadas mais comuns e começará a vê-las saltar aos seus olhos:

As partes do código que são definidas por Python (`for`, `in`, `print`, e `:`) estão em negrito e as variáveis escolhidas pelo programados (`palavra` e `palavras`) não estão

.

Muitos editores de texto estão atentos à sintaxe de Python e irão colorir as palavras reservadas diferentemente para lhe dar dicas para mantê-las separadas de suas variáveis. Depois de um tempo você começará a ler Python e rapidamente determinar o que é variável e o que é palavra reservada

---

[2]Veja https://en.wikipedia.org/wiki/Mnemonic para uma descrição maior da palavra "mnemônico".

2.13 Debugging

Nesse ponto, o erro de sintaxe que você está mais habituado a cometer é um nome inválido para variáveis, como `class` e `yield`, que são palavras-chave, ou `odd~job` e `US$`, que contém caracteres ilegais.

Se você põe um espaço em um nome de variável, Python pensa que são dois operandos sem um operador:

```
>>> nome ruim = 5
SyntaxError: invalid syntax

>>> mes = 09
  File "<stdin>", line 1
    mes = 09
          ^
SyntaxError: invalid token
```

Para erros de sintaxe, as mensagens que as indicam não ajudam muito. As mais comuns são `SyntaxError: invalid syntax` e `SyntaxError: invalid token`, nenhuma delas é muito informativa.

O erro de execução que você mais vai cometer é o "usar antes de definir"; que é tentar usar uma variável sem antes atribuir um valor para ela. Isso pode acontecer se você informar um nome de uma variável errado:

```
>>> principal = 327.68
>>> interesse = principio * rate
NameError: name 'principio' is not defined
```

Nomes de variáveis diferenciam maiúsculas de minúsculas. Assim, `LaTeX` não é o mesmo que `latex`.

Nesse ponto, a causa mais frequente de erro semântico será a ordem das operações. Por exemplo, para calcular $1/2\pi$, você pode se sentir tentado a escrever:

```
>>> 1.0 / 2.0 * pi
```

Mas a divisão vem primeiro, e você terá $\pi/2$, que não é a mesma coisa! Não tem nenhum jeito de Python saber o que você queria escrever, então nesse caso não haverá nenhuma mensagem de erro, você só vai ter a resposta errada.

2.14 Glossary

atribuição Uma declaração que atribui um valor a uma variável.

concatenação União de dois operandos de ponta a ponta.

comentário Informações em um programa destinado a outros programadores(ou qualquer pessoa que esteja lendo o código fonte) e não tem efeito sobre a execução do programa.

avaliar simplificar uma expressão executando as operações para gerar um único valor.

expressão uma combinação de variáveis, operadores e valores que representa um único valor de resultado.

ponto-flutuante Um tipo que representa a parte fracionária.

inteiro Um tipo que representa números inteiros..

palavra chave Uma palavra reservada que é usada pelo compilador para analisar um programa; você não pode utilizar keywords como `if`, `def`, e `while` para serem nomes de variáveis.

mnemônico Um recurso auxiliar de memória. Muitas vezes damos nomes variáveis de mnemônicos para nos ajudar a lembrar o que é armazenado na variável.

modulus operator Um operador, denotado com um sinal de porcentagem (%), que trabalha com inteiros e produz o restante quando um número é dividido por outro.

operando Um dos valores nos quais um operador opera.

operador Um símbolo especial que representa um cálculo simples como adição, multiplicação ou concatenação de string.

regras de precedência: O conjunto de regras que regem a ordem na qual expressões envolvendo múltiplos operadores e operandos são avaliadas.

declaração Uma seção de código que representa um comando ou uma ação. Até agora, as declarações que temos são atribuições e declarações impressas.

string Um tipo que representa sequencias de caracteres.

tipo Uma categoria de valores. Os tipos que vimos até agora são inteiros (tipo `int`), números com ponto flutuante (tipo `float`), e strings (tipo `str`).

valor Uma das unidades básicas de dados, como um número ou string, que um programa manipula.

variável m nome que se refere a um valor.

2.15   Exercícios

Exercício 2: **Escreva um programa que use `inputs` para solicitar ao usuário seu nome e, em seguida, faça um cumprimento.**

```
Digite seu nome: Chuck
Olá Chuck
```

Exercício 3: Escreva um programa que solicite ao usuário as horas e o valor da taxa por horas para calcular o valor a ser pago por horas de serviço.

```
Digite as horas: 35
Digite a taxa: 2.75
Valor a ser pago: 96.25
```

Não vamos nos preocupar em garantir que nosso pagamento tenha exatamente dois dígitos após a casa decimal por enquanto. Se você quiser, você pode utilizar com a função nativa do Python **round** função para arredondar corretamente o pagamento resultante para duas casas decimais.

Exercício 4: Suponha que executamos as seguintes declaração por atribuição:

```
Largura = 17
Altura = 12.0
```

Para cada uma das expressões a seguir, escreva o valor da expressão e o tipo (do valor da expressão).

1. `Largura//2`

2. `Largura/2.0`

3. `Altura/3`

4. `1 + 2 * 5`

Use o interpretador Python para verificar suas respostas.

Exercício 5: Escreva um programa que solicite ao usuário uma temperatura Celsius, converta para Fahrenheit, e mostre a temperatura convertida.

Capítulo 3

Execução condicional

3.1   Expressões booleanas

Uma *expressão booleana* é uma expressão que pode ser ou verdadeira ou falsa. Os exemplos a seguir utilizam o operador ==, que compara dois operandos e produz um resultado positivo True, se forem iguais, e um resultado negativo False, caso contrário.

```
>>> 5 == 5
True
>>> 5 == 6
False
{}
```

True e False são valores especiais que pertecem à classe bool; eles não são strings:

```
>>> type(True)
<class 'bool'>
>>> type(False)
<class 'bool'>
```

O operador == é um dos *operadores de comparação*; outros operadores desse tipo são:

```
x != y          # x é diferente de y
x > y           # x é maior do que y
x < y           # x é menor do que y
x >= y          # x é maior ou igual a y
x <= y          # x é menor ou igual a y
x is y          # x é o mesmo que y
x is not y      # x não é o mesmo que y
```

Apesar dessas expressões provavelmente serem familiares para você, os símbolos em Python são diferentes dos símbolos utilizados na matemática para realizar as mesmas operações. Um erro comum é usar apenas um sinal (=) ao invés de um sinal duplo (==) para comparar uma igualdade. Lembre-se que = é um operador de atribuição e == é um operador de comparação. Vale mencionar que não há operadores =< e =>.

3.2 Operadores lógicos

Existem três operadores lógicos: **and**, **or**, e **not**. A semântica (significado) desses operadores são similares ao seu significado em Inglês. Por exemplo,

```
x > 0 and x < 10
```

só é verdadeiro se x for maior do que 0 *e* menor que 10.

`n%2 == 0 or n%3 == 0` é verdadeiro se alguma das condições é verdadeira, isto é, se o número é divisível por 2 *ou* 3.

Finalmente, o operador **not** nega uma expressão booleana, então **not** (x > y) é verdadeiro se x > y é falso; isto é, se x for menor ou igual a y.

Rigorosamente falando, os operandos dos operadores lógicos devem ser expressões booleanas, mas o Python não é muito rigoroso. Qualquer número diferente de zero é interpretado como "verdadeiro".

```
>>> 17 and True
True
```

Essa flexibilidade pode ser útil, mas existem algumas sutilezas que podem ser confusas. É bom evitá-los até você ter certeza de que sabe o que está fazendo.

3.3 Execução condicional

A fim de escrever programas úteis, nós sempre necessitamos da habilidade de checar condições e de mudar o comportamento do programa de acordo com elas. *Declarações Condicionais* nos dão essa habilidade. A forma mais simples é a declaração **if**:

```
if x > 0 :
    print('x é positivo')
```

A expressão booleana depois da declaração **if** é chamada de *condição*. Nós terminamos essa declaração com símbolo de dois pontos (:) e a(s) linha(s) depois da declaração **if** são indentadas.

Se a condição lógica é verdadeira, então a declaração indentada é executada. Se a condição lógica for falsa, a condição indentada é ignorada.

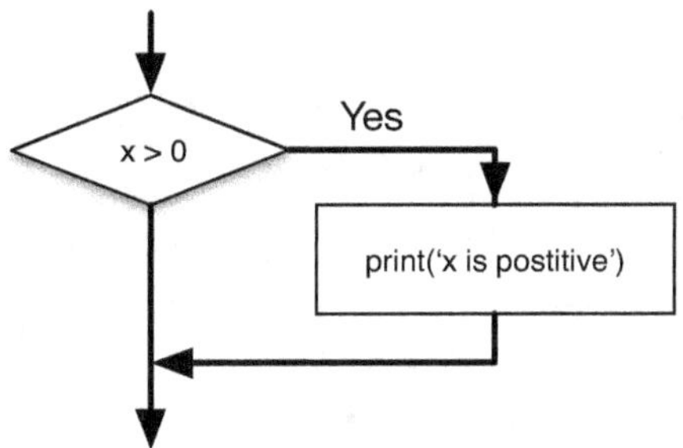

Figure 3.1: If Logic

Declarações **if** têm a mesma estrutura que as definições de funções ou laços **for** [1]. A declaração consiste com uma linha de cabeçalho que acaba com um símbolo de dois pontos (:) seguido de um bloco indentado. Declarações como essas são chamadas de *declarações compostas*, pois elas se alongam por mais de uma linha.

Não existe limite para o número de declarações que se pode aparecer no corpo, mas é necessária que apareça pelo menos uma. Ocasionalmente, é útil deixar um corpo sem declarações (geralmente para guardar o lugar de um código que você ainda não escreveu). Nesse caso, você pode utilizar a declaração **pass**, que não faz nada.

```python
if x < 0 :
    pass            # necessitamos tratar os valores negativos!
```

Se você digitar uma declaração **if** no interpretador Python, o prompt mudará de três chevrons para três pontos de modo a indicar que você está no meio de um bloco de declarações, como é mostrado abaixo:

```python
>>> x = 3
>>> if x < 10:
...     print('Pequeno')
...
Pequeno
>>>
```

Ao utilizar o interpretador Python, você deverá deixar uma linha em branco no final do bloco, ao contrário o Python retornará um erro:

```python
>>> x = 3
>>> if x < 10:
...     print('Pequeno')
... print('Feito')
  File "<stdin>", line 3
    print('Feito')
    ^
SyntaxError: invalid syntax
```

---

[1] Nós aprenderemos sobre funções no Capítulo 4 e laços no Capítulo 5.

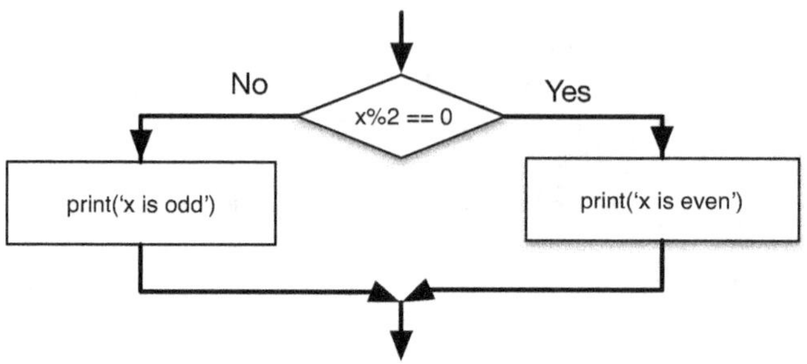

Figure 3.2: If-Then-Else Logic

Uma linha em branco no final do bloco de declaração não é necessária quando se está escrevendo e executando o script, mas pode melhorar a leitura do seu código.

3.4 Execução alternativa

Uma segunda forma da declaração `if` é a *execução alternativa*, na qual existem duas possibilidades e a condição determina qual delas deve ser executada. A sintaxe se dá da seguinte forma:

```python
if x%2 == 0 :
    print('x é par')
else :
    print('x é ímpar')
```

Se o resto da divisão de x por 2 for 0, então sabemos que x é par, e o programa irá exibir uma mensagem para tal efeito. Entretanto, se a condição for falsa, o segundo conjunto de intruções será executado.

Como a condição deve ser verdadeira ou falsa, exatamente uma das alternativas será executada. As alternativas são chamadas de *ramificações*, porque são ramificações do fluxo de execução.

3.5 Condições encadeadas

As vezes há mais de duas possibilidades e precisamos de mais de duas ramificações. Uma maneira de expressar uma lógica computacional como essa é por meio de uma *condição encadeada*:

```python
if x < y:
    print('x é menor que y')
elif x > y:
    print('x é maior que y')
else:
    print('x e y são iguais')
```

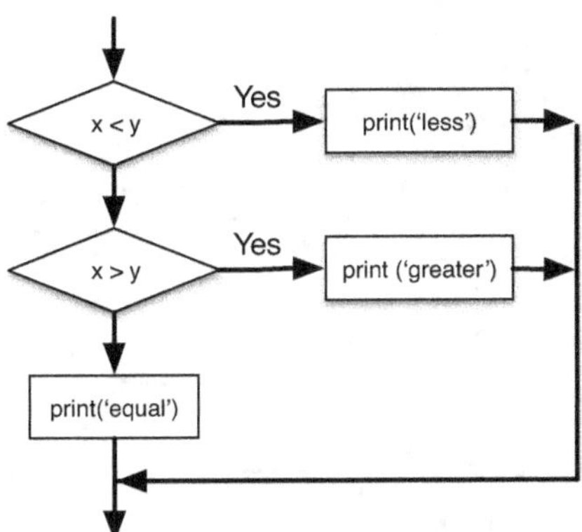

Figure 3.3: If-Then-ElseIf Logic

`elif` é uma abreviação de "else if". Novamente, apenas um caminho será executado.

Não há limite para o número de declarações `elif`. Se houver uma cláusula `else`, ela tem que estar no fim, mas não há a necessidade de haver uma.

```python
if choice == 'a':
    print('Mau Palpite')
elif choice == 'b':
    print('Bom Palpite')
elif choice == 'c':
    print('Perto, mas não está correto')
```

Cada condição é verificada em ordem. Se a primeira for falsa, a próxima é verificada, e assim por diante. Se ao menos uma delas for verdadeira, a ramificação correspondente será executada e o bloco condicional terminará. Mesmo que mais de uma condição seja verdadeira, somente a primeira ramificação verdadeira é executada.

3.6 Condições aninhadas

Uma condição pode também ser aninhada com outra. Nós poderiamos ter escrito o exemplo com três ramos assim:

```python
if x == y:
    print('x e y são iguais')
else:
    if x < y:
        print('x é menor que y')
    else:
        print('x é maior que y')
```

A condição externa contém dois ramos. O primeiro contém uma instrução simples. O segundo ramo contém outra declaração `if`, que possui mais dois ramos. Esses

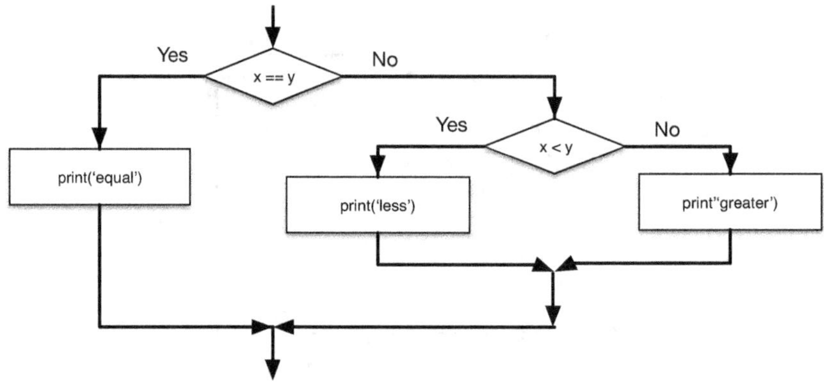

Figure 3.4: Sentenças de if aninhadas

dois são ambos declarações simples, embora eles também pudessem ser declarações condicionais.

Embora a indentação das sentenças torne a estrutura aparente, *condições aninhadas* são difíceis de serem lidas rapidamente. Em geral, quando possível, é uma boa ideia evitar elas.

Operadores lógicos frequentemente indicam um meio de simplificar condições aninhadas. Por exemplo, podemos reescrever o seguinte código utilizando uma declaração condicional simples:

```python
if 0 < x:
    if x < 10:
        print('x é um número positivo de 1 dígito.')
```

A instrução **print** é executada apenas se as duas condicionais forem ultrapassadas, logo, podemos obter o mesmo efeito com o operador **and**:

```python
if 0 < x and x < 10:
    print('x é um número positivo de 1 dígito.')
```

3.7   Tratando exceções usando try e except

Anteriormente, vimos um trecho de código onde usamos as funções 'input' e 'int' para ler e analisar um número inteiro inserido pelo usuário. Vimos também o quão traiçoeiro fazer isso poderia ser:

```
>>> prompt = "Qual é a velocidade rasante de uma andorinha sem carga?\n"
>>> velocidade = input(prompt)
Qual é a velocidade rasante de uma andorinha?
Seja mais específico, uma andorinha africana ou europeia?
>>> int(velocidade)
ValueError: invalid literal for int() with base 10:
        (conversão literal inválida para int() com base 10)
>>>
```

Quando executamos esse trecho de código no interpretador, nós recebemos um novo aviso do Python, pensamos "oops" e passamos para nossa próxima declaração.

Entretanto, se você colocar esse código num programa em Python e esse erro ocorre, seu programa para imediatamente com um "Traceback" indicando tal erro. Isso faz com que os próximos comandos não sejam executados.

Aqui está um simples programa que converte uma temperatura em Fahrenheit para Celsius:

```python
inp = input('Enter Fahrenheit Temperature: ')
fahr = float(inp)
cel = (fahr - 32.0) * 5.0 / 9.0
print(cel)

# Code: http://www.py4e.com/code3/fahren.py
```

Se executarmos esse código e inserirmos uma entrada inválida, ele simplesmente falha, mostrando uma mensagem de erro não amigável:

```
python fahren.py
Insira a temperatura em Fahrenheit:72
22.22222222222222

python fahren.py
Insira a temperatura em Fahrenheit:fred
Traceback (most recent call last):
  File "fahren.py", line 2, in <module>
    fahr = float(ent)
ValueError: could not convert string to float: 'fred'
          (não foi possível converter string para float: 'fred')
```

Existe uma estrutura de execução condicional interna ao Python para manipular esses tipos de erros esperados e inesperados chamada "try / except". A ideia de 'try' e 'except' é de você saber que alguma sequência de instruções pode ter um problema e você quer adicionar alguns comandos para serem executados caso um erro ocorra. Esses comandos extra (o bloco 'except') são ignorados se não houver erro.

Você pode pensar na ferramenta 'try' e 'except' no Python como sendo uma "apólice de seguro" sobre uma sequência de instruções.

Podemos reescrever nosso conversor de temperatura da seguinte forma:

```python
inp = input('Enter Fahrenheit Temperature:')
try:
    fahr = float(inp)
    cel = (fahr - 32.0) * 5.0 / 9.0
    print(cel)
except:
    print('Please enter a number')

# Code: http://www.py4e.com/code3/fahren2.py
```

O Python começa executando a sequência de instruções que estão no bloco 'try'. Se tudo ocorrer bem, pula-se o bloco 'except' e o programa continua. Se uma exceção ocorrer no bloco 'try', o Python sai desse bloco e executa os comandos no bloco 'except'.

```
python fahren2.py
Insira a temperatura em Fahrenheit:72
22.22222222222222
```

```
python fahren2.py
Insira a temperatura em Fahrenheit:fred
Por favor, insira um número
```

O ato de tratar uma exceção com um comando 'try' é chamado de *capturar* uma exceção. Nesse exemplo, a condição 'except' mostra uma mensagem de erro. Geralmente, capturar uma exceção te dá a chance de resolver um problema, ou de tentar novamente, ou de, pelo menos, encerrar seu programa graciosamente.

3.8   Avaliação de curto-circuito de expressões lógicas

Quando Python está processando uma expressão lógica como x >= 2 and (x/y) > 2, a expressão é analisada da esquerda para a direita. Devido à definição de and, se x é menor que 2, a expressão x >= 2 é False e então toda a expressão também é False independentemente se (x/y) > 2 é considerada como True ou False.

Quando o Python detecta que não há nada a ser ganho examinando o resto da expressão lógica, a análise é interrompida e não são feitos os cálculos restantes. Quando a interpretação de uma expressão lógica é interrompida porque o valor geral já é conhecido, isso é chamado de *curto-circuito* na análise.

Embora isso possa parecer um detalhe, o comportamento de um curto-circuito leva a uma técnica chamada de *padrão guardião* (*guardian pattern*). Considere o seguinte trecho de código no compilador de Python:

```
>>> x = 6
>>> y = 2
>>> x >= 2 and (x/y) > 2
True
>>> x = 1
>>> y = 0
>>> x >= 2 and (x/y) > 2
False
>>> x = 6
>>> y = 0
>>> x >= 2 and (x/y) > 2
Traceback (most recent call last):
  File "<stdin>", line 1, in <module>
ZeroDivisionError: division by zero
                (divisão por zero)
>>>
```

O terceiro cálculo falhou, pois Python estava analisando (x/y) e y era zero, causando um erro ao executar. Mas o segundo exemplo *não* falhou, pois a primeira parte da expressão x >= 2 foi considerada False então (x/y) nunca foi executado devido à regra do *curto-circuito* e não houve erro.

Podemos construir a expressão lógica estrategicamente para posicionar uma avaliação de *guarda* logo antes da avaliação que pode causar o seguinte erro:

```
>>> x = 1
>>> y = 0
>>> x >= 2 and y != 0 and (x/y) > 2
False
>>> x = 6
>>> y = 0
>>> x >= 2 and y != 0 and (x/y) > 2
False
>>> x >= 2 and (x/y) > 2 and y != 0
Traceback (most recent call last):
  File "<stdin>", line 1, in <module>
ZeroDivisionError: division by zero
                   (divisão por zero)
>>>
```

Na primeira expressão lógica, x >= 2 é False então a análise para no and. Na segunda expressão lógica, x >= 2 é True mas y != 0 é False então nunca chegamos em (x/y).

Na terceira expressão lógica, o y != 0 é *depois* do cálculo de (x/y) então a expressão falha com um erro.

Na segunda expressão, dizemos que y != 0 age como uma *guarda* para garantir que executaremos apenas (x/y) se y é diferente de zero.

3.9 Debugging

O "traceback" que o Python exibe quando um erro ocorre contém bastante informação, mas isso pode ser um pouco sufocante. As partes mais úteis são usualmente:

- Que tipo de erro aconteceu, e

- Onde ele ocorreu.

Erros de sintaxe são geralmente fáceis de achar, mas existem algumas "armadilhas". Erros envolvendo espaços em branco podem ser traiçoeiros devido a espaços e "tabs" serem invisíveis e estarmos acostumados a ignorá-los.

```
>>> x = 5
>>>  y = 6
  File "<stdin>", line 1
    y = 6
```

```
IndentationError: unexpected indent
               (indentação inprevista)
```

Nesse exemplo, o problema está no fato de que a segunda linha está indentada com um espaço. Entretanto, a mensagem de erro aponta para o 'y', o que é enganoso. Comumente, mensagens de erro indicam onde o problema foi descoberto, mas o erro em si pode estar um pouco antes de onde foi apontado, às vezes na linha anterior do código.

De modo geral, mensagens de erro te mostram onde o problema foi encontrado, apesar de muitas vezes este local não ser onde ele foi causado.

3.10   Glossário

Corpo Sequência de instruções dentro de uma instrução composta.

Condicional aninhada Uma condicional que aparece em um dos ramos de outra sentença condicional.

Condicional encadeada Uma condicional com uma série de ramos alternativos.

Condição A expressão booleana em uma sentença condicional que determina qual ramo será executado.

Curto-circuito Quando Python está no meio da verificação de uma expressão lógica e para a verificação porque sabe o resultado final da expressão, sem a necessidade de verificar o restante desta.

Expressão booleana Uma expressão cujo valor é `True` ou `False`.

Operador de comparação Um operador que compara seus operandos: `==`, `!=`, `>`, `<`, `>=`, e `<=`.

Operador lógico Operadores que combinam expressões booleanas: `and`, `or`, e `not`.

Padrão Guardião (*guardian pattern*) Quando construímos uma expressão lógica com comparações adicionais para ganhar vantagem com o comportamento de short-circuit.

Ramo Uma das alternativas de sequência de instruções dentro de uma condicional.

Sentença composta Uma sentença que consiste em um cabeçalho e um corpo. O cabeçalho termina com dois pontos (:). O corpo é indentado relativo ao cabeçalho.

Sentença condicional Uma sentença que controla o fluxo de execução dependendo de alguma condição.

Traceback Uma lista das funções que estão sendo executadas, mostrada quando uma exceção ocorre.

3.11   Exercícios

Exercício 1: Reescreva seu programa de pagamento, para pagar ao funcionário 1.5 vezes o valor da taxa horária de pagamento pelo tempo trabalhado acima de 40 horas

```
Digite as Horas: 45
Digite a taxa: 10
Pagamento: 475.0
```

Exercício 2: Reescreva seu programa de pagamento utilizando try e
except, de forma que o programa consiga lidar com entradas não numéri-
cas graciosamente, mostrando uma mensagem e saindo do programa. A
seguir é mostrado duas execuções do programa

```
Digite as Horas: 20
Digite a taxa: nove
Erro, por favor utilize uma entrada numérica
```

```
Digite as Horas: quarenta
Erro, por favor utilize uma entrada numérica
```

Exercício 3: Escreva um programa que peça por uma pontuação entre
0.0 e 1.0. Se a pontuação for fora do intervalo, mostre uma mensagem
de erro. Se a pontuação estiver entre 0.0 e 1.0, mostre a respectiva nota
usando a seguinte tabela

```
Pontuação      Nota
>= 0.9          A
>= 0.8          B
>= 0.7          C
>= 0.6          D
 < 0.6          F
```

```
Digite a Pontuação: 0.95
A
```

```
Digite a Pontuação: perfeito
Pontuação Inválida
```

```
Digite a Pontuação: 10.0
Pontuação Inválida
```

```
Digite a Pontuação: 0.75
C
```

```
Digite a Pontuação: 0.5
F
```

Rode o programa repetidamente como mostrado acima para testar diferentes valores de entrada.

Capítulo 4

Funções

4.1   Chamadas de Função

No contexto da programação, uma *função* é a denominação dada a um conjunto de instruções que realiza uma computação. Quando você define uma função, você especifica o nome e a sequência de instruções. Posteriormente, você poderá "chamar" a função pelo seu nome. Nós já haviamos visto um exemplo de uma *chamada de função*:

```
>>> type(32)
<class 'int'>
```

O nome da função é `type`. A expressão em parênteses é chamada de *argumento* da função. O argumento é um valor ou variável que estamos passando para a função como entrada. O resultado, para a função `type`, é o tipo do argumento.

É comum dizer que uma função "recebe" um argumento e "retorna" um resultado. O resultado é chamado de *valor retornado*.

4.2   Funções internas

O Python fornece várias funções internas importantes que nós podemos usar sem precisar defini-las. Os criadores do Python escreveram um conjunto de funções para solucionar problemas comuns e incluíram elas na linguagem para nosso uso.

A funções `max` e `min` nos dão o maior e o menor valores de uma lista, respectivamente:

```
>>> max('Alô mundo')
'ô'
>>> min('Alô mundo')
' '
>>>
```

A função `max` nos diz qual é o "maior caractere" da string (que acaba sendo a letra "ô") e a função `min` nos mostra o menor caractere (que acaba sendo o espaço).

Outra função interna muito comum é a `len`, que nos diz quantos itens há em seu argumento. Caso este argumento seja uma string, a função retorna o número de caracteres que a compõem.

```
>>> len('Alô mundo')
9
>>>
```

Essas funções não são limitadas à análise apenas de strings. Elas podem operar em qualquer conjunto de valores, como veremos em capítulos posteriores.

Você deve encarar os nomes das funções internas como palavras reservadas (por exemplo, evite usar "max" como nome de uma variável).

4.3 Funções de conversão de tipo

O Python também fornece funções internas que convertem valores de um tipo para outro. A função `int` recebe qualquer valor e converte ele em um inteiro, se for possível, ou reclama, caso contrário:

```
>>> int('32')
32
>>> int('Olá')
ValueError: invalid literal for int() with base 10: 'Hello'
```

`int` pode converter valores em pontos-flutuante em inteiros, mas não os arredonda; ela trunca a parte decimal:

```
>>> int(3.99999)
3
>>> int(-2.3)
-2
```

`float` converte inteiros e strings em números em ponto-flutuante:

```
>>> float(32)
32.0
>>> float('3.14159')
3.14159
```

Finalmente, `str` converte seu argumento para uma string:

```{.python}
>>> str(32)
'32'
>>> str(3.14159)
'3.14159'
```

4.4   Funções matemáticas

Python tem um módulo `math` que possui a maioria das funções matemáticas familiares. Antes que possamos utilizar o módulo, nós temos que importá-lo:

```
>>> import math
```

Essa declaração cria um *objeto do módulo* chamado math. Se você usar print() nele, você receberá algumas informações sobre ele:

```
>>> print(math)
<module 'math' (built-in)>
```

O objeto do módulo contém as funções e variáveis definidas no módulo. Para acessar uma dessas funções, você deve especificar o nome do módulo e o nome da função, separados por um ponto. Esse formato é conhecido como *notação de ponto*.

```
>>> razao = potencia_do_sinal / intensidade_do_ruido
>>> decibeis = 10 * math.log10(razao)
>>> radianos = 0.7
>>> modulo = math.sin(radianos)
```

O primeiro exemplo computa o logaritmo de base 10 da razão sinal-ruído. O módulo *math* também fornece uma função chamada `log` que computa logaritmos de base e.

O segundo exemplo encontra o seno de `radianos`. O nome da variável é uma

dica que `sin` e outras funções trigonométricas (`cos`, `tan`, etc.) recebem argumentos em radianos. Para converter de graus para radianos, dividimos por 360 e multiplicamos por 2π:

```
>>> graus = 45
>>> radianos = graus / 360.0 * 2 * math.pi
>>> math.sin(radianoss)
0.7071067811865476
```

A expressão `math.pi` pega a variável `pi` do módulo *math*. O valor dessa variável é uma aproximação de π, com precisão de 15 dígitos.

Se você sabe trigonometria, pode checar o resultado anterior comparando-o com a raiz quadrada de 2 dividida por 2:

```
>>> math.sqrt(2) / 2.0
0.7071067811865476
```

4.5   Números Aleatórios

Dadas as mesmas entradas, a maior parte dos programas geram sempre as mesmas saídas, de forma que eles são ditos *determinísticos*. Determinismo é geralmente uma boa coisa, já que nós esperamos que o mesmo cálculo obtenha sempre o mesmo resultado. Para algumas aplicações, porém, nós queremos que o computador seja imprevisível. Jogos são um exemplo óbvio, mas existem outros.

Criar um programa totalmente não determinístico não é tão fácil, mas há formas de que eles pareçam ser não determinísticos. Uma delas é utilizar *algoritmos* que geram *números pseudoaleatórios*. Números pseudoaleatórios não são verdadeiramente aleatórios, pois eles são gerados por má computação determinística, mas apenas olhando para os números, é impossível distinguí-los de números aleatórios.

O módulo **random** oferece funções que geram números pseudoaleatórios (os quais eu passarei simplesmente a chamar de "aleatórios" a partir daqui).

A função **random** retorna um número float entre 0.0 e 1.0 (incluindo 0.0, mas não 1.0). Todas as vezes que você chamar a função **random**, você receberá o próximo número de uma série longa. Para ver uma amostra, rode esse *loop*:

```python
import random

for i in range(10):
    x = random.random()
    print(x)
```

Este programa produz a seguinte lista de 10 números aleatórios entre 0.0 e até, mas não incluindo, 1.0.

```
0.11132867921152356
0.5950949227890241
0.04820265884996877
0.841003109276478
0.997914947094958
0.04842330803368111
0.7416295948208405
0.510535245390327
0.27447040171978143
0.028511805472785867
```

Exercício 1: Rode o programa anterior no seu computador para ver quais números aparecem. Rode o programa mais uma vez e veja quais números aparecem.

A função **random** é apenas uma das funções que utilizam números aleatórios. A função **randint** recebe os parâmetros 'menor' e 'maior' e retorna um inteiro entre 'menor' e 'maior' (incluindo ambos).

```python
>>> random.randint(5, 10)
5
>>> random.randint(5, 10)
9
```

Para escolher um elemento de uma sequência aleatoriamente você pode utilizar a função `choice`:

```
>>> t = [1, 2, 3]
>>> random.choice(t)
2
>>> random.choice(t)
3
```

O módulo **random** também disponibiliza funções para gerar valores aleatórios de acordo com distribuições contínuas, incluindo gaussiana, exponencial, gamma e outras.

4.6 Adicionando novas funções

Até agora, nós temos utilizado apenas as funções que já vêm com o Python, mas também é possível adicionar novas funções. Uma *definição de função* especifica o nome de uma nova função e a sequência de comandos que serão executados quando ela for chamada. Uma vez que nós definimos uma função, podemos reutilizá-la repetidas vezes ao longo do nosso programa:

Veja aqui um exemplo:

```
def print_LetraDaMusica():
    print("Eu sou um lenhador, e eu estou bem.")
    print('Eu durmo a noite toda e trabalho o dia todo.')
```

def é uma palavra-chave que indica que isso é uma definição de função. O nome da função é `print_LetraDeMusica`. As regras para nomes de funções são as mesmas que para nomes de variáveis: letras, números e alguns sinais de pontuação são permitidos, mas o primeiro caractere não pode ser um número. Você não pode usar uma palavra-chave como nome de função, e deve evitar ter uma variável e uma função com nomes iguais.

Os parênteses vazios após o nome indicam que essa função não aceita argumentos. Mais tarde nós construiremos funções que levam argumentos como suas entradas.

A primeira linha da definição da função é chamada de *cabeçalho*; o restante é o *corpo*. O cabeçalho tem que encerrar com dois pontos e o corpo tem que estar identado. Por convenção, a identação é sempre de quatro espaços. O corpo pode conter qualquer número de comandos.

Se você fizer uma definição de função no modo interativo, o interpretador usa reticências (...) para te informar que a definição não está completa:

```
>>> def print_LetraDeMusica():
...     print("Eu sou um lenhador, e eu estou bem.")
...     print('Eu durmo a noite toda e trabalho o dia todo.')
...
```

Para finalizar a função, você precisa inserir uma linha em branco (isso não é necessário no modo comum).

Definir uma função cria uma variável com o mesmo nome.

```
>>> print(print_LetraDeMusica)
<function print_ LetraDeMusica at 0xb7e99e9c>
>>> print(type(print_ LetraDeMusica))
<class 'function'>
```

O valor de `print_LetraDeMusica` é um *objeto de função*, o qual é do tipo "*function*".

A sintaxe para chamar a nova função é a mesma que para funções internas:

```
>>> print_LetraDeMusica()
Eu sou um lenhador, e eu estou bem.
Eu durmo a noite toda e trabalho o dia todo.
```

Uma vez que sua função está definida, você pode usá-la dentro de outra função. Por exemplo, para repetir o refrão acima, nós poderíamos escrever uma função chamada `repetir_LetraDeMusica`:

```
def repetir_LetraDeMusica():
    print_ LetraDeMusica()
    print_ LetraDeMusica()
```

E depois chamar `repetir_LetraDeMusica`:

```
>>> repetir_LetraDeMusica()
Eu sou um lenhador, e eu estou bem.
Eu durmo a noite toda e trabalho o dia todo.
Eu sou um lenhador, e eu estou bem.
Eu durmo a noite toda e trabalho o dia todo.
```

Mas não é bem assim que a música continua.

4.7   Definições e usos

Colocando junto os fragmentos de código da seção anterior, o programa inteiro fica assim:

```
>>> def print_LetraDeMusica():
...     print("Eu sou um lenhador, e eu estou bem.")
...     print('Eu durmo a noite toda e trabalho o dia todo.')
...
```

```
def repetir_LetraDeMusica():
    print_ LetraDeMusica()
    print_ LetraDeMusica()

>>> repetir_LetraDeMusica()

def print_lyrics():
    print("I'm a lumberjack, and I'm okay.")
    print('I sleep all night and I work all day.')


def repeat_lyrics():
    print_lyrics()
    print_lyrics()

repeat_lyrics()

# Code: http://www.py4e.com/code3/lyrics.py
```

Esse programa contém duas definições de função: `print_lyrics` e `repeat_lyrics`. Definições de função são executadas assim como outras declarações, mas o efeito é criar objetos de função. Os comandos dentro da função não são executados até que a função seja chamada, e a definição de função não gera saída.

Como você deve imaginar, será necessário criar a função antes de poder executá-la. Em outras palavras, a definição de função será executada antes da primeira vez que seja chamada.

Exercício 2: Mova a última linha desse programa para o início, assim a chamada da função aparece antes das definições. Execute o programa e veja qual mensagem de erro aparece.

Exercício 3: Mova a chamada da função de volta ao final e mova a definição de `print_lyrics` para depois da definição de `repeat_lyrics`. O que acontece quando você executa esse programa?

4.8 Fluxo de Execução

Para garantir que a função é definida antes de seu primeiro uso, você precisa saber a ordem que cada declaração é executada, o que é chamado de *fluxo de execução*.

A execução sempre começa na primeira declaração do programa. Declarações são executadas uma por vez, na ordem de cima para baixo.

Definições de função não alteram o fluxo da execução do programa, mas lembrem-se de que comandos dentro da função não são executados até que a função seja chamada.

Uma chamada de função é como um desvio no fluxo da execução. Em vez de ir para a próxima declaração, o fluxo pula para o corpo da função, executa todas os comandos ali, e então volta para onde havia parado.

Isso parece bastante simples, até você lembrar que uma função pode chamar outra. Enquanto estiver no meio de uma função, o programa pode ter que executar as instruções em outra função. Então, enquanto estiver executando a nova função, o programa pode ter que executar ainda outra função!

Felizmente, Python é bom em manter controle de onde está, então cada vez que uma função é concluída o programa continua de onde parou na função que o chamou. Quando chega ao fim do programa, se encerra.

Qual é a moral desse conto sórdido? Quando você lê um programa, você nem sempre quer lê-lo de cima para baixo. Às vezes faz mais sentido se você seguir o fluxo de execução.

4.9   Parâmetros e argumentos

Algumas das funções internas que vimos requerem argumentos. Por exemplo, quando você chama `math.sin` você passa um número como argumento. Algumas funções requerem mais de um argumento: `math.pow` recebe dois, a base e o expoente.

Dentro da função, os argumentos são atribuídos à variáveis chamadas *parâmetros*. Aqui está um exemplo de uma função definida pelo usuário que recebe um argumento:

```
def mostra_duas_vezes(bruce):
    print(bruce)
    print(bruce)
```

Essa função atribui o argumento à um parâmetro nomeado **bruce**. Quando a função é chamada, ela mostra o valor do parâmetro (qualquer que seja ele) duas vezes.

Essa função funciona com qualquer valor que possa ser mostrado.

```
>>> mostra_duas_vezes('Spam')
Spam
Spam
>>> mostra_duas_vezes(17)
17
17
>>> import math
>>> mostra_duas_vezes(math.pi)
3.141592653589793
3.141592653589793
```

As mesmas regras de composição que se aplicam às funções internas também se aplicam à funções definidas pelo usuário, então podemos usar qualquer tipo de expressão como argumento para **mostra_duas_vezes**:

```
>>> mostra_duas_vezs('Spam '*4)
Spam Spam Spam Spam
Spam Spam Spam Spam
>>> mostra_duas_vezes(math.cos(math.pi))
-1.0
-1.0
```

O argumento é avaliado antes da função ser chamada, então nos exemplos as expressões `'Spam '*4` e `math.cos(math.pi)` são avaliadas apenas uma vez.

Você também pode usar variáveis como argumento:

```
>>> michael = 'Eric, a meia abelha.'
>>> mostra_duas_vezes(michael)
Eric, a meia abelha.
Eric, a meia abelha.
```

O nome da variável que passamos como um argumento (`michael`) não tem nada a ver com o nome do parâmetro (`bruce`). Não importa como o valor é chamado em casa (na chamada da função); aqui em `mostra_duas_vezes`, chamamos todo mundo de `bruce`.

4.10 Funções frutíferas e funções vazias

Algumas das funções que estamos usando, como as funções matemáticas, produzem resultados; por falta de um nome melhor, eu os chamo *funções frutíferas*. Outras funções, como `mostra_duas_vezes`, executam uma ação mas não retornam um valor. Elas são chamadas *funções vazias*.

Quando você chama uma função frutífera, você quase sempre quer fazer alguma coisa com resultado; por exemplo, você pode atribuí-la a uma variável ou usá-la como parte de uma expressão:

```
x = math.cos(radians)
golden = (math.sqrt(5) + 1) / 2
```

Quando você chama uma função no modo interativo, o Python exibe o resultado:

```
>>> math.sqrt(5)
2.23606797749979
```

Mas em um `script`, se você chama uma função frutífera e não armazena o resultado da função em uma variável, o valor de retorno desaparece na névoa!

```
math.sqrt(5)
```

Esse **script** calcula a raiz quadrada de 5, mas como não se armazena o resultado em uma variável ou exibe o resultado, isso não é muito útil.

Funções vazias podem exibir algo na tela ou ter algum outro efeito, mas elas não têm um valor de retorno. Se você tentar atribuir o resultado a uma variável, você obtém um valor especial chamado **None**.

```
>>> resultado = mostra_duas_vezes('Bing')
Bing
Bing
>>> print(resultado)
None
```

O valor **None** não é o mesmo que uma **string** "None". Ele é um valor especial que possui seu próprio tipo:

```
>>> print(type(None))
<class 'NoneType'>
```

Para retornar um resultado de uma função, nós usamos o comando **return** em nossa função. Por exemplo, nós podemos fazer uma função muito simples chamada **soma_dois** que soma dois números juntos e retorna um resultado.

```
>>> def soma_dois(a,b):
        soma = a + b
        return soma

>>> x = soma_dois(3, 5)
>>> print(x)


def addtwo(a, b):
    added = a + b
    return added

x = addtwo(3, 5)
print(x)

# Code: http://www.py4e.com/code3/addtwo.py
```

Quando esse **script** é executado, a declaração **print** mostrará "8" porque a função **soma_dois** foi chamada com 3 e 5 como argumentos. Dentro de uma função, os parâmetros a e b eram 3 e 5, respectivamente. A função calculou a soma dos dois números e atribuiu à variável local da função nomeada **soma**. Então foi usado o comando **return** para enviar o valor calculado de volta para o código de chamada como resultado da função, o qual foi atribuído à variável x e mostrada em tela.

4.11   Por que funções?

Pode não parecer claro o motivo de dividir o programa em funções. Existem varias razões:

- Criar uma nova função lhe dar a oportunidade de nomear um grupo de instruções, o que torna seu programa mais fácil de ler, de entender e de depurar.

- As funções podem tornar um programa menor, eliminando as repetições. Mais tarde, se você fizer uma mudança, só precisará mudar em um lugar.

- Dividindo um programa em funções permite que você depure as partes uma de cada vez e, em seguida, montá-las em um só trabalho.

- Funções bem projetadas são muitas vezes úteis para muitos programas. Depois de escrever e depurar um, você pode reutilizá-lo.

Ao longo do resto do livro, muitas vezes usaremos uma definição de função para explicar um conceito. A habilidade de criar e usar funções é ter uma função que capture a ideia corretamente, como "encontrar o menor valor em uma lista de valores". Mais tarde vamos lhe mostrar o código que encontra o menor valor em uma lista de valores e vamos apresentá-lo para você como uma função chamada `min` que leva uma lista de valores como seu argumento e retorna o menor valor na lista.

4.12   Depuração

Se você estiver usando um editor de texto para escrever seus `scripts`, você pode encontrar problemas com espaços e tabulações (tabs). A melhor maneira de evitar esses problemas é usar espaços exclusivamente (sem tabs). A maioria dos editores de texto que sabem sobre Python fazem isso por padrão, mas alguns não.

Tabulações e espaços são geralmente invisíveis, o que os torna difíceis de depurar, então tente encontrar um editor que gerencia a identação para você.

Além disso, não se esqueça de salvar seu programa antes de executá-lo. Alguns ambientes de desenvolvimento fazem isso automaticamente, mas alguns não. Nesse caso, o programa que você está olhando no editor de texto não é o mesmo que o programa que você está executando.

A depuração pode levar um longo tempo se você estiver executando o programa errado repetidamente!

Certifique-se de que o código que você está olhando é o código que você está executando. Se você não tiver certeza, coloque algo como `print ("Olá")` no início do programa e execute-o novamente. Se você não vê ' Olá ', você não está executando o programa certo!

4.13   Glossário

algoritmo Um processo geral para resolver uma categoria de problemas. algoritmo

argumento Um valor fornecido para uma função quando a função é chamada. Esse valor é atribuído ao parâmetro correspondente na função. argumento

cabeçalho A primeira linha de uma definição de função. cabeçalho

chamada de função Uma declaração que executa uma função. Consiste na função   nome seguido por uma lista de argumentos. chamada de função

composição Utilizar uma expressão como parte de uma expressão maior ou uma instrução como parte de uma declaração maior. composição

corpo A sequência de instruções dentro de uma definição de função. corpo

declaração de importação Uma instrução que lê um arquivo do módulo e cria um objeto do módulo.

definição de função Uma declaração que cria uma nova função, especificando seu nome,   parâmetros e as instruções que executa. definição de função

determinista Pertence a um programa que faz a mesma coisa toda vez que é executado, dadas as mesmas entradas. determinista

fluxo de execução A ordem em que as instruções são executadas durante a execução de um programa. fluxo de execução

função Uma sequência nomeada de instruções que realiza alguma operação útil. As funções podem ou não aceitar argumentos e podem ou não produzir um resultado. função

função frutífera Uma função que retorna um valor. função frutífera

função vazia Uma função que não retorna um valor.

notação de ponto A sintaxe utilizada para chamar uma função em outro módulo especificando o nome do módulo seguido por um ponto e o nome da função. notação de ponto

objeto de função Um valor criado por uma definição de uma função. O nome da função   é uma variável que se refere a um objeto de função. objeto de função

objeto do módulo Um valor criado por uma declaração `import` que fornece acesso aos dados e código definidos em um módulo.

parâmetro Um nome usado dentro de uma função para se referir ao valor passado como   argumento.

pseudoaleatório Pertence a uma sequência de números que parecem ser aleatórios, mas   são gerados por um programa determinístico.

valor de retorno O resultado de uma função. Se uma chamada de função for usada como   expressão, o valor de retorno é o valor da expressão.

4.14   Exercícios

Exercício 4: Qual a finalidade da palavra-chave "def" em Python

a) É uma gíria que significa "o código a seguir é muito maneiro"

b) Ela indica o início de uma função

c) Ela indica que a próxima seção endentada do código será guardada para mais tarde

d) b e c são verdade

e) Nenhuma das opções anteriores

Exercício 5: O que o programa em Python a seguir mostrará em tela?

```python
def fred():
    print("Zap")

def jane():
    print("ABC")

jane()
fred()
jane()
```

a) Zap ABC jane fred jane

b) Zap ABC Zap

c) ABC Zap jane

d) ABC Zap ABC

e) Zap Zap Zap

Exercício 6: Reescreva seu programa de cálculo de pagamento com um 1.5 o valor de hora de trabalho por hora extra, crie uma função chamada calculoPagamento que aceita dois parâmetros(horas e TaxaHora).

```
Insira as Horas: 45
Insira o valor da Hora de Trabalho: 10
pagamento: 475.0
```

Exercício 7: Reescreva o programa de notas do capítulo anterior usando a função computarNotas que recebe a pontuação como parâmetro e retorna a nota como uma string.

```
Pontuação    Nota
>= 0.9       A
>= 0.8       B
>= 0.7       C
>= 0.6       D
 < 0.6       F
```

```
Insira a pontuação: 0.95
A
```

```
Insira a pontuação: perfeito
Pontuação Inválida

Insira a pontuação: 10.0
Pontuação Inválida

Insira a pontuação: 0.75
C

Insira a pontuação: 0.5
F
```

Execute o programa repetitivamente para testar vários valores diferentes como entrada.

Capítulo 5

Iteração

5.1 Atualizando Variáveis

Um modelo comum de declaração de atribuição é uma que atualiza o valor de uma variável, na qual o seu novo valor depende do seu anterior.

```
x = x + 1
```

Isso significa "pegue o valor atual de x, adicione 1 e então atualize x com esse novo valor."

Se você tentar atualizar uma variável que não existe, ocorrerá um erro, já que o Python avalia o lado direito da igualdade antes de atribuir um valor a x:

```
>>> x = x + 1
NameError: name 'x' is not defined
          (nome 'x' não definido)
```

Antes de se poder atualizar uma variável, é preciso *inicializá-la*, normalmente com uma simples atribuição:

```
>>> x = 0
>>> x = x + 1
```

Atualizar uma variável adicionando 1 é chamado de um *incremento*; subtraindo 1 é chamado de um *decremento*.

5.2 A declaração `while`

Frequentemente, computadores são utilizados para automatizar tarefas repetitivas. Repetir tarefas, idênticas ou similares, sem cometer erros, é algo que computadores fazem bem melhor que pessoas. Devido à iteração ser tão comum, Python disponibiliza diversos recursos para torná-la mais fácil.

Uma das formas de iteração em Python é a declaração `while`. Abaixo, temos um programa simples que faz uma contagem regressiva, partindo de cinco, e depois diz "Lançar!".

```python
n = 5
while n > 0:
    print(n)
    n = n - 1
print('Lançar!')
```

A declaração `while` quase pode ser lida como se fosse um texto comum (escrito em português). Em português, teríamos algo como: "Enquanto **n** for maior que 0, mostre o valor de **n** e então subtraia 1 desse valor. Quando atingir o valor 0, saia da declaração `while` e mostre a palavra `Lançar!`".

De maneira mais formal, o fluxo de execução da declaração `while` seria:

1. Análise da condição, retornando um valor `True` ou `False`.

2. Se a condição for falsa, saia da declaração `while` e prossiga com as declarações seguintes.

3. Se a condição for verdadeira, execute o bloco `while` e então retorne ao passo 1.

Esse bloco de instruções é chamado de *laço*, pois o terceiro passo faz retornar ao primeiro. Nomeamos de *iteração* cada vez em que as instruções dentro de um laço são executadas. Para o programa anterior, podemos dizer que "ele teve cinco iterações", ou seja, o corpo do laço foi executado cinco vezes.

O corpo do laço normalmente deve alterar o valor de uma ou de mais variáveis, de forma que, eventualmente, a condição de execução se torne falsa e a repetição se encerre. Chamamos essa variável que tem seu valor alterado em cada execução do laço e controla quando ele deve terminar de *variável de iteração*. Se não houver uma variável de iteração, o loop se repetirá eternamente, resultando em um *laço infinito*.

5.3   Laços infinitos

Uma fonte de diversão sem fim para programadores é observar que as instruções no shampoo, "Ensaboe, enxague, repita", são um laço infinito pois não há *variável de iteração* lhe dizendo quantas vezes executar essa sequência.

Numa `contagem regressiva`, nós podemos provar que o laço termina, pois sabemos que o valor de **n** é finito, e podemos ver que esse valor fica cada vez menor durante o laço, então eventualmente chegaremos ao 0. Outras vezes, um laço é claramente infinito, pois não existe variável de iteração.

Às vezes você não sabe que é hora de terminar o laço até chegar ao meio dele. Nesse caso você pode escrever um laço infinito de propósito e então usar o comando `break` para interrompê-lo.

Este laço abaixo é obviamente um *laço infinito*, pois a expressão lógica na estrutura `while` é simplesmente a a constante lógica `True`:

```python
n = 10
while True:
    print(n, end=' ')
    n = n - 1
print('Pronto!')
```

Se você cometer o erro de executar esse código, você aprenderá rapidamente como parar um processo do Python em execução no seu sistema ou achar onde é o botão de desligar do seu computador. Esse programa rodará eternamente ou até a sua bateria acabar, pois a expressão lógica no topo do laço é sempre verdadeira, graças ao fato de que a expressão é o valor constante `True`.

Embora isso seja um laço infinito disfuncional, nós podemos continuar usando esse padrão para construir laços úteis, desde que, cuidadosamente, adicionemos um código ao corpo do laço que, utilizando `break`, explicitamente saia dele quando atingimos a condição de saída desejada.

Por exemplo, suponha que você queira entradas do usuário até que ele digite `pronto`. Você pode escrever:

```python
while True:
    line = input('> ')
    if line == 'done':
        break
    print(line)
print('Done!')

# Code: http://www.py4e.com/code3/copytildone1.py
```

A condição do laço é `True`, que sempre é verdadeira, então ele é executado repetidamente até atingir a estrutura break.

A cada repetição, ele solicita uma entrada do usuário mostrando um sinal de "menor que". Se o usuário digita `pronto`, o comando `break` sai do laço. Caso contrário, o programa ecoa tudo o que o usuário digita e volta para o primeiro passo. Aqui vemos um exemplo da execução:

```
> olá
olá
> encerrar
encerrar
> pronto
Pronto!
```

Essa forma de escrever laços `while` é comum, pois você pode checar a condição em qualquer lugar do bloco (não apenas no topo) e você pode expressar a condição de parada afirmativamente ("pare quando isso acontece") melhor do que negativamente ("continue até que aquilo aconteça").

5.4 Finalizando iterações com `continue`

Às vezes, você está em uma iteração de um laço e deseja finalizar essa iteração atual e pular imediatamente para a próxima. Nesse caso, você pode usar o comando `continue` para avançar para a próxima iteração sem executar as instruções restantes da iteração atual.

Aqui está um exemplo de laço que copia as entradas do usuário até ele digitar "pronto", mas considera as linhas que começam com o caractere cerquilha (#) como linhas que não devem ser exibidas (como os comentários em Python).

```python
while True:
    line = input('> ')
    if line[0] == '#':
        continue
    if line == 'done':
        break
    print(line)
print('Done!')

# Code: http://www.py4e.com/code3/copytildone2.py
```

Aqui temos um exemplo da execução desse novo programa com `continue` adicionado.

```
> olá
olá
> # não exiba isso
> exiba isso!
exiba isso!
> pronto
Pronto!
```

Todas as linhas são exibidas exceto a que começa com o sinal cerquilha, pois quando o `continue` é executado, ele termina a iteração atual e pula de volta para o topo do bloco `while` para começar a próxima iteração, pulando, portanto, o comando `print`.

5.5 Definindo um laço usando `for`

Às vezes, queremos fazer um laço por meio de um conjunto de coisas, como uma lista de palavras, as linhas em um arquivo, ou uma lista de números. Quando temos uma lista de coisas para iterar sobre, podemos construir um laço definido usando uma declaração `for`. Nós chamamos a declaração `while` como um laço indefinido, porque ela simplesmente permanece iterando até que alguma condição se torne falsa, enquanto o laço `for` itera sobre um conjunto de itens conhecidos até que sejam executadas tantas iterações quanto o número de itens nesse conjunto.

A sintaxe de um laço `for` é similar a de um laço `while`, em que há uma declaração `for` e um corpo de repetição:

```
amigos = ['Jose', 'Gleice', 'Sara']
For amigo in amigos:
    print('Feliz Ano Novo', amigo)
print('Feito!')
```

Em termos Python, a variável `amigos` é uma lista [examinaremos as listas com mais detalhes em um capítulo posterior.] de três cadeias de caracteres e o laço `for` percorre a lista e executa o corpo uma vez para cada uma das três palavras na lista, resultando nesta saída:

```
Feliz Ano Novo: Jose
Feliz Ano Novo: Gleice
Feliz Ano Novo: Sara
Feito!
```

Traduzir esse loop `for` para o português não é tão direto quanto o `while`, mas se você pensar em amigos como um *lista*, ele interpreta assim: "executar as instruções no corpo do `for` uma vez para cada amigo *in* lista de amigos nomeados."

Olhando para o laço `for`, *for* e *in* são palavras-chave reservadas do Python e `amigo` e `amigos` são variáveis.

```
for amigo in amigos:
    Print ('Feliz Ano Novo: ', amigo)
```

Em particular, `amigo` é a *variável de iteração* o laço `for`. A variável `amigo` muda a cada iteração do laço e controla quando o laço deve ser concluído. A *variável de iteração* percorre sucessivamente as três palavras armazenadas na variável `amigos`.

5.6 Padrões de laço

Muitas vezes usamos um laço `for` ou `while` para percorrer uma lista de itens ou conteúdos de um arquivo, nesse caso nós estamos procurando por algo como o maior ou menor valor dos dados que nós percorremos.

Esses laços são geralmente construídos:

- Inicializando uma ou mais variáveis antes que o laço comece

- Realizando algum cálculo em cada item no corpo do laço, possivelmente alterando as variáveis no corpo do loop

- Olhando para as variáveis resultantes quando o loop é concluído

Utilizaremos uma lista de números para demonstrar os conceitos e a construção desses padrões de loop.

5.6.1   Contando e somando repetições

Por exemplo, para contar o número de itens em uma lista, escreveríamos o seguinte
laço `for`:

```python
contador = 0
for itervar in [3, 41, 12, 9, 74, 15]:
    contador = contador + 1
print('Contagem: ', contador)
```

Nós ajustamos `contador` para zero antes do laço começar, então nós escrevemos um
laço `for` para percorrer a lista de números. Nossa variável de *iteração* é chamada
de `itervar` e enquanto nós não usamos o `itervar` no laço, ele controla o laço e
faz com que o corpo desse laço seja executado uma vez para cada um dos valores
na lista.

No corpo da repetição, adicionamos 1 ao valor atual de `contador` para cada um
dos valores na lista. Enquanto o laço está executando, o valor de `contador` é o
número de valores que percorremos "até agora".

Depois que a repetição é concluída, o valor de `contador` é o número total de itens.
O número total "cai do céu" no final do ciclo. Nós construímos o laço para que
tenhamos o que queremos quando ele terminar.

Outro laço semelhante que calcula o total de um conjunto de números é o seguinte:

```python
total = 0
for itervar in [3, 41, 12, 9, 74, 15]:
    total = total + itervar
print('Total: ', total)
```

Nesse loop, *usamos* a *variável de iteração*. Em vez de simplesmente adicionar um
a `contagem`, como na repetição anterior, nós adicionamos o número real (3, 41,
12, etc.) ao total durante cada iteração de repetição. Se você pensar na variável
`total`, ela contém o "total de valores percorridos até agora". Então, antes que a
repetição comece,`total` é zero porque ainda não vimos nenhum valor. Durante
todo o laço, `total` é o total atualizado e, ao final do laço, `total` é o valor de todos
os valores na lista.

Conforme o laço é executado, `total` acumula a soma dos elementos; uma variável
usada dessa forma às vezes é chamada de *acumulador*.

Nem o laço de contagem nem o de soma são particularmente úteis na prática,
porque existem funções internas `len()` e `sum()` que calculam o número de itens
em uma lista e o total dos itens em uma lista, respectivamente.

5.6.2   Repetições máximas e mínimas

Para achar o máximo valor em uma lista ou sequência, construímos a seguinte
repetição:

```python
máximo = None
print('Antes:', máximo)
for itervar in [3, 41, 12, 9, 74, 15]:
    if máximo is None or itervar > máximo :
        máximo = itervar
    print('Laço:', itervar, máximo)
print('Máximo:', máximo)
```

Quando o programa é executado, a saída é a seguinte:

```
Antes: None
Laço: 3 3
Laço: 41 41
Laço: 12 41
Laço: 9 41
Laço: 74 74
Laço: 15 74
Maximo: 74
```

A variável **máximo** é melhor considerada como o "maior valor que vimos até agora". Antes da repetição, definimos **máximo** como a constante **None**. **None** é uma constante de valor especial que podemos armazenar em uma variável para marcá-la como "vazia".

Antes do início do laço, o maior valor que temos até agora é **None**, já que nós ainda não percorremos nenhum valor. Enquanto o laço está sendo executado, se o **máximo** for **None**, então nós pegamos o primeiro valor que vemos como o maior até agora. Você pode ver na primeira iteração quando o valor do **itervar** é 3, já que **máximo** é **None**, nós imediatamente definimos **máximo** como sendo 3.

Após a primeira iteração, **máximo** não é mais **None**, então a segunda parte da expressão lógica composta que verifica se **itervar > máximo** é acionada apenas quando vemos um valor que é maior que o "maior até agora". Quando vemos um novo "ainda maior", nós levamos esse novo valor para o **máximo**. Você pode ver na saída do programa que **máximo** progride de 3 para 41 e de 41 para 74.

No final do laço, verificamos todos os valores e a variável **máximo** agora contém o maior valor da lista.

Para calcular o menor número, o código é muito semelhante com uma pequena alteração:

```python
mínimo = None
print('Antes:', mínimo)
for itervar in [3, 41, 12, 9, 74, 15]:
    if mínimo is None or itervar < mínimo:
        mínimo = itervar
    print('Laço:', itervar, mínimo)
print('Mínimo:', mínimo)
```

Novamente, **mínimo** é o "menor até agora" antes, durante e depois que o laço é executado. Quando o laço concluir, **mínimo** contém o menor valor da lista.

Novamente, como na contagem e na soma, as funções incorporadas `max()` e `min()` fazem esses laços desnecessários.

A seguir, uma versão simples da função embutida `min()` do Python:

```python
def min(valores):
    mínimo = None
    for valor in valores:
        if mínimo is None or valor < mínimo:
            mínimo = valor
    return mínimo
```

Na versão da função para encontrar o menor valor, nós removemos todas os comandos `print`, de modo a ser equivalente à função `min` que já está embutida no Python.

5.7   Debugging

Ao começar a escrever programas maiores, você pode se encontrar gastando mais tempo com debugging. Mais código significa mais chances de cometer um erro e mais lugares para que erros se escondam.

Um modo de reduzir seu tempo de debugging é "depurar por bisseção". Por exemplo, se existes 100 linhas em seu programa e você verifica uma de cada vez, isso levaria 100 passos.

Em vez disso, experimente quebrar o problema pela metade. Olhe para o meio do programa, ou perto dele, para um valor intermediário que você pode verificar. Adicione o comando `print` (ou alguma outra coisa que tenha um efeito de verificação) e execute o programa.

Se a verificação no ponto médio estiver incorreta, o problema deve estar na primeira metade do programa. Se está correta, o problema está na segunda metade.

Toda vez que você faz um teste como esse, você reduz ao meio o número de linhas que você tem que pesquisar. Após seis passos (o que é muito menos que 100), você ficaria com uma ou duas linhas de código, pelo menos em teoria.

Na prática nem sempre é claro qual é o "meio do programa" e nem sempre é possível verificá-lo. Não faz sentido contar linhas e encontrar o ponto médio exato. Em vez disso, pense sobre lugares no programa onde pode haver erros e lugares onde é fácil fazer um teste. Em seguida, escolha um ponto em que você acha que as chances são as mesmas que o erro esteja antes ou depois do teste.

5.8   Glossário

Acumulador: Uma variável usada em um laço para adicionar ou acumular um resultado. Contador: Uma variável usada em um laço para contar o número de vezes que alguma coisa aconteceu. Nós inicializamos um contador em zero e incrementamos o contador cada vez que queremos "contar" alguma coisa. Decremento : Uma atualização que diminuiu o valor de uma variável. Inicializar: Uma atribuição que fornece um valor para uma variável que vai ser atualizada. Incremento: Uma atualização que aumenta o valor de uma variável (geralmente em um) . Laço infinito: Um laço cuja condição de término nunca é satisfeita, ou para qual não existe condição de término. Iteração: Execução repetida de um conjunto de instruções usando uma função que chama a si mesma ou a um laço. Iteração

5.9 Exercícios

Exercício 1: Escreva um programa que lê repetitivamente números até que o usuário digite "pronto". Quando "pronto" for digitado, mostre a soma total, a quantidade e a média dos números digitados. Se o usuário digitar qualquer coisa que não seja um número, detecte o erro usando o trye o except e mostre na tela uma mensagem de erro e pule para o próximo número.

```
Digite um número: 4
Digite um número: 5
Digite um número: dado errado
Entrada Inválida
Digite um número: 7
Digite um número: pronto
16 3 5.333333333333333
```

Exercício 2: Escreva outro programa que pede por uma lista de números como mostrada acima e mostra, no final, o máximo e o mínimo dos números ao invés da média.

Capítulo 6

Strings

6.1   String é uma sequência

String é uma sequência de caracteres. Você pode acessar os caracteres um de cada
vez com o operador colchetes:

```
>>> fruta = 'banana'
>>> letra = fruta[1]
```

A segunda instrução extrai o caractere na posição indexada 1 da variável **fruta** e
atribui este valor à variável **letra**.

A expressão em colchetes é chamada de *index*. O index indica qual caractere da
sequência você quer(daí o nome).

Mas você talvez não receba o que espera:

```
>>> print(letra)
a
```

Para a maior parte das pessoas, a primeira letra de "banana" é "b", não "a". Mas
em Python, o index é um deslocamento desde o início da string, e o deslocamento
da primeira letra é zero.

```
>>> letra = fruta[0]
>>> print(letra)
b
```

Então "b" é a 0ª letra de "banana", "a" é a 1ª letra e "n" é a 2ª letra.

Você pode utilizar qualquer expressão como index, incluindo variáveis e operadores,
mas o valor deverá ser um inteiro. Caso contrário você tem:

```
>>> letra = fruta[1.5]
TypeError: string indices must be integers
```

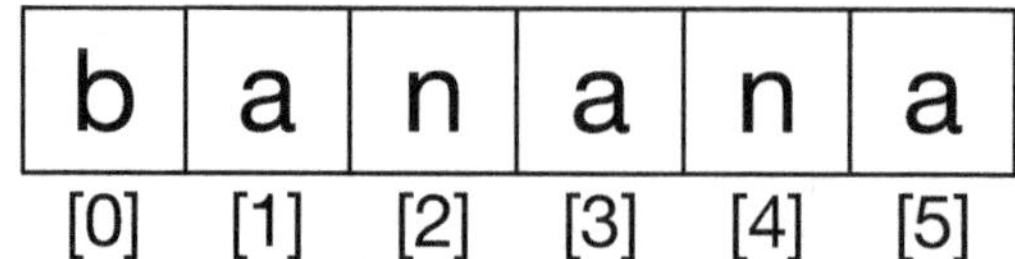

Figure 6.1: String Indexes

6.2   Obtendo o comprimento de uma string utilizando `len`

`len` é uma função interna que retorna o número de caracteres de uma string:

```
>>> fruta = 'banana'
>>> len(fruta)
6
```

Para obter a última letra de uma string, você pode ficar tentado a fazer algo desta natureza:

```
>>> comprimento = len(fruta)
>>> ultima = fruta[comprimento]
IndexError: string index out of range
```

A razão pelo `IndexError` é que não há uma letra em "banana" com o index 6. Desde que começamos a contar de zero, as seis letras estão enumeradas de 0 a 5. Para obter o último caractere, você precisa subtrair 1 de `comprimento`:

```
>>> ultima = fruta[comprimento-1]
>>> print(ultima)
a
```

Alternativamente, você pode utilizar de índices negativos, que faz a contagem ao contrário (de trás para frente). A expressão `fruta[-1]` retorna a última letra, `fruta[-2]` retorna a penúltima, e assim por diante.

6.3   Travessia de strings usando laço

Muito em computação envolve o processamento de strings, caractere por caractere. Geralmente começando pelo primeiro caractere da string, seleciona-se um por vez, alguma operação é realizada sobre ele e o processo é repetido até o fim da string. Esse modelo de processamento é chamado de *travessia (traversal)*. Uma forma de escrever uma travessia é através de um laço `while`.

```
indice = 0
while indice < len(fruta):
    letra = fruta[indice]
    print(letra)
    indice = indice + 1
```

Este laço atravessa a string e imprime cada letra em uma linha diferente. A condição do laço é `indice < len(fruta)`, então quando `indice` é igual ao tamanho da string, a condição é falsa, e o corpo do laço não é executado. O último caractere acessado é o que possui o índice `len(fruit)-1`, que é o último caractere da string.

Exercício 1: Escreva um loop while que inicia no último caractere da string e caminha para o primeiro caractere, imprimindo cada letra em uma linha separada.

Outra forma de escrever uma travessia é com um laço `for`:

```python
for char in fruta:
    print(char)
```

Cada vez que passa pelo laço, o próximo caractere da string é atribuído à variável `char`. O laço continua até o fim dos caracteres.

6.4 Segmentos de strings

Um segmento de uma string é chamado *slice*. A seleção de um slice é similar a seleção de um caractere:

```python
>>> s = 'Monty Python'
>>> print(s[0:5])
Monty
>>> print(s[6:12])
Python
```

O operador retorna a parte da string que está entre os dois números, incluindo o primeiro número e excluindo o último.

Se você omitir o primeiro índice, o slice irá começar do início da string. Já se você omitir o segundo índice, o slice irá terminar no último caractere da string:

```python
>>> fruta = 'banana'
>>> fruta[:3]
'ban'
>>> fruta[3:]
'ana'
```

Se o primeiro índice foi maior ou igual ao segundo índice, o resultado será uma *string vazia*, representada por duas aspas:

```python
>>> fruta = 'banana'
>>> fruta[3:3]
''
```

Uma string vazia não contém nenhum caractere e possui comprimento 0, mas fora isso, é como qualquer outra string.

Exercício 2: Dado que `fruta` é uma string, qual o resultado de `fruta[:]`?

6.5   Strings são imutáveis

É tentador usar o operador do lado esquerdo de uma sentença com a intenção de mudar um caractere de uma string. Por exemplo:

```
>>> Saudacao = 'Alô, Mundo!'
>>> Saudacao[0] = 'O'
TypeError: 'str' object does not support item assignment
    (objeto 'str' não permite atribuição de item)
```

O "objeto" nesse caso é a string e o "item" é o caractere que você tentou atribuir. Por agora, um *objeto* é a mesma coisa que um valor, mas nós refinaremos essa definição mais tarde. Um *item* é um dos valores em uma sequência.

A razão para o erro é que strings são *imutáveis*, o que significa que você não pode alterar uma string já existente. O melhor a se fazer é criar uma nova string que é uma variação da original:

```
>>> saudacao = 'Alô, Mundo!'
>>> nova_saudacao = 'O' + saudacao[1:]
>>> print(nova_saudacao)
Olô, Mundo!
```

Esse exemplo concatena uma nova primeira letra com um segmento de `saudacao`. Isso não afeta a string original.

6.6   Laços e contagem

O programa a seguir conta o número de vezes que a letra "a" aparece em uma string:

```
palavra = 'banana'
contagem = 0
for letra in palavra:
    if letra == 'a':
        contagem = contagem + 1
print(contagem)
```

Esse programa demonstra outro padrão da computação chamado *contador*. A variável `contagem` é inicializada com 0 e então incrementada a cada vez que um "a" é encontrado. Quando o laço acaba, `contagem` tem como resultado o número total de a's.

Exercício 3: Encapsule esse código em uma função chamada contagem, e generalize para que ela aceite a string e a letra como argumentos.

6.7   O operador in

A palavra in é uma operador booleano que usa duas strings e retorna True se a primeira aparecer como uma substring na segunda:

```
>>> 'a' in 'banana'
True
>>> 'semente' in 'banana'
False
```

6.8   Comparação de strings

Os operadores de comparação funcionam em strings. Para verificar se duas delas são iguais:

```
if palavra == 'banana':
    print('Certo, bananas.')
```

Outras operações de comparação são úteis para organizar palavras em ordem alfabética:

```
if palavra < 'banana':
    print('Sua palavra,' + palavra + ', vem antes de banana.')
elif palavra > 'banana':
    print('Sua palavra,' + palavra + ', vem depois de banana.')
else:
    print('Certo, bananas.')
```

O Python não manipula letras maiúsculas e minúsculas do mesmo modo que as pessoas. Para ele, todas as letras maiúsculas vêm antes de todas as letras minúsculas, sendo assim:

```
Sua palavra, Banana, vem antes de banana.
```

Uma maneira comum de resolver esse problema é converter as sequências de caracteres em um formato padrão (por exemplo, todas minúsculas) antes de executar a comparação. Tenha isso em mente caso você tenha que se defender contra um homem armado com uma Banana.

6.9   Métodos da String

Strings são exemplos de *objetos* no Python. Um objeto contém tanto a informação (a própria string), como *métodos*, que são funções eficientes construídas dentro do objeto e disponíveis em qualquer *instância* do mesmo.

Python possui uma função chamada dir, que lista os métodos disponíveis em um objeto. A função type mostra o tipo do objeto e a função dir mostra os métodos disponíveis.

```
>>> coisa = 'Olá Mundo'
>>> type(coisa)
<class 'str'>
>>> dir(coisa)
['capitalize', 'casefold', 'center', 'count', 'encode',
'endswith', 'expandtabs', 'find', 'format', 'format_map',
'index', 'isalnum', 'isalpha', 'isdecimal', 'isdigit',
'isidentifier', 'islower', 'isnumeric', 'isprintable',
'isspace', 'istitle', 'isupper', 'join', 'ljust', 'lower',
'lstrip', 'maketrans', 'partition', 'replace', 'rfind',
'rindex', 'rjust', 'rpartition', 'rsplit', 'rstrip',
'split', 'splitlines', 'startswith', 'strip', 'swapcase',
'title', 'translate', 'upper', 'zfill']
>>> help(str.capitalize)
Help on method_descriptor:

capitalize(...)
    S.capitalize() -> str

    Return a capitalized version of S, i.e. make the first character
    have upper case and the rest lower case.
    (Retorna uma versão capitalizada de S, isto é, torna o primeiro
    caractere maiúsculo e o restante minúsculo.)
>>>
```

Você pode usar o comando **help** para ter acesso a uma simples documentação sobre o método. Uma melhor fonte de documentação para os métodos da string pode ser encontrada em: https://docs.python.org/library/stdtypes.html#string-methods.

Chamar um **método** é similar a chamar uma função (recebe argumentos e retorna um valor), mas a sintaxe é diferente. Chamamos um método anexando o nome dele ao nome da variável usando o ponto como delimitador.

Por exemplo, o método **upper** recebe uma string e retorna uma nova com todas as letras em maiúsculo:

Em vez da sintaxe de função **upper(palavra)**, é usado a sintaxe de método **palavra.upper()**.

```
>>> palavra = 'banana'
>>> nova_palavra = palavra.upper()
>>> print(nova_palavra)
BANANA
```

Essa notação, utilizando o ponto, especifica o nome do método, **upper**, e o nome da string em que o método está sendo utilizado, **palavra**. Os parênteses vazios indicam que o método não recebe argumentos.

A chamada de um método é denotada por *invocação*. Nesse caso, nós devemos dizer que estamos invocando **upper** em **palavra**.

Por exemplo, existe um método na string chamado **find** que procura pela posição de uma string dentro de outra:

```
>>> palavra = 'banana'
>>> indice = palavra.find('a')
>>> print(indice)
1
```

Nesse exemplo, invocamos **find** em **palavra** e passamos a letra que estamos procurando como argumento.

O método **find** pode encontrar substrings, assim como caracteres:

```
>>> palavra.find('na')
2
```

O método pode receber como segundo argumento o índice onde deve começar:

```
>>> palavra.find('na', 3)
4
```

Uma prática comum consiste em remover espaços em branco (espaços, tabs ou quebra de linha) do começo e do final da string, usando o método **strip**:

```
>>> linha = '  Aqui vamos nós  '
>>> linha.strip()
'Aqui vamos nós'
```

Alguns métodos como *startswith* retornam valores booleanos.

```
>>> linha = 'Tenha um bom dia'
>>> linha.startswith('Tenha')
True
>>> linha.startswith('t')
False
```

Você vai notar que **startswith** requer que ambos os caracteres comparados estejam em maiúsculo ou em minúsculo para combinar. Então, às vezes, nós pegamos uma linha e a mapeamos toda em caixa baixa, usando o método **lower**, antes de fazer qualquer checagem.

```
>>> linha = 'Tenha um bom dia'
>>> linha.startswith('t')
False
>>> linha.lower()
'tenha um bom dia'
>>> linha.lower().startswith('t')
True
```

Nesse último exemplo, o método `lower` é chamado e então nós usamos `startswith` para ver se a versão em letras minúsculas da string começa com a letra "t". Enquanto tomarmos cuidado com a ordem, nós podemos chamar múltiplos métodos em uma simples expressão.

**Exercício 4: Existe um método na string chamado `count` que é similar à função usada no exercício anterior. Leia a documentação desse método em:

https://docs.python.org/library/stdtypes.html#string-methods

Escreva uma invocação que conta o número de vezes que a letra "a" aparece em "banana".**

6.10   Particionando strings

Frequentemente, nós precisamos analisar o que há dentro de uma string e encontrar uma substring. Por exemplo, se nos for apresentada uma sequência de linhas formatadas da seguinte forma:

From stephen.marquard@*uct.ac.za*Sat Jan   5 09:14:16 2008

e nós quisermos particionar somente a segunda metade do endereço (i.e.,`uct.ac.za`) de cada linha, podemos fazer isso utilizando o método `find` e o fatiamento de strings.

Primeiramente, acharemos a posição do sinal arroba (@) na string. Depois, acharemos a posição do primeiro espaço *após* o arroba. Só então utilizaremos o fatiamento para extrair a parte da string que estamos buscando.

```
>>> data = 'From stephen.marquard@uct.ac.za Sat Jan   5 09:14:16 2008'
>>> atpos = data.find('@')
>>> print(atpos)
21
>>> sppos = data.find(' ',atpos)
>>> print(sppos)
31
>>> host = data[atpos+1:sppos]
>>> print(host)
uct.ac.za
>>>
```

Utilizamos a versão do método `find` que nos permite especificar a posição na string onde queremos começar a busca. Quando fatiamos a string, extraímos os caracteres de "um a frente do sinal arroba até o caractere espaço, *sem incluí-lo*".

A documentação para o método `find` está disponível em

https://docs.python.org/library/stdtypes.html#string-methods.

6.11   Operador de Formatação

O *operador de formatação* % nos permite construir strings, substituindo partes destas strings pela informação contida em variáveis. Quando aplicamos à inteiros,

% é o operador de módulo. Porém, quando o primeiro operando é uma string, % é o operador de formatação.

O primeiro operando é a *string de formatação*, que contém uma ou mais *sequências de formatação* que especificam como o segundo operando é formatado. O resultado é uma string.

Por exemplo, a sequência de formatação %d significa que o segundo operando deve ser formatado como um número inteiro ("d" significa "decimal"):

```
>>> camelos = 42
>>> '%d' % camelos
'42'
```

O resultado é a string '42', que não é para ser confundida com o valor inteiro 42.

Uma sequência de formatação pode aparecer em qualquer lugar dentro de uma string, te permitindo alocar um valor em uma frase:

```
>>> camelos = 42
>>> 'Eu vi %d camelos.' % camelos
'Eu vi 42 camelos.'
```

Se existe mais de uma sequência de formatação em uma string, o segundo argumento tem que ser uma tupla [1]. Cada uma das sequências é combinada com um elemento da tupla, em ordem.

O seguinte exemplo usa %d para formatar um inteiro, %g para formatar um número de ponto flutuante (não pergunte o porquê), e %s para formatar uma string:

```
>>> 'Em %d anos eu vi %g %s.' % (3, 0.1, 'camelos')
'Em 3 anos eu vi 0.1 camelos.'
```

O número de elementos na tupla deve ser igual ao número de sequências de formatação na string. Os tipos dos elementos também devem corresponder aos tipos das sequências:

```
>>> '%d %d %d' % (1, 2)
TypeError: not enough arguments for format string
        (argumentos insuficientes para a string de formatação)
>>> '%d' % 'reais'
TypeError: %d format: a number is required, not str
        (formatação %d: um número é requerido, não uma str)
```

No primeiro exemplo, não há elementos suficientes; no segundo, o tipo do elemento é incorreto.

O operador de formatação é poderoso, mas pode ser difícil de se usar. Você pode ler mais sobre em:

https://docs.python.org/library/stdtypes.html#printf-style-string-formatting.

---

[1]Uma tupla é uma sequência de valores separados por vírgulas dentro de um par de parênteses. Nós vamos tratar sobre tuplas no Capítulo 10

6.12 Debugging

Uma habilidade que você deveria desenvolver ao programar é a de sempre se perguntar, "O que poderia dar errado aqui?" ou, de maneira semelhante, "Qual loucura o usuário poderia fazer para gerar um problema no nosso programa (aparentemente) perfeito?"

Por exemplo, observe o programa que utilizamos para demonstrar o laço `while` no capítulo de iterações:

```python
while True:
    line = input('> ')
    if line[0] == '#':
        continue
    if line == 'done':
        break
    print(line)
print('Done!')

# Code: http://www.py4e.com/code3/copytildone2.py
```

Observe o que acontece quando o usuário introduz uma linha vazia na entrada:

```
> Olá
Olá
> # não mostre isto
> Mostre isto!
Mostre isto!
>
Traceback (most recent call last):
  File "copytildone.py", line 3, in <module>
    if line[0] == '#':
IndexError: string index out of range
            (índice fora dos limites da string)
```

O código funciona bem até o aparecimento da linha vazia, pois não há o caractere da posição 0, o que resulta no traceback (erro). Existem duas soluções para transformar a terceira linha do código em uma linha "segura", mesmo que a entrada seja vazia.

Uma alternativa seria simplesmente utilizar o método `startswith`, que retorna `False` se a string estiver vazia.

```python
if line.startswith('#'):
```

Outra forma seria escrever a instrução `if` utilizando um padrão *guardião*, para assegurar que a segunda expressão lógica seja testada apenas quando a string conter no mínimo 1 caractere:

```python
if len(line) > 0 and line[0] == '#':
```

6.13 Glossário

contador Uma variável que é utilizada para contar algo. Geralmente é inicializada com zero e incrementada. fatia
Uma parte de uma string especificada por uma intervalo de índices.

flag Uma variável boleana utilizada para indicar quando uma condição é verdadeira ou falsa.

imutável A propriedade de uma sequência cujos os itens não podem ser atribuídos ou alterados.

índice Um valor inteiro utilizado para selecionar um item em uma sequência, como um caractere em uma string.

invocação Uma declaração que chama um método.

item Um dos valores em uma sequência.

método Uma função que é associada a um objeto e chamada utilizando a notação com um ponto. objeto
Algo ao qual uma variável pode se referir. Por agora, você pode utilizar "objeto" e "valor" indistintamente.

operador de formatação Um operador,%, que recebe uma string de formatação e uma tupla e gera uma string que inclui os elementos da tupla formatados conforme especificado pela string.

pesquisa Um padrão de travessia que para quando encontra o que estava procurando.

sequência Um conjunto ordenado; ou seja, um conjunto de valores em que cada elemento é identificado por um índice.

sequência de formatação Uma sequência de caracteres em uma string de formatação, como %d, que especificam como um valor deve ser formatado

string de formatação Uma string, utilizada com o operador de formatação, que contém sequências de formatação.

string vazia Uma string com nenhum caractere e de dimensão 0, representada por duas aspas.

travessia Iterar através dos elementos de uma sequência, realizando uma operação similar em cada um deles.

6.14 Exercícios

Exercício 5: Utilize o seguinte código em Python que guarda uma string:

`str = 'X-DSPAM-Confidence:0.8475'` Use a função `find` e o fatiamento de strings para extrair a porção da string depois do sinal de dois pontos e use a função `float` para converter a string extraída em um número de ponto flutuante.

Exercícios 6: Leia a documentação dos métodos da string em https://docs.python.org/library/stdtypes.html#string-methods **Você pode querer experimentar alguns deles para ter certeza que você entendeu como eles funcionam. `strip` e `replace` são particularmente úteis.**

A documentação utiliza uma sintaxe que pode ser confusa. Por exemplo, em `find(sub[, start[, end]])`, as chaves indicam argumentos opcionais, então, sub é necessário, mas start é opcional, e se você incluir start, logo end é opcional.

Capítulo 7

Arquivos

7.1 Persistência

Até agora, aprendemos como escrever programas e comunicar nossas intenções para a *Unidade Central de Processamento* usando a execução condicional, funções e iterações. Aprendemos como criar e usar estruturas de dados na *Memória Principal*. A CPU e a memória são onde o nosso software funciona e é executado, é onde todo o "pensamento" acontece.

Mas se você se lembrar de nossas discussões de arquitetura de hardware, uma vez que a energia é desligada, qualquer coisa armazenada na CPU ou memória principal é apagada. Então, até agora, nossos programas foram apenas exercícios divertidos para aprender Python.

Neste capítulo, começamos a trabalhar com *Memória Secundária* (ou arquivos). Esta não é apagada quando a energia é desligada. Ou, no caso de uma unidade flash USB, os dados que escrevemos de nossos programas podem ser removidos do sistema e transportados para outro sistema.

Nós nos concentraremos primeiramente na leitura e escrita de arquivos de texto, como aqueles que criamos em um editor de texto. Mais tarde, veremos como trabalhar com arquivos de banco de dados que são arquivos binários, especificamente projetados para serem lidos e gravados através de software de banco de dados.

7.2 Abrindo um arquivo

Quando queremos ler ou escrever um arquivo (digamos no seu disco rígido), primeiro devemos *abrir* ele. Fazendo isso há uma comunicação com seu sistema operacional, que sabe onde os dados para cada arquivo são armazenados. Quando se abre um arquivo, você está pedindo para o sistema operacional achá-lo por nome e ter certeza que ele existe. Nesse exemplo, nós abrimos o arquivo *mbox.txt*, o qual deveria estar armazenado na mesma pasta que você está quando inicia o Python. Você pode baixar este arquivo em [www.py4e.com/code3/mbox.txt]

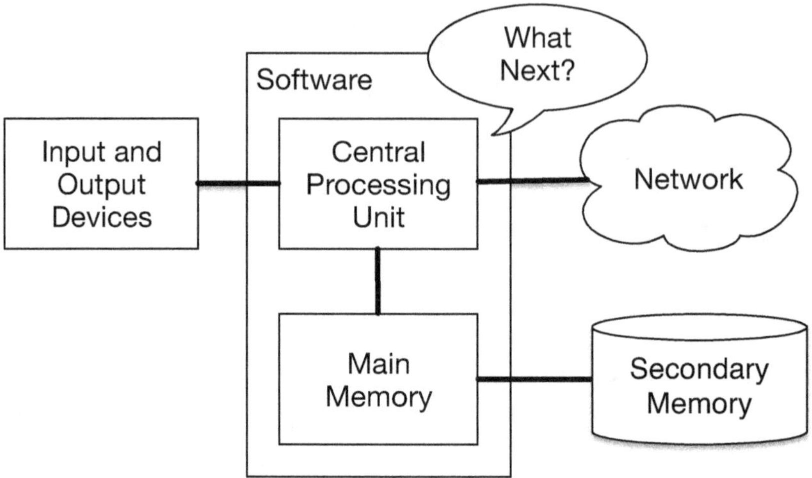

Figure 7.1: Secondary Memory

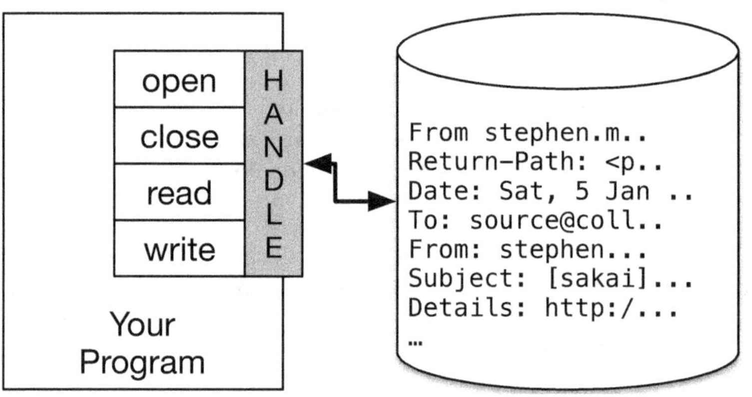

Figure 7.2: A File Handle

```
>>> Arquivo = open('mbox.txt.')
>>> print(Arquivo)
<_io.TextIOWrapper name='mbox.txt' mode='r' encoding='cp1252'>
```

Se **open**for bem-sucedido, o sistema operacional retornará um *identificador de arquivo*. Este não é a informação real contida no arquivo, mas em vez disso, é um "identificador" que podemos usar para ler os dados. Você recebe um identificador se o arquivo solicitado existe e você tem as permissões apropriadas para lê-lo.

Se o arquivo não existir, **open** falhará com um Traceback e você não receberá um identificador para acessar o conteúdo dele:

```
>>> fhand = open('stuff.txt')
Traceback (most recent call last):
File "<stdin>", line 1, in <module>
FileNotFoundError: [Errno 2] No such file or directory: 'stuff.txt'
```

Mais tarde, usaremos `try` e `except` para lidar mais graciosamente com a situação em que tentamos abrir um arquivo que não existe.

7.3 Arquivos de texto e linhas

Um arquivo de texto pode ser pensado como uma sequência de linhas, assim como uma string em python pode ser pensada como uma sequência de caracteres. Por exemplo, essa é uma amostra de um arquivo de texto que grava a atividade de emails de vários inivíduos em um projeto *open source* em desenvolvimento.

```
From stephen.marquard@uct.ac.za Sat Jan  5 09:14:16 2008
Return-Path: <postmaster@collab.sakaiproject.org>
Date: Sat, 5 Jan 2008 09:12:18 -0500
To: source@collab.sakaiproject.org
From: stephen.marquard@uct.ac.za
Subject: [sakai] svn commit: r39772 - content/branches/
Details: http://source.sakaiproject.org/viewsvn/?view=rev&rev=39772
...
```

Todo o arquivo de interações de email está disponível a partir de

www.py4e.com/code3/mbox.txt

e uma versão reduzida do arquivo está disponível a partir de

www.py4e.com/code3/mbox-short.txt

Eles estão em um formato padrão para um arquivo que contém várias mensagens de email. As linhas que começam com "From" separam as mensagens e as linhas que começam com "From:" fazem parte delas. Para mais informações sobre o formato mbox, consulte https://en.wikipedia.org/wiki/Mbox.

Para quebrar o arquivo em linhas, há um caractere especial que representa o "fim da linha" chamado de * newLine *

Em Python, representamos o caractere * newLine * como \n em *strings* constantes. Mesmo que pareça ser dois caracteres, é na verdade um só. Quando olhamos para a variável inserindo "algo" no intérprete, ele nos mostra o \n na *string*, mas quando usamos 'print' para mostrá-la, nós vemos a *string* quebrada em duas linhas pelo *newline*.

```
>>> algo = 'Olá\nmundo!'
>>> algo
'Olá\nmundo!'
>>> print(algo)
Olá
mundo!
>>> algo = 'X\nY'
>>> print(algo)
X
Y
>>> len(algo)
3
```

Você também pode ver que o comprimento da *string* X\nY é * três * porque o *newline* é um único caractere.

Então, quando olhamos para as linhas em um arquivo, precisamos * imaginar * que há um caractere especial invisível chamado *newline* no final de cada linha que marca o fim desta.

Portanto, este caractere separa os outros caracteres no arquivo em linhas.

7.4 Lendo arquivos

Uma vez que o *identificador de arquivo* não contém os dados deste, é bem fácil construir um laço `for` para ler e contar cada linha do arquivo:

```python
fhand = open('mbox-short.txt')
count = 0
for line in fhand:
    count = count + 1
print('Line Count:', count)

# Code: http://www.py4e.com/code3/open.py
```

Podemos usar o identificador de arquivo como a sequencia no nosso loop. Ele simplesmente conta o número de linhas no arquivo e mostra elas. Uma tradução grosseira para o loop `for` em português é: "para cada linha no arquivo representada pelo identificador, adicione um na variável `contagem`."

A razão para a função `open` não ler todo o arquivo é que este pode ser bem grande, com muitos gigabytes de dados. A sentença `open` toma a mesma quantidade de tmepo independente do tamanho do arquivo. O loop na verdade que faz os dados serem lidos.

Quando o arquivo é lido com o `for` dessa maneira, Python tem cuidado de separar os dados em linhas diferente utilizando o *newline*. Ele lê cada linha até o fim e inclui o newline quando alcança o último caractere na variável `linha` para cada iteração do loop `for`.

Uma vez que o laço lê os dados uma linha por vez, ele pode eficientemente ler e contar as linhas em arquivos muito grandes sem esgotar a memória principal para armazenar os dados. O programa acima conta as linhas em um arquivo de qualquer tamanho usando bem pouca memória já que cada linha é lida, contada e descartada

Se você sabe que o tamanho do arquivo é relativamente pequeno comparado ao da sua memória principal, então pode ler o arquivo todo em uma *string* usando o método `read` do identificador de arquivo.

```python
>>> fhand = open('mbox-short.txt')
>>> inp = fhand.read()
>>> print(len(inp))
94626
>>> print(inp[:20])
From stephen.marquar
```

Nesse exemplo, o conteúdo inteiro (todos os 94626 caracteres) do arquivo *mbox-short.txt* é lido e armazenado diretamente na variável `inp`. Estamos usando o fatiamento de *strings* para mostrar os primeiros 20 caracteres da *string* armazenada em `inp`.

Quando o arquivo é lido dessa forma, todos os caracteres, incluindo todos os caracteres de linhas e *newline* são uma grande *string* na variável `inp`. É uma boa ideia armazenar a saída de `read` como uma variável porque cada chamada de `read` cansa o recurso.

```
>>> fhand = open('mbox-short.txt')
>>> print(len(fhand.read()))
94626
>>> print(len(fhand.read()))
0
```

Lembre que essa forma da função `open` deveria apenas ser usada se os dados do arquivo confortavelmente cabem na sua memória principal do computador. Se o arquivo é muito grande para a memória, você deveria escrever seu programa para ler ele em pedaços usando um `for` ou um `while`.

7.5   Searching through a file

Quando você está procurando por dados em um arquivo, é um padrão muito comum em percorrer um arquivo ignorando a maioria das linhas e apenas processando as que vão de encontro com uma condição particular. Podemos combinar o padrão de ler um arquivo com os métodos da *sting* para construir um simples mecanismo de busca.

Por exemplo, se queremos ler um arquivo e apenas mostrar as linhas que começam com o prefixo "From:", podemos usar o método *startswith* para selecionar apenas as linhas que possuem o prefixo desejado:

```
fhand = open('mbox-short.txt')
count = 0
for line in fhand:
    if line.startswith('From:'):
        print(line)

# Code: http://www.py4e.com/code3/search1.py
```

Quando esse programa é executado, obtemos a seguinte saída:

```
From: stephen.marquard@uct.ac.za

From: louis@media.berkeley.edu

From: zqian@umich.edu

From: rjlowe@iupui.edu
...
```

A saída parece ótima uma vez que as únicas linhas que estamos vendo são as que começam com "From:", mas por que vemos também essas linhas em branco extras? Isso é devido ao caractere *newline* invisível. Cada uma das linhas termina com um, então a sentença `print` mostra a string na variável *linha* que inclui um *newline* e então o `print` adiciona outro, resultando no efeito de duplo espaçamento que observamos.

Nós podíamos usar o fatiamento das linhas para mostrar todos menos o último caractere, mas uma abordagem mais simples é usar o método *rstrip* que

We could use line slicing to print all but the last character, but a simpler approach is to use the *rstrip* method which tira os espaços em branco do lado direito da *stirng*, como pode ser observado:

```python
fhand = open('mbox-short.txt')
for line in fhand:
    line = line.rstrip()
    if line.startswith('From:'):
        print(line)

# Code: http://www.py4e.com/code3/search2.py
```

Quando esse programa executa, obtemos a seguinte saída:

```
From: stephen.marquard@uct.ac.za
From: louis@media.berkeley.edu
From: zqian@umich.edu
From: rjlowe@iupui.edu
From: zqian@umich.edu
From: rjlowe@iupui.edu
From: cwen@iupui.edu
...
```

Uma vez que seus programas de processamento de arquivos ficam mais complicados, você deve querer estruturar seus laços de pesquisa usando `continue`. A ideia básica dos laços de pesquisa é procurar por linhas "interessantes" e efetivamente pular as "desinteressantes". E então, quando encontramos uma de nosso interesse, fazemos algo com aquela linha.

Podemos estruturar o laço seguindo o padrão de pular as linhas desinteressantes seguindo o modelo:

```python
fhand = open('mbox-short.txt')
for line in fhand:
    line = line.rstrip()
    # Skip 'uninteresting lines'
    if not line.startswith('From:'):
        continue
    # Process our 'interesting' line
    print(line)

# Code: http://www.py4e.com/code3/search3.py
```

A saída do programa é a mesma. Em português, as linhas não interessantes são aquelas que não começam com "From:", as quais são puladas utilizando o `continue`. Para as linhas "interessantes" (isto é, aquelas que começam com "From:") realizamos o processo nelas.

Nós podemos usar o método `find` da *string* para simular um editor de texto que encontra linhas onde a *string* procurada está em qualquer lugar da linha. Uma vez que o `find` procura por uma ocorrência de uma *string* dentro de outra e ou retorna a posição dela ou -1 se não for encontrada, podemos escrever o seguinte laço para mostrar linhas que contém a *string* "@uct.ac.za" (isto é, elas vêm da Universidade de Cape Town na África do Sul):

```python
fhand = open('mbox-short.txt')
for line in fhand:
    line = line.rstrip()
    if line.find('@uct.ac.za') == -1: continue
    print(line)

# Code: http://www.py4e.com/code3/search4.py
```

A qual produz a seguinte saída:

```
From stephen.marquard@uct.ac.za Sat Jan  5 09:14:16 2008
X-Authentication-Warning: set sender to stephen.marquard@uct.ac.za using -f
From: stephen.marquard@uct.ac.za
Author: stephen.marquard@uct.ac.za
From david.horwitz@uct.ac.za Fri Jan  4 07:02:32 2008
X-Authentication-Warning: set sender to david.horwitz@uct.ac.za using -f
From: david.horwitz@uct.ac.za
Author: david.horwitz@uct.ac.za
...
```

Aqui nós também usamos a forma contraída da sentença `if` quando colocamos o `continue` na mesma linha do `if`. Essa forma funciona do mesmo jeito que se o `continue` estivesse na próxima linha e indentado.

7.6   Deixando o usuário escolher o nome do arquivo

Nós realmente não queremos ter quer editar nosso código Python toda vez que quisermos processar um arquivo diferente. Pode ser mais útil pedir ao usuário para inserir a *string* do nome do arquivo cada vez que o programa for executado, então, nosso programa poderá ser usado em arquivos diferentes sem mudar o código Python.

Isso é bastante simples de fazer, lendo o nome do arquivo do usuário usando `input` como à seguir:

```python
fname = input('Enter the file name: ')
fhand = open(fname)
```

```
count = 0
for line in fhand:
    if line.startswith('Subject:'):
        count = count + 1
print('There were', count, 'subject lines in', fname)

# Code: http://www.py4e.com/code3/search6.py
```

Nós lemos o nome do arquivo do usuário e o colocamos numa variável nomeada
fname, abrimos esse arquivo e então podemos executar o programa repetidas vezes
em arquivos diferentes.

```
python pesquisa6.py
Digite o nome do arquivo: mbox.txt
Havia 1797 linhas de conteúdo em mbox.txt

python pesquisa6.py
Digite o nome do arquivo: mbox-short.txt
Havia 27 linhas de conteúdo em mbox-short.txt
```

Antes de dar uma olhada na próxima seção, dê uma olhada no programa acima
e pergunte a si mesmo: "O que poderia dar errado aqui?" ou "O que nosso
amiguinho usuário poderia fazer que pararia desgraçadamente a execução do nosso
programinha com um erro de *traceback* e faria com que não parecêssemos mais tão
legais aos olhos do usuário?"

7.7   Usando `try`, `except`, e `open`

Eu te falei pra não espiar, essa é a sua última chance.

E se nosso usuário digitar algo que não seja um nome de arquivo?

```
python pesquisa6.py
Digite o nome do arquivo: missing.txt
Traceback (most recent call last):
  File "pesquisa6.py", line 2, in <module>
    fhand = open(fname)
FileNotFoundError: [Errno 2] No such file or directory: 'missing.txt'

python pesquisa6.py
Digite o nome do arquivo: na na boo boo
Traceback (most recent call last):
  File "pesquisa6.py", line 2, in <module>
    fhand = open(fname)
FileNotFoundError: [Errno 2] No such file or directory: 'na na boo boo'
```

Não ria. Os usuários eventualmente farão todas as coisas possíveis que podem fazer
para quebrar seus programas, seja de propósito ou com intenção maliciosa. De fato,
uma parte importante de qualquer equipe de desenvolvimento de software é uma
pessoa ou grupo chamado Quality Assurance (ou QA, abreviado) cujo trabalho

é fazer as coisas mais loucas possíveis na tentativa de quebrar o software que o programador criou.

A equipe de QA é responsável por encontrar as falhas no programa antes de entregá-lo aos usuários finais que possivelmente estarão comprando o software ou pagando nosso salário para fazer o software. Então a equipe de QA é a melhor amiga do programador.

Então, agora que vemos a falha no programa, podemos corrigi-la usando a estrutura `try` / `except`. Precisamos assumir que a chamada do `open` pode falhar e adicionar o código de recuperação da seguinte forma:

```python
fname = input('Enter the file name: ')
try:
    fhand = open(fname)
except:
    print('File cannot be opened:', fname)
    exit()
count = 0
for line in fhand:
    if line.startswith('Subject:'):
        count = count + 1
print('There were', count, 'subject lines in', fname)

# Code: http://www.py4e.com/code3/search7.py
```

A função `exit` termina o programa. É uma função sem retorno. Agora, quando nosso usuário (ou equipe de QA) digitar bobagens ou nomes de arquivos que não existem, nós os "pegamos" e recuperamos com elegância.

```
python pesquisa7.py
Digite o nome do arquivo: mbox.txt
Havia 1797 linhas de conteúdo em mbox.txt

python pesquisa7.py
Digite o nome do arquivo: na na boo boo
File cannot be opened: na na boo boo
```

Proteger a chamada do `open` é um bom exemplo do uso adequado do `try` e `except` em um programa Python. Usamos o termo "Pythonico" quando estamos fazendo algo do tipo "Python". Podemos dizer que o exemplo acima é a maneira Python de abrir um arquivo.

Uma vez que você se torne mais habilidoso em Python, você pode interagir com outros programadores para decidir qual das duas soluções equivalentes para um problema é "mais Pythonico". O objetivo de ser "mais Pythonico" capta a noção de que a programação é parte engenharia e parte arte. Nem sempre estamos interessados em fazer algo funcionar, queremos também que a nossa solução seja elegante e seja apreciada como elegante pelos nossos pares.

7.8   Escrevendo arquivos

Para escrever um arquivo você tem que abri-lo com o modo "w" como segundo parâmetro:

```
>>> fout = open('output.txt', 'w')
>>> print(fout)
<_io.TextIOWrapper name='output.txt' mode='w' encoding='cp1252'>
```

Se o arquivo já existir, abri-lo no modo de gravação limpa os dados antigos e começa de novo, por isso tome cuidado! Se o arquivo não existir, um novo será criado.

O método `write` do objeto de manipulação de arquivos coloca dados no arquivo, retornando o número de caracteres gravados. O modo de gravação padrão é texto para escrever (e ler) strings.

```
>>> line1 = "This here's the wattle,\n"
>>> fout.write(line1)
24
```

Novamente, o arquivo mantém o controle de onde está, portanto, se você chamar `write` novamente, ele adicionará os novos dados ao final. Devemos nos certificar de gerenciar as extremidades das linhas à medida que escrevemos no arquivo inserindo explicitamente o caractere de *newline* quando queremos terminar uma linha. A instrução `print` anexa automaticamente uma nova linha, mas o método `write` não adiciona a nova linha automaticamente.

```
>>> line2 = 'the emblem of our land.\n'
>>> fout.write(line2)
24
```

Quando terminar de escrever, feche o arquivo para certificar-se de que o último bit de dados esteja fisicamente gravado no disco, para que ele não seja perdido se faltar energia.

```
>>> fout.close()
```

Poderíamos fechar os arquivos que abrimos para leitura também, mas podemos ser um pouco desleixados se abrirmos apenas alguns arquivos, pois o Python garante que todos os arquivos abertos sejam fechados quando o programa terminar. Quando estamos escrevendo arquivos, queremos fechar explicitamente os arquivos para não deixar nada ao acaso.

7.9   Debugging

Quando você está lendo ou escrevendo arquivos, pode ser que encontre problemas com espaços em branco. Esses erros podem ser difíceis de tratar porque espaços, tabulações e *newlines* são normalmente invisíveis:

```
>>> s = '1 2\t 3\n 4'
>>> print(s)
1 2  3
 4
```

A função interna `repr` pode ajudar. Ela pega qualquer parâmetro como argumento e retorna uma representação em string desse objeto. Para strings, caracteres de espaço em branco são representados como sequências de barra invertida:

```
>>> print(repr(s))
'1 2\t 3\n 4'
```

Isso pode ajudar no tratamento de erros.

Um outro problema que você deve encontrar é que diferentes sistemas usam caracteres diferentes par indicar o fim de uma linha. Alguns usam o *newline*, representado por \n. Outros usam o caractere de retorno, o \r. ALguns usam ambos. Se você mover arquivos de um sistema para outro, essas inconsistências podem causam problemas.

Para a maioria dos sistemas, existem aplicações que convertem de um formato para o outro. Você pode achar elas (e ler mais sobre esse problema) em wikipedia.org/wiki/Newline. Ou, é claro, você pode escrever uma por conta própria.

7.10 Glossário

arquivo de texto Uma sequência de caracteres colocada em um armazenamento permanente, como um disco rígido
capturar Para prevenir que uma exceção encerre o programa. É usado com as sentenças `try` e `except`
Controle de Qualidade Uma pessoa ou time focado em assegurar a qualidade geral de um produto de software. O CA é frequentemente envolvido em testes de um produto e na identificação de problemas antes que o produto seja distribuído.
newline Um caractere especial usado em arquivos e *strings* para indicar o fim de uma linha.
Pythonico Uma técnica que funciona de forma elegante em Python. "Usar try e except é a forma *Pythonica* de contornar arquivos inexistentes"

7.11 Exercícios

Exercício 1: Escreva um programa que leia um arquivo e mostre o conteúdo deste (linha por linha), completamente em caixa alta. A execução do programa deverá ser a seguinte:

```
python shout.py
Digite o nome de um arquivo: mbox-short.txt
```

```
FROM STEPHEN.MARQUARD@UCT.AC.ZA SAT JAN  5 09:14:16 2008
RETURN-PATH: <POSTMASTER@COLLAB.SAKAIPROJECT.ORG>
RECEIVED: FROM MURDER (MAIL.UMICH.EDU [141.211.14.90])
    BY FRANKENSTEIN.MAIL.UMICH.EDU (CYRUS V2.3.8) WITH LMTPA;
    SAT, 05 JAN 2008 09:14:16 -0500
```

Você pode baixar o arquivo em: www.py4e.com/code3/mbox-short.txt

Exercício 2: Escreva um programa que solicite um arquivo e então leia ele e procure por linhas da forma:

```
X-DSPAM-Confidence: 0.8475
```

Quando encontrar uma linha que inicie com "X-DSPAM-Confidence:" separe a linha do texto para extrair o número de ponto flutuante que ela contém. Conte essas linhas e então compute o total de valores de Confiança de Spam nelas. Quando chegar no fim do arquivo, mostre a média de Confiança de Spam.

```
Digite o nome de um arquivo: mbox.txt
Média de confiança de spam: 0.894128046745

Digite o nome de um arquivo: mbox-short.txt
Média de confiança de spam: 0.750718518519
```

Teste seu programa com os arquivos *mbox.txt* e *mbox-short.txt*

Exercício 2: Às vezes, quando os programadores estão entediados ou querem um pouco de diversão, eles adicionam um Easter Egg inofensivo em seus programas. Modifique o programa que solicita um arquivo ao usuário para que ele mostre uma mensagem engraçada quando o usuário deigitar no nome do arquivo "na na boo boo". O programa deve se comportar normalmente para todos os outros arquivos que existem e que não existem. Aqui está uma amostra da execução desse programa:

```
python egg.py
Digite o nome de um arquivo: mbox.txt
Há 1797 linhas de assunto em mbox.txt

python egg.py
Digite o nome de um arquivo: missing.tyxt
Arquivo não pôde ser aberto: missing.tyxt

python egg.py
Digite o nome de um arquivo: na na boo boo
NA NA BOO BOO PRA VOCÊ TAMBÉM!
```

Nós não estamos encorajando você a pôr *Easter Eggs* nos seus programas, isso é apenas um exercício.

Capítulo 8

Listas

8.1 Uma lista é uma sequência

Como uma string, uma *lista* é uma sequência de valores. Em uma string, os valores são caracteres; em uma lista, eles podem ser de qualquer tipo. Os valores em lista são chamados *elementos* ou às vezes *itens*.

index {element} index {sequence} index {item}

Existem várias maneiras de criar uma nova lista; o mais simples é incluir os elementos entre colchetes ("[" e "]"):

```
[10, 20, 30, 40]
['cururu crocante', 'estômago de carneiro', 'vômito de cotovia']
```

O primeiro exemplo é uma lista de quatro inteiros. O segundo é uma lista de três **strings**. Os elementos de uma lista não precisam ser do mesmo tipo. A lista a seguir contém uma **string**, um **float**, um inteiro e (lo!) outra lista:

```
['spam', 2.0, 5, [10, 20]]
```

Encaixando uma lista dentro de outra.

Uma lista que não contém elementos é chamada de lista vazia; você pode criar uma com colchetes vazios, []].

Como você poderia esperar, você pode atribuir valores de lista a variáveis:

```
>>> queijos = ['Cheddar', 'Edam', 'Gouda']
>>> numbers = [17, 123]
>>> empty = []
>>> print (queijos, números, vazios)
['Cheddar', 'Edam', 'Gouda'] [17, 123] []
```

8.2   Listas são mutáveis

A sintaxe para acessar os elementos de uma lista é a mesma usada para acessar os caracteres de uma **string**, o operador colchete. A expressão dentro dos colchetes especifica o índice. Lembre-se que os índices começam em 0:

```
>>> print(queijos[0])
Cheddar
```

Ao contrário das **strings**, as listas são mutáveis porque você pode alterar a ordem dos itens ou atribuir outro valor a um item. Quando o operador colchete aparece no lado esquerdo de uma atribuição, ele identifica o elemento da a lista que será modificado.

```
>>> numeros = [17, 123]
>>> numeros[1] = 5
>>> print(numeros)
[17, 5]
```

O último elemento de **numeros**, que costumava ser 123, agora é 5.

Você pode pensar em uma lista como uma relação entre índices e elementos. Essa relação é chamada de *mapeamento*; cada index "representa" um dos elementos.

Os índices de lista funcionam da mesma maneira que os índices de uma **string**:

- Qualquer expressão inteira pode ser usada como um index.

- Se você tentar ler ou escrever um elemento que não existe, você terá um "IndexError".

exception!IndexError IndexError

- Se um índice tiver um valor negativo, ele será contado ao contrário iniciando do final da lista.

O operador **in** também funciona em listas.

```
>>> queijos = ['Cheddar', 'Edam', 'Gouda']
>>> 'Edam' in queijos
Verdade
>>> 'Brie' in queijos
Falso
```

8.3 Percorrendo uma lista

A maneira mais comum de percorrer os elementos de uma lista é com um laço de repetição `for`. A sintaxe é a mesma que para strings:

```python
for queijo in queijos:
    print (queijo)
```

Isso funciona bem se você precisar ler apenas os elementos da lista. Mas se você quiser escrever ou atualizar os elementos, você precisa dos índices. Uma maneira comum de fazer isso é combinar as funções `range` e `len`:

```python
for i in range(len(numeros)):
    numeros[i] = numeros[i] * 2
```

Essa repetição percorre a lista e atualiza cada elemento. `len` retorna o número de elementos na lista. `range` retorna uma lista de índices de 0 a $n - 1$, onde n é o tamanho da lista. Cada vez que passa pela repetição, o `i` recebe o índice do próximo elemento. A declaração de atribuição no corpo usa `i` para ler o valor antigo do elemento e atribui o novo valor.

Uma repetição `for` sobre uma lista vazia nunca executa o corpo:

```python
for x in empty:
    print('Isso nunca acontece.')
```

Embora uma lista possa conter outra lista, a lista encaixada ainda conta como um único elemento. O comprimento dessa lista é quatro:

```python
['spam', 1, ['Brie', 'Roquefort', 'Pol le Veq'], [1, 2, 3]]
```

8.4 Operações com Listas

O operador + concatena listas:

```python
>>> a = [1, 2, 3]
>>> b = [4, 5, 6]
>>> c = a + b
>>> print(c)
[1, 2, 3, 4, 5, 6]
```

Similarmente, o operador * repete uma lista um dado número de vezes:

```python
>>> [0] * 4
[0, 0, 0, 0]
>>> [1, 2, 3] * 3
[1, 2, 3, 1, 2, 3, 1, 2, 3]
```

O primeiro exemplo repete quatro vezes. O segundo exemplo repete a lista três vezes.

8.5   Fatiamento de listas

O operador de fatiamento também funciona em listas:

```
>>> t = ['a', 'b', 'c', 'd', 'e', 'f']
>>> t[1:3]
['b', 'c']
>>> t[:4]
['a', 'b', 'c', 'd']
>>> t[3:]
['d', 'e', 'f']
```

Se você omitir o primeiro índice, a fatia começará do início. Se você omitir o
segundo, a fatia vai até o final da lista. Então se você omitir as duas, a fatia é uma
copia da lista inteira.

```
>>> t[:]
['a', 'b', 'c', 'd', 'e', 'f']
```

Como as listas são mutáveis, geralmente é útil fazer uma cópia antes de realizar
operações que dobram, perfuram ou mutilam listas.

O operador de fatiamento no lado esquerdo de uma atribuição pode atualizar
múltiplos elementos:

```
>>> t = ['a', 'b', 'c', 'd', 'e', 'f']
>>> t[1:3] = ['x', 'y']
>>> print(t)
['a', 'x', 'y', 'd', 'e', 'f']
```

8.6   Métodos para listas

Python fornece métodos que operam em listas. Por exemplo, **append** adiciona um
novo elemento ao final de uma lista:

```
>>> t = ['a', 'b', 'c']
>>> t.append('d')
>>> print(t)
['a', 'b', 'c', 'd']
```

extend leva uma lista como um argumento para o método **append** e adiciona todos
os elementos o final de uma lista:

```
>>> t1 = ['a', 'b', 'c']
>>> t2 = ['d', 'e']
>>> t1.extend(t2)
>>> print(t1)
['a', 'b', 'c', 'd', 'e']
```

Este exemplo deixa `t2` sem modificações.

`sort` ordena os elementos da lista do menor para o maior:

```
>>> t = ['d', 'c', 'e', 'b', 'a']
>>> t.sort()
>>> print(t)
['a', 'b', 'c', 'd', 'e']
```

A maioria dos métodos para lista é do tipo `void`; eles modificam a lista e retornam `None`. Se você acidentalmente escrever `t = t.sort()`, você se desapontará com o resultado.

8.7 Apagando elementos

Existem várias maneiras de excluir elementos de uma lista. Se você sabe o índice do elemento que você quer eliminar, você pode usar `pop`:

```
>>> t = ['a', 'b', 'c']
>>> x = t.pop(1)
>>> print(t)
['a', 'c']
>>> print(x)
b
```

`pop` modifica a lista e retorna o elemento que foi removido. Se você não fornecer um índice, ele deleta e retorna o último elemento da lista.

Se você não precisar do valor removido, você pode usar o operador `del`:

```
>>> t = ['a', 'b', 'c']
>>> del t[1]
>>> print(t)
['a', 'c']
```

Se você sabe o elemento que quer remover (mas não o índice), você pode usar `remove`:

```
>>> t = ['a', 'b', 'c']
>>> t.remove('b')
>>> print(t)
['a', 'c']
```

O valor retornado por `remove` é `None`.

Para remover mais de um elemento, você pode usar `del` com um índice de fatia:

```
>>> t = ['a', 'b', 'c', 'd', 'e', 'f']
>>> del t[1:5]
>>> print(t)
['a', 'f']
```

Como sempre, a fatia seleciona todos os elementos, mas não inclui o segundo índice.

8.8   Listas e funções

Há várias funções internas que podem ser usadas em listas que permitem que você examine rapidamente uma lista sem escrever seus próprios laços:

```
>>> nums = [3, 41, 12, 9, 74, 15]
>>> print(len(nums))
6
>>> print(max(nums))
74
>>> print(min(nums))
3
>>> print(sum(nums))
154
>>> print(sum(nums)/len(nums))
25
```

A função `sum()` só funciona quando os elementos da lista são números. As outras funções (`max()`, `len()`,etc.) funcionam com listas de strings e outros tipos semelhantes.

Poderíamos reescrever um programa anterior que calculava a média de uma lista de números inseridos pelo usuário usando uma lista.

Primeiramente, o programa calcula a média sem uma lista:

```
total = 0
count = 0
while (True):
    inp = input('Enter a number: ')
    if inp == 'done': break
    value = float(inp)
    total = total + value
    count = count + 1

average = total / count
print('Average:', average)

# Code: http://www.py4e.com/code3/avenum.py
```

Nesse programa, nós temos as variáveis `count` e `total` para guardar o número e a quantidade total dos números do usuário, conforme solicitamos repetidamente ao usuário por um número.

Nós podemos simplesmente lembrar cada número quando o usuário o inserisse e usar funções internas para calcular a soma e calcular no final.

```
numlist = list()
while (True):
    inp = input('Enter a number: ')
    if inp == 'done': break
```

```
    value = float(inp)
    numlist.append(value)

average = sum(numlist) / len(numlist)
print('Average:', average)

# Code: http://www.py4e.com/code3/avelist.py
```

Fazemos uma lista vazia antes do inicio do laço, e a cada vez que temos um número, o acrescentamos na lista. No final do programa, nós simplesmente calculamos a soma dos números na lista e os dividimos pela contagem dos números na lista para chegar à média.

8.9 Listas e strings

Uma string é uma sequência de caracteres e uma lista é uma sequência de valores, mas uma lista de caracteres não é o mesmo que uma string. Para converter de uma string para uma lista de caracteres, você pode usar `list`:

```
>>> s = 'spam'
>>> t = list(s)
>>> print(t)
['s', 'p', 'a', 'm']
```

Como `list` é o nome de uma função interna, você deve evitar usá-la como nome de uma variável. Eu além disso evito usar "I" porque parece muito com o número "1". Então é por isso que eu uso a letra "t".

A função `list` quebra uma string em letras individuais. Se você quer quebrar uma string em palavras, você pode usar o método `split`:

```
>>> s = 'sentindo falta dos fiordes'
>>> t = s.split()
>>> print(t)
['sentindo', 'falta', 'dos', 'fiordes']
>>> print(t[2])
the
```

Depois de você ter usado `split` para dividir a string em uma lista de palavras, você pode usar o operador de índices (colchete) para ver uma palavra particular da lista. Você pode chamar `split` com um argumento opcional chamado um *delimiter* que especifica qual caractere usar como limite de palavras.

```
>>> s = 'spam-spam-spam'
>>> delimiter = '-'
>>> s.split(delimiter)
['spam', 'spam', 'spam']
```

join é o inverso de split. Ele pega uma lista de strings e concatena os elementos. join é um método de string, então você tem que invocar isso no delimitador e passar a lista como um parâmetro.

```
>>> t = ['sentindo', 'falta', 'dos', 'fiordes']
>>> delimiter = ' '
>>> delimiter.join(t)
'sentindo falta dos fiordes'
```

Nesse caso, o delimitador é um caractere de espaço, então join coloca um espaço entre as palavras. Para concatenar strings sem espaços, você pode usar a string vazia, "", como delimitador.

8.10   Linhas aliadas

Normalmente, quando estamos lendo um arquivo, queremos fazer algo com as linhas, além de apenas imprimir a linha inteira. Muitas vezes queremos encontrar as "linhas interessantes" e depois analisá-las para encontrar a parte que seja interessante. E se quiséssemos imprimir o dia da semana a partir das linhas que começam com "De"?

```
De stephen.marquard@uct.ac.za Sáb Jan  5 09:14:16 2008
```

O método split é muito eficaz quando confrontado com este tipo de problema. Podemos escrever um pequeno programa que procura linhas que começam com "De", divide essas linhas e depois imprime as três primeiras letras:

```
fhand = open('mbox-short.txt')
for line in fhand:
    line = line.rstrip()
    if not line.startswith('From '): continue
    words = line.split()
    print(words[2])

# Code: http://www.py4e.com/code3/search5.py
```

O programa produz a seguinte saída:

```
Sáb
Sex
Sex
Sex
...
```

Mais tarde, aprenderemos técnicas cada vez mais sofisticadas para escolher as linhas para trabalhar e como separá-las para encontrar a informação exata que estamos procurando.

Figure 8.1: Variables and Objects

8.11 Objetos e valores

Se nós executarmos estas atribuições:

```
a = 'banana'
b = 'banana'
```

Sabemos que ambos **a** e **b** se referem a uma string, mas não sabemos se eles se referem à *mesma* string. Existem dois estados possíveis:

Em um caso, a e b referem-se a dois objetos diferentes que possuem o mesmo valor. No segundo caso, eles se referem ao mesmo objeto.

Para verificar se duas variáveis se referem ao mesmo objeto, você pode usar o operador **is**.

```
>>> a = 'banana'
>>> b = 'banana'
>>> a is b
True
```

Neste exemplo, o Python criou apenas uma string objeto, e tanto a quanto b se referem a ele.

Mas quando você cria duas listas, você obtém dois objetos:

```
>>> a = [1, 2, 3]
>>> b = [1, 2, 3]
>>> a is b
False
```

Nesse caso, diríamos que as duas listas são equivalentes, porque elas têm os mesmos elementos, mas não são idênticas, porque não são o mesmo objeto. Se dois objetos são idênticos, eles também são *equivalentes*, mas se forem equivalentes, eles não são necessariamente *idênticos*.

Até agora, temos usado "objeto" e "valor" de forma intercambiável, mas é mais preciso dizer que um objeto tem um valor. Se você executar a = [1,2,3], onde arefere-se a uma lista de objetos cujo valor é uma sequência particular de elementos. Se outra lista tiver os mesmos elementos, diremos que ela tem o mesmo valor.

8.12 Aliados

Se a refere-se a um objeto e você atribui b = a, então ambas as variáveis referem-se ao mesmo objeto:

```
>>> a = [1, 2, 3]
>>> b = a
>>> b is a
True
```

A associação de uma variável a um objeto é chamada de *referência*. Neste exemplo, existem duas referências ao mesmo objeto.

Um objeto com mais de uma referência possui mais de um nome, então dizemos que o objeto é *aliado*.

Se o objeto aliado for mutável, as alterações feitas com um pseudônimo afetam o outro:

```
>>> b[0] = 17
>>> print(a)
[17, 2, 3]
```

Embora esse comportamento possa ser útil, é propenso a erros. Em geral, é mais seguro evitar aliados quando você está trabalhando com objetos mutáveis.

Para objetos imutáveis como strings, aliados não são um problema tão grande. Neste exemplo:

```
a = 'banana'
b = 'banana'
```

quase nunca tem diferença se a e b irão se referir à mesma string ou não.

8.13 Listas como argumento

Quando você passa uma lista como argumento de uma função, a função recebe uma referência a essa lista. Se a função modificar o parâmetro desta lista, o chamador verá a alteração. Por exemplo, remove_primeiro_elemento remove o primeiro elemento de uma lista:

```
def remove_primeiro_elemento(t)
    del t[0]
```

Abaixo, é mostrado como ela é usada:

```
>>> letras = ['a', 'b', 'c']
>>> remove_primeiro_elemento(letras)
>>> print(letras)
['b', 'c']
```

O parâmetro `t` e a variável `letras` são aliases para o mesmo objeto.

É importante distinguir entre operações que modificam listas e operações que criam novas listas. Por exemplo, o método **append** modifica a lista, porém o operador **+** cria uma nova lista:

```
>>> t1 = [1, 2]
>>> t2 = t1.append(3)
>>> print(t1)
[1, 2, 3]
>>> print(t2)
None

>>> t3 = t1 + [3]
>>> print(t3)
[1, 2, 3]
>>> t2 is t3
False
```

A diferença é importante quando você escreve funções que supostamente modificam listas. Por exemplo, a função *não* remove o início de uma lista:

```
def errado_remove_primeiro_elemento(t)
    t = t[1:]               #ERRADO!
```

O operador 'slice' cria uma nova lista e a atribuição faz com que `t` se refira a essa, mas nenhuma dessas atribuições tem qualquer efeito sobre a lista passada como argumento.

Uma alternativa é escrever uma função que cria e retorna uma nova lista. Por exemplo, **calda** retorna todos, menos o primeiro elemento da lista:

```
def calda(t):
    return t[1:]
```

A função não modifica a lista original. Aqui é mostrado como é usada:

```
>>> letras = ['a', 'b', 'c']
>>> resto = tail(letras)
>>> print(resto)
['b', 'c']
```

Exercício 1: Escreva uma função chamada corte que recebe uma lista e a modifica, removendo o primeiro e o último elemento, e retorna None. Depois escreva uma função chamada meio que recebe uma lista e retorna uma nova lista que contém todos, menos o primeiro e o último elemento.

8.14 Debugging

Descuido com o uso de listas (e outros objetos mutáveis) pode levar a longa horas de debugging. Abaixo mostra algumas deslizes comuns e formas de evitá-los:

1. Não esqueça que a maioria do métodos de listas modifica o argumento e retorna `None`. Isso é o oposto dos métodos das strings, que retornam uma nova string e não modificam a string original.

   Se você está acostumado a escrever código de string como este:

   ```python
   palavra = palavra.strip()
   ```

   É tentador escrever um código de lista desta forma:

   ```python
   t = t.sort()             # ERRADO!
   ```

   Como sort retorna `None`, a próxima operação que você executar com `t` provavelmente irá falhar.

   Antes de usar métodos de listas e operadores, você deve ler a documentação com cuidado e depois testar elas em um modo interativo. Os métodos e os operadores que as listas compartilham com outras sequência (como strings) são documentadas em:

   docs.python.org/library/stdtypes.html#common-sequence-operations

   Os métodos e operadores que são apenas aplicadas em sequências mutáveis são documentadas em:

   docs.python.org/library/stdtypes.html#mutable-sequence-types

2. Escolha um "idioma" e fique com ele.

   Parte dos problemas, envolvendo listas, é que existem muitas maneiras para fazer coisas. Por exemplo, para remover um elemento de uma lista, você pode usar o método `pop`, `remove`, `del`, ou simplesmente, utilizando uma instrução `slice`.

   Para adicionar um elemento, você pode usar o método `append` ou o operador `+`. Porém, não esqueça que estas são as formas corretas de se fazer estes procedimentos:

   ```python
   t.append(x)
   t = t + [x]
   ```

   E essas, são as erradas:

   ```python
   t.append([x])            # ERRADO!
   t = t.append(x)          # ERRADO!
   t + [x]                  # ERRADO!
   t = t + x                # ERRADO!
   ```

   Tente implementar esses exemplos em um modo interativo para ter certeza que você entende o que eles fazem. Note que apenas o último causa erro na compilação, os outros três são permitidos, porém não faz aquilo que é desejado.

3. Faça cópias para evitar aliados.

   Se você quer usar o método **sort** que modifica o argumento, porém também precisa manter a lista original intacta, você pode criar uma cópia.

   ```
   orig = t[:]
   t.sort()
   ```

   Nesse exemplo, você também pode usar uma função existente chamada **sorted**, que retorna uma nova lista organizada e também mantém a original intacta. Porém, nesse caso, você deve evitar usar **sorted** como um nome da variável!

4. Listas, **split**, e arquivos

   Quando nós lemos e analisamos um arquivo, existem várias ocasiões em que a entrada pode causar falhas em nosso programa, então é uma boa ideia revisitar o padrão *guardião* quando se trata de escrever programas que lêem um arquivo e procuram por uma 'agulha no palheiro'.

   Vamos revisitar nosso programa que procura pelo dia da semana nas linhas do nosso arquivo:

   ```
   De stephen.marquard@uct.ac.za Sáb Jan  5 09:14:16 2008
   ```

   Como estamos quebrando essa linha em palavras, nós podemos dispensar o uso do método **startswith** e simplesmente procurar pela primeira palavra que determina se estamos interessados, de fato, nessa linha. Nós podemos usar **continue** para pular linhas que não têm "De" como sua primeira palavra:

   ```
   fhand = open('mbox-short.txt')
   for linha in fhand:
       palavras = line.split()
       if palavras[0] != 'De' : continue
       print(palavras[2])
   ```

   Isso parece ser bem mais simples, além que não precisamos do método **rstrip** para remover a quebra de linha no final do arquivo. Porém, qual o melhor?

   ```
   python search8.py
   Sat
   Traceback (most recent call last):
       File "search8.py", line 5, in <module>
           if palavras[0] != 'De' : continue
   IndexError: list index out of range
   ```

   Isso funciona e vemos o dia a partir da primeira linha (Sáb), mas o programa falha com **traceback error**. Então, o que deu errado? Por quê o nosso elegante, inteligente e "Pythonic" programa falhou?

   Você poderia encarar seu programa por um longo tempo, quebrar a cabeça tentando decifrá-lo, ou simplesmente pode pedir a ajuda de alguém. Porém, a abordagem mais rápida e inteligente é adicionar uma linha de código **print**.

O melhor lugar para adicionar essa instrução é logo antes da linha em que o programa falhou e pôr para imprimir na tela o dado que está causando falha.

Essa abordagem pode gerar várias linha na saída, pelo menos, você terá, imediatamente, várias pistas sobre o problema em questão. Então, adicionamos um `print` da variável `letras` logo depois da linha cinco. Nós até adicionamos o prefixo "Debugging:" na linha, para podermos manter nossa saída regular separadas de nossa saída de debugging.

```python
for linha in fhand:
    palavras = linha.split()
    print('Debugging:', palavras)
    if palavras[0] != 'De' : continue
    print(palavras[2])
```

Quando compilamos o programa, várias saídas são impressas na tela, porém, no final, vemos nossa saída de debug e a referência para sabermos o que aconteceu logo antes da mensagem de erro.

```
Debug: ['X-DSPAM-Confidence:', '0.8475']
Debug: ['X-DSPAM-Probability:', '0.0000']
Debug: []
Traceback (most recent call last):
  File "search9.py", line 6, in <module>
    if palavras[0] != 'From' : continue
IndexError: list index out of range
```

Cada linha de depuração imprime uma lista de palavras que obtemos quando dividimos a linha em palavras. Se o programa der erro, a lista de palavras é vazia `[]`. Se abrimos o arquivo em um editor de texto e olharmos o mesmo, ele será exibido da seguinte maneira:

```
X-DSPAM-Result: Innocent
X-DSPAM-Processed: Sat Jan  5 09:14:16 2008
X-DSPAM-Confidence: 0.8475
X-DSPAM-Probability: 0.0000

Details: http://source.sakaiproject.org/viewsvn/?view=rev&rev=39772
```

O erro ocorre quando nosso programa encontra uma linha em branco. Claro que não existem palavras em uma linha em branco. Por quê não pensamos nisso quando estávamos escrevendo o código? Quando o código procura pela primeira palavra (`palavras[0]`) para checar se bate com "From", nós temos um erro de índice fora de alcance ("index out of range").

Obviamente, esse é um local perfeito para adicionarmos algum código *guardião* para evitar a checagem da primeira palavra caso a mesma não esteja lá. Existem várias formas de proteger nosso código; nós iremos escolher checar o número de palavras que temos antes de olhar para a primeira palavra:

```python
fhand = open('mbox-short.txt')
contador = 0
```

```python
for linha in fhand:
    palavras = line.split()
    # print 'Debug:', palavras
    if len(palavras) == 0 : continue
    if palavras[0] != 'De' : continue
    print(palavras[2])
```

Primeiro, comentamos as linhas que imprimem o debug, em vez de removê-las (caso nossa modificação falhe, e precisemos do debuggingz novamente). Depois, adicionamos uma declaração guardiã que checa se temos zero palavras, se sim, nós usamos "continue" para pular para próxima linha do arquivo.

Podemos pensar nas duas declarações `continue` como um jeito de nos ajudar a refinar o conjunto de linhas que são interessantes para nós, e quais que queremos processar um pouco mais. Uma linha que não tem "De" como sua primeira palavra não é interessante para nós, então a pulamos.

O programa modificado é executado com sucesso, então, talvez ele esteja correto. Nossa declaração guardiã nos dá a certeza que a `palavras[0]` nunca irá falhar, porém, talvez isso não seja suficiente. Quando estamos programando, nós devemos sempre estar pensando, "O que pode acontecer de errado?"

Exercício 2: Descubra qual linha do programa acima não está devidamente protegida. Veja se você pode construir um arquivo de texto que causa falha no programa e depois modifique o programa para que a linha seja propriamente protegida e por fim, teste o programa para ter certeza que ele manipula corretamente o novo arquivo de texto.

Exercício 3: Reescreva o código guardião nos exemplos acima sem duas declarações if. Em vez disso, use uma expressão lógica composta usando o operador lógico and, com uma única declaração if.

8.15   Glossário

Aliados Circunstância onde duas ou mais variáveis se referem ao mesmo objeto.

delimitador Caractere ou string usado para indicar onde a string deve ser dividida

elemento Um dos valores em uma lista (ou outra sequência); também chamada de itens.

equivalente Ter o mesmo valor

índice Um valor inteiro que indica um elemento da lista

idêntico Ser o mesmo objeto (o que implica em equivalência)

lista Uma sequência de valores

lista de passagem O acesso sequencial sobre cada elemento da lista

lista aninhada Uma lista que é um elemento de uma outra lista.

objeto Algo que uma variável pode se referir. Um objeto tem um tipo e um valor.

referência Associação entre variável e seu valor

8.16   Exercícios

Exercicio 4: Baixe a copia do arquivo www.py4e.com/code3/romeo.txt.
Escreva um programa para abrir o arquivo chamado romeo.txt e leia-o linha por
linha. Para cada linha, separe-a em uma lista de palavras usando a função `split`.
Para cada palavra, cheque se esta palavra já existe na lista. Caso não exista,
adicione ela. Quando o programa terminar de verificar, ordene e imprima estas
palavras em ordem alfabética.**

```
Digite o nome do arquivo: romeo.txt
['Arise', 'But', 'It', 'Juliet', 'Who', 'already',
'and', 'breaks', 'east', 'envious', 'fair', 'grief',
'is', 'kill', 'light', 'moon', 'pale', 'sick', 'soft',
'sun', 'the', 'through', 'what', 'window',
'with', 'yonder']
```

**Exercício 5: Escreva um programa que leia uma caixa de email, e quando
você encontrar uma linha que comece com "De", você vai separar a linha
em palavras usando a função `split`. Nós estamos interessados em quem
envia a mensagem, que é a segunda palavra na linha que começa com
From.**

```
De stephen.marquard@uct.ac.za Sáb Jan 5 09:14:16 2008
```

**Você vai analisar a linha que começa com From e irá pôr para imprimir
na tela a segunda palavra (para cada linha do tipo), depois o programa
também deverá contar o número de linhas que começam com "De" e
imprimir em tela o valor final desse contador. Esse é um bom exemplo
da saída com algumas linhas removidas:**

```
python fromcount.py
Digite o nome do arquivo: mbox-short.txt
stephen.marquard@uct.ac.za
louis@media.berkeley.edu
zqian@umich.edu

[...some output removed...]

ray@media.berkeley.edu
cwen@iupui.edu
cwen@iupui.edu
cwen@iupui.edu
There were 27 lines in the file with From as the first word
```

**Exercício 6: Reescreva o programa que solicita o usuário uma lista de
números e prints e imprime em tela o maior número e o menor número
quando o usuário digitar a palavra "feito". Escreva um programa para
armazenar as entradas do usuário em uma lista e use as funções `max()`
e `min()` para computar o número máximo e o mínimo depois que o laço
for completo.**

```
Digite um número: 6
Digite um número: 2
Digite um número: 9
Digite um número: 3
Digite um número: 5
Digite um número: feito
Máximo: 9.0
Mínimo: 2.0
```

Capítulo 9

Dicionários

Um *dicionário* é como uma lista, porém mais geral. Em uma lista, o índice de posição deve ser um inteiro; em um dicionário, o índice pode ser de (quase) qualquer tipo.

Você pode pensar em um dicionário como o mapeamento entre um conjunto de índices (chamados de *chaves*) e um conjunto de valores. Cada chave localiza um valor. A associação entre uma chave e um valor é chamado de *par chave-valor* ou, às vezes, de *item*.

Como exemplo, vamos construir um dicionário que mapeia palavras do Inglês para o Português, então os valores e chaves são todos strings.

A função **dict** cria um novo dicionário com nenhum item. Como **dict** é o nome de uma função interna da linguagem, deve-se evitar usá-lo como nome de variável.

```
>>> ing2port = dict()
>>> print(ing2port)
{}
```

As chaves, {}, representam um dicionário vazio. Para adicionar itens ao dicionário, colchetes, [], podem ser utilizados:

```
>>> ing2port['one'] = 'um'
```

Esta linha cria um item que localiza, a partir da chave `'one'`, o valor "um". Se pedirmos para o conteúdo do dicionário ser mostrado novamente, veremos o par chave-valor separados por dois pontos:

```
>>> print(ing2port)
{'one': 'um'}
```

Este formato de saída também é um formato de entrada. Por exemplo, um dicionário pode ser criado com três itens. Contudo, se **ing2port** for mostrado, você pode se surpreender:

```
>>> ing2port = {'one': 'um', 'two': 'dois', 'three': 'três'}
>>> print(ing2port)
{'one': 'um', 'three': 'três', 'two': 'dois'}
```

A ordem dos pares chave-valor não é a mesma. Na verdade, se o mesmo exemplo for executado em seu computador, o resultado pode ser diferente. Em geral, a ordem dos itens em um dicionário é imprevisível.

Contudo, isso não é um problema já que os elementos em um dicionário nunca são indexados usando inteiros como índice. Ao invés disso, chaves são utilizadas para consultar os valores correspondentes:

```
>>> print(ing2port['two'])
'dois'
```

A chave `'two'` sempre localizará o valor "dois" e, portanto, a ordem dos itens não importa.

Se a chave não estiver contida no dicionário, ocorrerá um erro:

```
>>> print(ing2port['four'])
KeyError: 'four'
```

A função `len` funciona em dicionários; ele retorna o número de pares chave-valor:

```
>>> len(ing2port)
3
```

O operador `in` também funciona em dicionários; ele dirá se algo aparece no dicionário como uma chave (os valores dos pares não são considerados).

```
>>> 'one' in ing2port
True
>>> 'um' in ing2port
False
```

Para ver se algo aparece como valor em um dicionário, o método `values` pode ser utilizado. Esse método retornará os valores em uma lista, e então, usando o operador `in`:

```
>>> vals = list(ing2port.values())
>>> 'um' in vals
True
```

O operador `in` faz uso de um algoritmo diferente para listas e dicionários. Em listas, ele executa um algoritmo de busca linear. A medida que a lista vai ficando mais longa, o tempo de busca aumenta proporcionalmente ao comprimento da lista. Em dicionários, Python faz uso de um algoritmo chamado *tabela de dispersão* (*hash table*), que possui uma notória propriedade: o operador `in` leva, aproximadamente, o mesmo tempo de execução, não importando a quantidade de itens no dicionário. Não explicarei porque funções hash são tão mágicas, porém você pode ler mais sobre em: wikipedia.org/wiki/Hash_table.

Exercício 1: Faça o download de uma cópia do arquivo

www.py4e.com/code3/words.txt

Escreva um programa que leia as palavras em *words.txt* e as armazena como chaves em um dicionário. Não importa quais são os valores. Então, você pode usar o operador in como uma maneira rápida de verificar se uma string está no dicionário.

9.1　Dicionário como um conjunto de contadores

Suponha que lhe deram uma string e que você queira contar quantas vezes cada letra aparece. Existem várias formas de fazer isso:

1. Você pode criar 26 variáveis, uma para cada letra do alfabeto. Então, você pode examinar a string e, para cada caractere, incrementar o contador correspondente, provavelmente usando uma condicional encadeada.

2. Você pode criar uma lista com 26 elementos. Então, você pode converter cada caractere para um número (usando a função embutida `ord`), usar o número como um índice na lista, e incrementar o contador apropriado.

3. Você pode criar um dicionário, estabelecendo caracteres como chaves e contadores como os valores correspondentes. A primeira vez em que um caractere for lido, um novo item seria adicionado ao dicionário. Após isso, o valor de um item existente seria incrementado.

Cada uma destas opções executa a mesma computação, porém cada uma delas implementa essa computação de uma forma diferente.

Uma *implementação* é uma forma de executar uma computação; algumas implementações são melhores que outras. Por exemplo, uma vantagem da implementação utilizando o dicionário é que não precisamos saber de antemão quais as letras presentes na string e precisamos apenas separar espaço para letras que realmente aparecem.

Aqui está uma ideia de como este código seria:

```
palavra = 'brontosaurus'
d = dict()
for c in palavra:
    if c not in d:
        d[c] = 1
    else:
        d[c] = d[c] + 1
print(d)
```

Estamos, efetivamente, computando um histograma, que é um termo estatístico para um conjunto de contadores (ou frequências).

A repetição `for` examina a string. A cada repetição, se o caractere `c` não estiver no dicionário, criamos um novo item com chave `c` e valor inicial 1 (já que só vimos essa letra uma vez). Se c já estiver contido no dicionário, incrementamos `d[c]`.

Esta é a saída do programa:

```
{'a': 1, 'b': 1, 'o': 2, 'n': 1, 's': 2, 'r': 2, 'u': 2, 't': 1}
```

O histograma indica que as letras "a" e "b" aparecem uma vez; "o" aparece duas vezes, e assim por diante.

Dicionários possuem um método chamado `get` que recebe uma chave e um valor padrão. Se a chave estiver contida no dicionário, `get` retorna o valor correspondente; caso contrário, retorna o valor padrão. Por exemplo:

```
>>> conta = { 'chuck' : 1 , 'annie' : 42, 'jan': 100}
>>> print(conta.get('jan', 0))
100
>>> print(conta.get('tim', 0))
0
```

Podemos usar `get` para escrever o laço do histograma de forma mais concisa. Já que o método `get` automaticamente trata o caso em que a chave não está contida no dicionário, podemos reduzir quatro linhas a apenas uma e descartar a instrução `if`.

```
word = 'brontosaurus'
d = dict()
for c in palavra:
    d[c] = d.get(c,0) + 1
print(d)
```

O uso do método `get` para simplificar essa repetição é um "jargão" muito comum em Python e nós o usaremos muitas vezes pelo resto deste livro. Portanto, você deveria tomar um tempo para comparar o laço utilizando a instrução `if` e o operador `in` com o laço utilizando o método `get`. Ambos fazem a mesma coisa, porém um é mais sucinto.

9.2   Dicionários e Arquivos

Um dos usos mais comuns de um dicionário é a contagem da ocorrência de palavras em um texto presente em algum arquivo. Comecemos com um arquivo de palavras, muito simples, extraído do texto de *Romeu e Julieta*.

Para o primeiro conjunto de exemplos, usaremos uma versão reduzida e simplificada do texto, sem pontuação. Mais a frente, trabalharemos com o texto original, com a pontuação.

```
But soft what light through yonder window breaks
It is the east and Juliet is the sun
Arise fair sun and kill the envious moon
Who is already sick and pale with grief
```

Escreveremos um programa em Python para ler as linhas do arquivo, quebrá-las em uma lista de palavras e, então, contar a ocorrência de cada palavra presente no texto, usando um dicionário.

Veremos que temos dois laços `for`. A repetição externa está lendo as linhas do arquivo e a repetição interna está iterando entre cada palavra naquela linha em particular. Esse é um exemplo de padrão chamado *laços aninhados*, pois um laço está contido dentro de outro.

Como a repetição interna executa todas as suas iterações enquanto a externa itera uma única vez, pensamos na interna iterando "mais rapidamente" enquanto a externa itera "mais lentamente".

A combinação das duas repetições aninhadas assegura que vamos contar cada palavra em cada linha do arquivo de entrada.

```python
fname = input('Enter the file name: ')
try:
    fhand = open(fname)
except:
    print('File cannot be opened:', fname)
    exit()

counts = dict()
for line in fhand:
    words = line.split()
    for word in words:
        if word not in counts:
            counts[word] = 1
        else:
            counts[word] += 1

print(counts)

# Code: http://www.py4e.com/code3/count1.py
```

Em nossa instrução `else`, usamos a alternativa mais compacta para incrementar uma variável. `conta[palavra] += 1` é equivalente a `conta[palavra] = conta[palavra]+1`. Tanto um método quanto o outro pode ser utilizado para alterar o valor da variável em qualquer que seja a quantidade desejada. Alternativas similares existem para `-=`, `*=`, e `/=`.

Quando executamos o programa, vemos todas as contagens dispostas em ordem aleatória. (o arquivo *romeo.txt* está disponível em www.py4e.com/code3/romeo.txt)

```
python count1.py
Enter the file name: romeo.txt
```

```
{'and': 3, 'envious': 1, 'already': 1, 'fair': 1,
'is': 3, 'through': 1, 'pale': 1, 'yonder': 1,
'what': 1, 'sun': 2, 'Who': 1, 'But': 1, 'moon': 1,
'window': 1, 'sick': 1, 'east': 1, 'breaks': 1,
'grief': 1, 'with': 1, 'light': 1, 'It': 1, 'Arise': 1,
'kill': 1, 'the': 3, 'soft': 1, 'Juliet': 1}
```

É um pouco inconveniente ter que analisar o dicionário para encontrar as palavras mais comuns e a sua contagem, então precisamos adicionar um pouco mais de código Python para termos uma saída mais clara.

9.3   Laços e Dicionários

Se usarmos um dicionário como a sequência em uma instrução `for`, ela percorrerá as chaves do dicionário. Este laço mostra cada chave e seu valor correspondente:

```python
conta = { 'chuck' : 1 , 'annie' : 42, 'jan': 100}
for chave in conta:
    print(chave, conta[key])
```

Aqui está como a saída se parece:

```
jan 100
chuck 1
annie 42
```

Novamente, as chaves não estão em uma ordem particular.

Podemos usar este padrão para implementar vários "jargões" de repetição que descrevemos anteriormente. Por exemplo, se quisermos encontrar todas as entradas em um dicionário com valor maior que dez, poderíamos escrever o seguinte código:

```python
conta = { 'chuck' : 1 , 'annie' : 42, 'jan': 100}
for chave in conta:
    if conta[chave] > 10 :
        print(chave, conta[chave])
```

O laço `for` itera entre as *chaves* do dicionário, então devemos utilizar o operador de índice para retornar o *valor* correspondente a cada chave. A saída se pareceria com:

```
jan 100
annie 42
```

Vemos apenas as entradas com valor acima de 10.

Se quisermos mostrar as chaves em ordem alfabética, primeiramente precisamos fazer uma lista, contendo as chaves desse dicionário, usando o método `keys`, disponível no próprio objeto dicionário. A partir disso, podemos ordenar a lista e percorrê-la, analisando cada chave e mostrando os pares chave-valor de forma ordenada, como a seguir:

```
counts = { 'chuck' : 1 , 'annie' : 42, 'jan': 100}
lst = list(counts.keys())
print(lst)
lst.sort()
for key in lst:
    print(key, counts[key])
```

A saída se parece com:

```
['jan', 'chuck', 'annie']
annie 42
chuck 1
jan 100
```

Primeiro vemos a lista de chaves desordenada que retiramos pelo método `key`. Em seguida, vemos os pares chave-valor em ordem, vindos do laço `for`.

9.4　Métodos avançados de divisão de texto

No exemplo passado utilizando o arquivo *romeo.txt*, deixamos o texto o mais simples possível removendo todas as pontuações manualmente. O texto original tem muitas pontuações, como mostrado abaixo.

```
Mas, sutil! que luz ultrapassa aquela janela?
Esse é o leste, e Julieta é o sol.
Ascenda, honesto sol, e acabe com a invejosa lua,
Que já está doente e pálida com o luto,
```

Desde que a função `split` procura por espaços e trata as palavras como objetos separados por espaços, nós trataremos as palavras "sutilmente!" e "sutil" como palavras *diferentes* e criaremos entradas específicas no dicionário para cada palavra.

Além disso, já que o arquivo tem letras maiúsculas, nós trataremos "quem" e "Quem" como palavras diferentes, com diferentes contadores.

Podemos resolver os dois problemas utilizando os métodos de strings `lower`, `punctuation`, e `translate`. O `translate` é o mais sutil dos métodos. Aqui está a documentação para o `translate`:

```
line.translate(str.maketrans(fromstr, tostr, deletestr))
```

Troca os caracteres em `fromstr` com o caractere na mesma posição em `tostr` e apaga todos os caracteres que estão em `deletestr`. `fromstr` e `tostr` podem ser strings vazias e o parâmetro `deletestr` pode ser omitido.

Nós não iremos especificar o `tostr` mas utilizaremos o parâmetro `deletestr` para retirar todas as pontuações. Nós até iremos deixar o Python nos mostrar a lista de caracteres que são considerados "pontuação":

```
>>> import string
>>> string.punctuation
'!"#$%&\'()*+,-./:;<=>?@[\\]^_`{|}~'
```

O parâmetro utilizado pelo `translate` era diferente no Python 2.0.

As seguintes modificações foram feitas no nosso programa:

```python
import string

fname = input('Enter the file name: ')
try:
    fhand = open(fname)
except:
    print('File cannot be opened:', fname)
    exit()

counts = dict()
for line in fhand:
    line = line.rstrip()
    line = line.translate(line.maketrans('', '', string.punctuation))
    line = line.lower()
    words = line.split()
    for word in words:
        if word not in counts:
            counts[word] = 1
        else:
            counts[word] += 1

print(counts)

# Code: http://www.py4e.com/code3/count2.py
```

Parte do aprendizado em "Art of Python" ou "Thinking Pythonically" é perceber que o Python geralmente tem soluções prontas para os problemas mais comuns de análise de dados. Com o tempo, você verá vários exemplos de códigos e lerá documentações de funções suficientes para saber onde procurar se alguém já escreveu algo que tornará seu trabalho mais fácil.

A seguir está uma versão abreviada da saída:

```
Entre com o nome do arquivo: romeo-full.txt
{'juro': 1, 'todos': 6, 'afeard': 1, 'deixar': 2, 'esse': 2,
'parentes': 2, 'o que': 11, 'pensador': 1, 'amor': 24, 'capa': 1,
a': 24, 'pomar': 2, 'luz': 5, 'amantes': 2, 'romeo': 40,
'donzela': 1, 'whiteupturned': 1, 'juliet': 32, 'cavalheiro': 1,
'isso': 22, 'inclina': 1, 'canst': 1, 'tendo': 1, ...}
```

Olhar para essa saída ainda é complicado e podemos usar o Python para nos dar exatamente o que estamos procurando, mas, para isso, precisamos aprender *tuplas*. Nós voltaremos para esse exemplo quando aprendermos tuplas.

9.5 Debugging

Como você trabalhou com maiores conjuntos de dados, torna-se difícil tratar erros mostrando tudo em tela e verificando manualmente. Aqui estão algumas sugestões para o *debugging* de grandes conjuntos de dados:

Diminua a escala da entrada Se possível, diminua o tamanho do conjunto de dados. Por exemplo, se o programa lê um arquivo de texto, comece com apenas 10 linhas ou com o menor exemplo que encontrar. Você ainda pode editar os arquivos ou (melhor) modificar o programa para que ele leia apenas as primeiras 'n' linhas.

Se existir um erro, reduza n para o menor valor que manifeste o erro, só então o aumente gradualmente enquanto encontra e corrige os erros.

Verifique resumos e tipos Ao invés de mostrar e verificar todo o conjunto de dados, considere apresentar resumos do conjunto: por exemplo o número de ítens num dicionário ou o total de uma lista de números.

Uma causa comum de erros em tempo de execução é a presença de um valor que não é do tipo esperado. Para tratar esse tipo de erro, normalmente basta mostrar em tela o tipo da entrada.

Escreva auto-verificadores Normalmente pode-se escrever códigos que verifiquem erros automaticamente. Por exemplo, se você está calculando a média de um conjunto de números, você pode verificar se o resultado não está acima do maior valor do conjunto, ou abaixo do menor. Isso é chamado de "verificação de sanidade", pois detecta resultados que são "completamente sem lógica".

Outro tipo de verificação compara o resultado de duas computações diferentes para analisar a consitência dos resultados. Isso é chamado de "verificação de consitência".

Organize a maneira que a saída será mostrada Analisar uma saída formatada é mais fácil de encontrar erros.

Novamente, o tempo gasto construindo os alicerces diminui o tempo gasto no *debugging.*

9.6 Glossario

chave Um objeto que aparece num dicionário na primeira parte do par chave-valor.

dicionário Um conjunto de uma série de chaves e seus correspondentes valores.

função hash Uma função utilizada pela tabela de dispersão (*hashtable*) para cacular a localização da chave.

histograma Um conjunto de contadores.

implementação A forma como o problema é resolvido (em forma de código, por exemplo).

item Outro nome para o par chave-valor.

key-value pair The representation of the mapping from a key to a value.

laços aninhados Quando há um ou mais laços de repetição "dentro" de outro laço. O laço interno completa todas as iterações para cada iteração do externo.

lookup Uma operação do dicionário que toma um chave e encontra seu valor correspondente.

tabela de Dispersão (*hashtable*) O algorítmo utilizado para implementar os dicionários em Python.

valor Um objeto que aparece num dicionário na segunda parte do par chave-valor. Isso é mais específico do que nossos usos anteriores da palavra "valor".

9.7 Exercícios

Exercício 2: **Escreva um programa que categorize cada mensagem de e-mail de acordo com o dia em que a mensagem foi enviada. Para isso, procure por linhas que comecem com "From", depois procure pela terceira palavra e mantenha uma contagem de ocorrência para cada dia da semana. No final do programa, mostre em tela o conteúdo do seu dicionário (a ordem não interessa).**

linha exemplo:

```
From stephen.marquard@uct.ac.za Sat Jan  5 09:14:16 2008
```

Exemplo de código:

```
python dow.py
Enter a file name: mbox-short.txt
{'Sex': 20, 'Qui': 6, 'Sab': 1}
```

Exercício 3: **Escreva um programa que leia um registro de mensagens, construa um histograma, utilizando um dicionário, para contar quantas mensagens chegaram em cada endereço de email e mostre em tela o dicionário.**

```
Enter a file name: mbox-short.txt
{'gopal.ramasammycook@gmail.com': 1, 'louis@media.berkeley.edu': 3,
'cwen@iupui.edu': 5, 'antranig@caret.cam.ac.uk': 1,
'rjlowe@iupui.edu': 2, 'gsilver@umich.edu': 3,
'david.horwitz@uct.ac.za': 4, 'wagnermr@iupui.edu': 1,
'zqian@umich.edu': 4, 'stephen.marquard@uct.ac.za': 2,
'ray@media.berkeley.edu': 1}
```

Exercício 4: **Adicione linhas de código no programa abaixo para identificar quem possui mais mensagens no arquivo. Após todo o dado ser lido e todo o dicionário ser criado, procure no dicionário, utilizando um laço máximo (Veja o capítulo 5: Laços máximo e mínimo), quem tem o maior número de mensagens e mostre em tela quantas mensagens essa pessoa tem.**

```
Enter a file name: mbox-short.txt
cwen@iupui.edu 5

Enter a file name: mbox.txt
zqian@umich.edu 195
```

Exercício 5: Esse programa grava o domínio de email (ao invés do endereço) de onde a mensagem foi enviada ao invés de quem o email veio (i.e., o endereço completo da mensagem). No final do programa, mostre em tela o conteúdo do seu dicionário.

```
python schoolcount.py
Enter a file name: mbox-short.txt
{'media.berkeley.edu': 4, 'uct.ac.za': 6, 'umich.edu': 7,
'gmail.com': 1, 'caret.cam.ac.uk': 1, 'iupui.edu': 8}
```

Capítulo 10

Tuplas

10.1   As tuplas são imutáveis

Uma tupla[1] é uma seqüência de valores muito parecido com uma lista.Os valores armazenados em uma tupla pode ser qualquer tipo, e eles são indexados por números inteiros. Uma diferença importante é que elas são *imutáveis*. Alem disso, também são *comparáveis* e *hashable* para que possamos ordenar listas deles e usá-las como valores-chave em dicionários de Python.

Sintaticamente, uma tupla é uma lista separada por vírgulas de valores:

```
>>> t = 'a', 'b', 'c', 'd', 'e'
```

Embora não seja necessário, é comum incluir tuplas em parênteses para nos ajudar identificá-las rapidamente quando olhamos para códigos de Python:

```
>>> t = ('a', 'b', 'c', 'd', 'e')
```

Para criar uma tupla com um único elemento, você precisa incluir a vírgula final:

```
>>> t1 = ('a',)
>>> type(t1)
<type 'tuple'>
```

Sem a vírgula o Python trata '('a')' como uma expressão com uma string entre parênteses que é avaliada como uma string:

```
>>> t2 = ('a')
>>> type(t2)
<type 'str'>
```

---

[1]Fato Divertido: A palavra "tupla" vem dos nomes dados as sequências de números de comprimentos variados: simples, dobro, triplo, quádruplo, quintuplo, sextuplo, septuplo, etc.

Outra maneira de construir uma tupla é a função interna 'Tuple'. Sem nenhum argumento, ele cria uma tupla vazia:

```
>>> t = tuple()
>>> print(t)
()
```

Se o argumento for uma seqüência (string, lista ou tupla), o resultado da chamada para 'tupla' é uma tupla com os elementos da sequencia:

```
>>> t = tuple('lupins')
>>> print(t)
('l', 'u', 'p', 'i', 'n', 's')
```

Porque 'tupla' é o nome de um construtor, você deve evitar usá-lo como um nome de variável.

A maioria dos operadores de lista também funcionam em tuplas. O operador de colchete indexa na elemento:

```
>>> t = ('a', 'b', 'c', 'd', 'e')
>>> print(t[0])
'a'
```

E o operador de fatia seleciona um intervalo de elementos.

```
>>> print(t[1:3])
('b', 'c')
```

Mas se você tentar modificar um dos elementos da tupla, você receberá um erro:

```
>>> t[0] = 'A'
TypeError: object doesn't support item assignment
```

Não é possível modificar os elementos de uma tupla, mas você pode substituí-los por outros:

```
>>> t = ('A',) + t[1:]
>>> print(t)
('A', 'b', 'c', 'd', 'e')
```

10.2   Comparando tuplas

Os operadores de comparação trabalham com tuplas e outras sequências. Python começa comparando o primeiro elemento de cada sequência. Se eles forem iguais, ele passa para o próximo elemento, e assim por diante, até encontrar elementos que diferem. Elementos subsequentes não são considerados (mesmo se eles sejam realmente grandes).

```
>>> (0, 1, 2) < (0, 3, 4)
True
>>> (0, 1, 2000000) < (0, 3, 4)
True
```

A função 'sort' funciona da mesma forma. Ele ordena principalmente pelo primeiro elemento, mas no caso de um empate, ele classifica por segundo elemento, e assim por diante.

Este recurso presta-se a um padrão chamado *DSU* para

Decorar :uma sequência construindo uma lista de tuplas com uma ou mais chaves de classificação precedendo os elementos da sequência,

Sort :a lista de tuplas usando o Python embutido 'sort', e

Undecorate :extraindo os elementos classificados da sequência.

Por exemplo, suponha que você tem uma lista de palavras e você deseja classificá-las do maior para o menor:

```python
txt = 'but soft what light in yonder window breaks'
words = txt.split()
t = list()
for word in words:
    t.append((len(word), word))

t.sort(reverse=True)

res = list()
for length, word in t:
    res.append(word)

print(res)

# Code: http://www.py4e.com/code3/soft.py
```

O primeiro loop cria uma lista de tuplas, onde cada tupla é uma palavra precedido pelo seu comprimento.

'Sort' compara inicialmente o primeiro elemento, comprimento, e apenas considera o segundo elemento para quebrar laços. O argumento de palavra-chave 'Reverse = true' diz 'Sort' para ir em ordem decrescente.

O segundo loop atravessa a lista de tuplas e constrói uma lista de palavras em ordem decrescente de comprimento. As palavras de quatro caracteres são classificadas em ordem alfabética *reversa*, então "what" aparece antes "soft" na lista a seguir.

A saída do programa é a seguinte:

```
['yonder', 'window', 'breaks', 'light', 'what',
'soft', 'but', 'in']
```

Claro que a linha perde muito do seu impacto poético quando se transforma em uma Lista de Python e classificada em ordem decrescente de comprimento de palavra.

10.3 Atribuição de Tuplas

Um dos recursos sintáticos únicos da linguagem Python é a capacidade de ter uma tupla no lado esquerdo de uma declaração de atribuição. Isso permite atribuir mais de uma variável por vez quando o lado esquerdo é uma sequência.

Neste exemplo, temos uma lista de dois elementos(que é uma sequência) e atribuímos ao primeiro e ao segundo elemento da sequência às variáveis x e y em uma única instrução.

```
>>> m = [ 'se', 'divirta' ]
>>> x, y = m
>>> x
'se'
>>> y
'divirta'
>>>
```

Não é mágico, Python traduz *grosseiramente* a sintaxe da atribuição de tupla para o ser o que se segue:[2]

```
>>> m = [ 'se', 'divirta' ]
>>> x = m[0]
>>> y = m[1]
>>> x
'se'
>>> y
'divirta'
>>>
```

Estéticamente, quando usamos uma tupla no lado esquerdo da instrução de atribuição, omitimos os parênteses, mas o que se mostra a seguir é igualmente uma sintaxe válida:

```
>>> m = [ 'se', 'divirta' ]
>>> (x, y) = m
>>> x
'se'
>>> y
'divirta'
>>>
```

---

[2]Python não traduz a sintaxe literalmente. Por exemplo, se você tentar fazer isso com um dicionário, ele não funcionará como o esperado.

Uma aplicação particularmente astuta da atribuição de tupla, nos permite *permutar* os valores de duas variáveis em uma única instrução:

```
>>> a, b = b, a
```

Ambos os lados desta declaração são tuplas, mas o lado esquerdo é uma tupla de variáveis; o lado direito é uma tupla de expressões. Cada valor no lado direito é atribuído à sua respectiva variável no lado esquerdo. Todas as expressões no lado direito são avaliadas antes de qualquer uma das atribuições.

O número de variáveis à esquerda e o número de valores à direita devem impreterivelmente ser os mesmos:

```
>>> a, b = 1, 2, 3
ValueError: muitos valores para descompactar
```

Habitualmente, o lado direito pode ser qualquer tipo de sequência(string, lista ou tupla). Por exemplo, para dividir um endereço de email em um nome de usuário e um domínio, você pode escrever:

```
>>> email = 'florzinha@hotmail.com'
>>> nomedeusuario, dominiodoemail = email.split('@')
```

O valor de retorno da operação `split` é uma lista com dois elementos; o primeiro elemento é atribuído ao `nomedeusuario` e o segundo ao `dominiodoemail`.

```
>>> print(nomedeusuario)
florzinha
>>> print(dominiodoemail)
hotmail.com
```

10.4 Dicionários e tuplas

Os dicionários têm um método chamado `items`(atente-se à escrita deste método) que retorna uma lista de tuplas, em que cada tupla é um par de valores-chave:

```
>>> d = {'a':10, 'b':1, 'c':22}
>>> t = list(d.items())
>>> print(t)
[('b', 1), ('a', 10), ('c', 22)]
```

Como você deve esperar de um dicionário, os itens não estão em uma ordem específica.

No entanto, como a lista de tuplas é uma lista e as tuplas são comparáveis, agora podemos classificar a lista de tuplas. A conversão de um dicionário em uma lista de tuplas é uma maneira de gerar o conteúdo de um dicionário classificado por chave:

```
>>> d = {'a':10, 'b':1, 'c':22}
>>> t = list(d.items())
>>> t
[('b', 1), ('a', 10), ('c', 22)]
>>> t.sort()
>>> t
[('a', 10), ('b', 1), ('c', 22)]
```

A nova lista é classificada em ordem alfabética crescente pelo valor da chave.

10.5 Múltipla atribuição com dicionários

Combinando `items`, atribuição de tuplas e `for`, se tem um bom padrão de código
para percorrer as chaves e valores de um dicionário em um único loop:

```
for chave, valor in list(d.items()):
    print(valor, chave)
```

Esse loop tem duas *variáveis de iteração*, isso porque `items` retorna uma lista de
tuplas e `chave, valor` é uma atribuição de tupla que itera sucessivamente em
cada um dos pares de valor/chave no dicionário.

Para cada iteração através de um loop, tanto a chave quanto o valor são avançados
para o próximo par de valores no dicionário (mantendo a ordem hash).

A saída deste loop é:

```
10 a
22 c
1 b
```

Novamente, é na ordem da chave hash (nenhuma ordem particular).

Se nós combinarmos essas duas técnicas, nós poderemos mostrar o conteúdo do
dicionário ordenado pelo *valor* armazenado em cada par de chave/valor.

Para fazer isso, primeiro fazemos uma lista de tuplas onde cada tupla é (`valor`,
`chave`). O método `items` nos daria uma lista de tuplas (`chave, valor`), mas
desta vez queremos classificar por valor, não por chave. Depois de construir a lista
com as tuplas de chave e valor é simples ordenar a lista na ordem inversa e mostrar
em tela a nova lista ordenada.

```
>>> d = {'a':10, 'b':1, 'c':22}
>>> l = list()
>>> for chave, valor in d.items() :
...     l.append( (valor, chave) )
...
>>> l
[(10, 'a'), (22, 'c'), (1, 'b')]
>>> l.sort(reverse=True)
```

```
>>> l
[(22, 'c'), (10, 'a'), (1, 'b')]
>>>
```

Construindo cuidadosamente a lista de tuplas para ter o valor como o primeiro elemento de cada tupla, podemos ordenar a lista de tuplas e obter nosso conteúdo de dicionário ordenado por valor.

10.6 As palavras mais comuns

Voltando ao nosso exemplo de sempre do texto de Romeu e Julieta, Ato 2, Cena 2, podemos aumentar nosso programa para usar essa técnica para imprimir as dez palavras mais comuns no texto da seguinte forma:

```python
import string
fhand = open('romeo-full.txt')
counts = dict()
for line in fhand:
    line = line.translate(str.maketrans('', '', string.punctuation))
    line = line.lower()
    words = line.split()
    for word in words:
        if word not in counts:
            counts[word] = 1
        else:
            counts[word] += 1

# Sort the dictionary by value
lst = list()
for key, val in list(counts.items()):
    lst.append((val, key))

lst.sort(reverse=True)

for key, val in lst[:10]:
    print(key, val)

# Code: http://www.py4e.com/code3/count3.py
```

A primeira parte do programa, que lê o arquivo e calcula o dicionário responsável por mapear cada palavra para que a contagem no documento permaneça inalterada. Mas, em vez de simplesmente mostrar **counts** e encerrar o programa, construímos uma lista de tuplas (**valor, chave**) e depois classificamos a lista na ordem inversa.

Como o valor é o primeiro, ele será usado para as comparações. Se houver mais de uma tupla com o mesmo valor, ela olhará para o segundo elemento (a chave), portanto, as tuplas onde o valor é o mesmo serão classificadas pela ordem alfabética da chave.

No final, escrevemos um loop `for` que faz uma iteração de atribuição múltipla e mostra em tela as dez palavras mais comuns, percorrendo uma fatia da lista (`lst [: 10]`).

Então a saída finalmente parece com o que queremos para nossa análise de frequência de palavras.

```
61 u
42 and
40 romeo
34 to
34 the
32 thou
32 juliet
30 that
29 my
24 thee
```

O fato dessa complexa análise de dados ser feita com um programa Python de 19 linhas de fácil entendimento é uma das razões pelas quais o Python é uma boa escolha como uma linguagem para explorar informações.

10.7   Usando tuplas como chaves em dicionários

Como as tuplas são *mutáveis* e as listas não, se nós desejamos criar uma chave *composta* para usar em um dicionário devemos usar uma tupla como chave.

Nós encontraríamos uma chave composta se quiséssemos criar uma lista telefônica que mapeia nome-sobrenome associando a números de telefone. Assumindo que definimos as variáveis `primeiro`, `ultmo` e `numero`, poderíamos escrever um dicionário com a declaração de atribuição da seguinte forma:

```
diretorio[primeiro, ultimo] = número
```

A expressão entre colchetes é uma tupla. Poderíamos usar a atribuição de tupla em uma repetição `for` para percorrer este dicionário.

```
for ultimo, primeiro in diretorio:
    mostrar (primeiro, ultimo, diretório [primeiro, ultimo])
```

Este loop percorre as chaves em `directorio`, que são tuplas. Ele designa os elementos de cada tupla para `primeiro` e `ultimo`, depois mostra em tela o nome e o telefone correspondente ao número.

10.8   Sequências: strings, listas e tuplas - Oh meu Deus!

Eu me concentrei nas listas de tuplas, mas quase todos os exemplos deste capítulo também trabalham com listas de listas, tuplas de tuplas e tuplas de listas.

Para evitar enumerar as combinações possíveis, às vezes é mais fácil falar sobre sequências de sequências.

Em muitos contextos, os diferentes tipos de sequências (strings, listas e tuplas) podem ser usados de forma permutável. Então, como e por que você escolhe um em relação aos outros?

Para começar com o óbvio, as strings são mais limitadas que outras sequências, porque os elementos precisam ser caracteres. Eles também são imutáveis. Se você precisar alterar os caracteres em uma string (em vez de criar uma nova string), você deveria usar uma lista de caracteres.

As listas são mais comuns que as tuplas, principalmente porque são mutáveis. Mas existem alguns casos em que você pode preferir tuplas:

1. Em alguns contextos, como uma instrução de `return`, é sintaticamente mais simples criar uma tupla do que uma lista. Em outros contextos, você pode preferir uma lista.

2. Caso queira usar uma sequência como uma chave de dicionário, você tem que usar um tipo imutável como uma tupla ou uma string.

3. Mas se estiver passando uma sequência como argumento para uma função, o uso de tuplas reduz o potencial de comportamento inesperado devido ao aliasing (serrilhamento).

Como as tuplas são imutáveis, elas não fornecem métodos como `sort` e `reverse`, o que modifica as listas existentes. No entanto, o Python fornece as funções internas `sorted` and `reversed`, que usam qualquer sequência como parâmetro e retornam uma nova sequência com os mesmos elementos em uma ordem diferente.

10.9 Debugging

Listas, dicionários e tuplas são conhecidos genericamente como *estrutura de dados*; neste capítulo estamos começando a ver estruturas compostas, como listas de tuplas, e dicionários que contém tuplas como chaves e listas como valores. Tais estruturas são úteis, mas elas são propensas ao que chamamos de *erros de forma*; Isto é, erros causados quando a estrutura de dados tem o tipo, tamanho ou composição errada, Ou talvez você escreva algum código e esqueça da forma dos seus dados e introduza um erro. Por exemplo, se você está esperando uma lista com um inteiro e eu te dou um bom e velho inteiro (não em uma lista). Não funciona.

10.10 Glossário

atribuição por tuplas Uma atribuição com uma sequência no lado direito e uma tupla de variáveis do lado esquerdo. O lado direito é avaliado e então seus elementos são atribuídos às variáveis do lado esquerdo.

comparável Um tipo no qual um valor por ser verificado para ver se é maior, menor, ou igual a outro valor desse mesmo tipo. Quando são comparáveis, podem ser colocados em listas e também serem ordenados.

DSU Aberviação de *"decorate-sort-undecorate"* (decorar-ordenar-esquecer), um padrão que envolve construir uma lista de tuplas, ordenar e então etrair parte do resultado.

espalhar A operação de tratar uma sequência como uma lista de argumentos.

estrutura de dados Uma coleção de valores relacionados, frequentemente organizados em listas, dicionários, tuplas, etc.

forma (de uma estrutura de dados) O conjunto de tipo, tamanho e composição de uma estrutura de dados.

hashable Um tipo que tem uma funçao hash. Tipos imutáveis como inteiros, *floats* e *strings* são hashable, enquanto mutáveis como listas e dicionários não são.

reunir A operação de montar uma tupla de argumentos de tamanho variável.

singleton Uma lista (ou outr sequência) com um único elemento.

tupla Uma sequência imutável de elementos.

10.11   Exercícios

Exercício 1: Revise um programa anterior como é pedido: Leia e analise as linhas com *"From"* e retire os endereços dessas linhas. Conte o número de mensagens de cada pessoa usando um dicionário. Depois de todos os dados serem lidos, mostre a pessoa com mais envios criando uma lista de tuplas (contagem, email) do dicionário. Então, ordene a lista em ordem reversa e mostre a pessoa na primeira posição.

```
Linha simples:
From stephen.marquard@uct.ac.za Sat Jan  5 09:14:16 2008
Digite o nome do arquivo: mbox-short.txt
cwen@iupui.edu 5

Digite o nome do arquivo: mbox.txt
zqian@umich.edu 195
```

Exercício 2: Esse programa conta a distribuição de horas no dia para cada uma das mensagens. Você pode retirar a hora da linha com *"From"* achando a string de horário e então separando ela em partes usando o caractere ":" (dois pontos). Uma vez acumuladas as contagens para cada hora, mostre os valores, um por linha, ordenados por hora como segue abaixo:

```
python timeofday.py
Digite o nome do arquivo: mbox-short.txt
04 3
06 1
07 1
09 2
10 3
11 6
14 1
15 2
16 4
```

```
17 2
18 1
19 1
```

Exercício 3: Escreva um programa que leia um arquivo e mostre as *letras* em ordem decrescente de frequência. Seu programa deve converter todas as entradas para Caixa baixa e apenas contar as letras de a à z. Não conte espaços, dígitos, pontuações, ou qualquer coisa que não seja uma letra do alfabeto. Encontre textos simples de diversas línguas diferentes e veja como a frequência de letras varia entre os idiomas. Compare seis resultados com as tabelas em https://wikipedia.org/wiki/Letter_frequencies.

Capítulo 11

Expressões Regulares

Até agora, estivemos lendo arquivos, procurando padrões e extraindo vários bits de linhas que achamos interessantes. Nós estivemos métodos de strings como `split` e `find`, além de particionar listas e strings para extrair porções das linhas

Essa tarefa de pesquisar e extrair é tão comum que o Python tem uma biblioteca muito poderosa chamada *expressões regulares* (*regular expressions*) que lida com muitas dessas tarefas com bastante elegância. A razão pela qual não as introduzimos no início do livro é porque, embora sejam muito poderosas, são um pouco complicadas, além de sua sintaxe levar algum tempo para ser compreendida.

Expressões regulares são quase sua própria linguagem de programação para pesquisar e analisar seqüências de caracteres. De fato, livros inteiros foram escritos sobre este tópico. Neste capítulo, abordaremos apenas o básico dele. Para mais detalhes sobre consulte:

https://en.wikipedia.org/wiki/Regular_expression

https://docs.python.org/library/re.html

A biblioteca de expressões regulares `re` deve ser importada para seu programa antes de poder usá-la. O uso mais simples da biblioteca de expressões regulares é a função `search` (). O programa a seguir demonstra um uso trivial desta função.

```python
# Search for lines that contain 'From'
import re
hand = open('mbox-short.txt')
for line in hand:
    line = line.rstrip()
    if re.search('From:', line):
        print(line)

# Code: http://www.py4e.com/code3/re01.py
```

Abrimos o arquivo, percorremos cada linha e usamos a expressão regular `search` () para imprimir apenas linhas que contenham a string "From:". Este programa não usa o poder real das expressões regulares, pois poderíamos ter usado com a mesma facilidade o `line.find()` para obter o mesmo resultado.

O poder das expressões regulares ocorre quando adicionamos caracteres especiais à string de pesquisa, isso nos permite controlar com mais precisão quais linhas correspondem à string. A adição desses caracteres especiais à nossa expressão regular nos permite fazer correspondências e extrações sofisticadas enquanto escrevemos menos linhas de código. Por exemplo, o caractere de sinal de intercalação é usado em expressões regulares para corresponder ao "início" de uma linha. Poderíamos alterar nosso programa para encontrar apenas as linhas em que "From:" estava no início da linha, da seguinte maneira:

```python
# Search for lines that start with 'From'
import re
hand = open('mbox-short.txt')
for line in hand:
    line = line.rstrip()
    if re.search('^From:', line):
        print(line)

# Code: http://www.py4e.com/code3/re02.py
```

Agora, apenas corresponderemos às linhas que *começam com* a sequência "From:". Este ainda é um exemplo muito simples que poderíamos ter feito de forma equivalente ao método `beginwith()` da biblioteca de strings. Mas serve para introduzir a noção de que expressões regulares contêm caracteres de ação especial que nos dão mais controle sobre o que corresponderá à expressão regular.

11.1 Correspondência de caracteres em expressões regulares

Existem vários caracteres especiais que nos permitem construir expressões regulares ainda mais poderosas. O caractere especial mais comumente usado é o ponto final, que combina com qualquer caractere.

No exemplo seguinte, a expressão regular `F..m:` se encaixaria com qualquer uma das strings "From:", "Fxxm:", "F12m:", ou "F!@m:" já que os caracteres de ponto final na expressão regular combinam com qualquer outro caractere.

```python
# Search for lines that start with 'F', followed by
# 2 characters, followed by 'm:'
import re
hand = open('mbox-short.txt')
for line in hand:
    line = line.rstrip()
    if re.search('^F..m:', line):
        print(line)

# Code: http://www.py4e.com/code3/re03.py
```

Isso é particularmente poderoso quando combinado com a habilidade de indicar que um caractere pode ser repetido inúmeras vezes usando os caracteres * ou +

na sua expressão regular. Esses caracteres especiais significam que, em vez de corresponder a um único caractere na string de pesquisa, eles correspondem à zero ou mais caracteres (no caso do asterisco) ou um ou mais caracteres (no caso do sinal de mais).

Podemos restringir ainda mais as linhas que combinamos usando um caractere *curinga* repetido no seguinte exemplo:

```python
# Search for lines that start with From and have an at sign
import re
hand = open('mbox-short.txt')
for line in hand:
    line = line.rstrip()
    if re.search('^From:.+@', line):
        print(line)

# Code: http://www.py4e.com/code3/re04.py
```

A string de pesquisa `^From:.+@` irá combinar com sucesso linhas que comece com "From:", seguido de um ou mais caracteres (`.+`), seguido por um sinal de arroba. Então irá corresponder a seguinte linha:

```
From: stephen.marquard@uct.ac.za
```

Você pode pensar no curinga `.+` como expansível para corresponder a todos os caracteres entre o caractere de dois pontos e o símbolo de arroba.

```
From:.+@
```

É bom pensar nos sinais de mais e asterisco como "agressivos". Por exemplo, a string a seguir corresponderia o ultimo sinal de arroba na string conforme o `.+` é empurrado para fora, como mostrado abaixo:

```
From: stephen.marquard@uct.ac.za, csev@umich.edu, and cwen @iupui.edu
```

É possível dizer que um asterisco ou sinal de mais não sejam tão "gananciosos" adicionando outro caractere. Veja a documentação detalhada para obter informações sobre como desativar o comportamento ganancioso.

11.2 Extraindo dados usando expressões regulares

Se quisermos extrair dados de uma string em Python podemos usar o método findall() para extrair todas as substrings que correspondem à expressão regular. Vamos usar o exemplo de querer extrair qualquer frase que pareça um endereço de email de qualquer linha independente do formato. Por exemplo, queremos extrair os endereços de email de cada linha a seguir:

```
From stephen.marquard@uct.ac.za Sat Jan  5 09:14:16 2008
Return-Path: <postmaster@collab.sakaiproject.org>
          for <source@collab.sakaiproject.org>;
Received: (from apache@localhost)
Author: stephen.marquard@uct.ac.za
```

Nós não queremos escrever código para cada um dos tipos de linha, dividindo e
fatiando de forma diferente cada linha. O seguinte programa usa **findall()** para
achar as linhas que contenham endereços de email e extrair um ou mais endereços
de cada uma dessas linhas.

```python
import re
s = 'A message from csev@umich.edu to cwen@iupui.edu about meeting @2PM'
lst = re.findall('\S+@\S+', s)
print(lst)

# Code: http://www.py4e.com/code3/re05.py
```

O método **findall()** procura a string no segundo argumento e retorna uma lista de
todas as strings que pareçam endereços de email. Estamos usando uma sequência
de dois caracteres que correspondem a um caractere sem espaço em branco (\S).

A saída do programa seria:

```
['csev@umich.edu', 'cwen@iupui.edu']
```

Traduzindo a expressão regular, estamos procurando substrings que tenham pelo
menos um caractere que não seja espaço em branco, seguido por um arroba, seguido
por pelo menos mais um caractere que não seja espaço em branco. O \S+ combina
o maior número possível de caracteres que não são espaços em branco.

A expressão regular corresponderia duas vezes (csev@umich.edu and cwen@iupui.edu),
mas não corresponderia a string "@2PM" pois não há caracteres não em branco
antes do arroba. Podemos Podemos usar essa expressão regular em um programa
para ler todas as linhas em um arquivo e exibir qualquer coisa que pareça com
um endereço de email da seguinte forma:

```python
# Search for lines that have an at sign between characters
import re
hand = open('mbox-short.txt')
for line in hand:
    line = line.rstrip()
    x = re.findall('\S+@\S+', line)
    if len(x) > 0:
        print(x)

# Code: http://www.py4e.com/code3/re06.py
```

Lemos cada linha e então extraimos todas as substrings que correspondem nossa
expressão regular. Já que **findall()** retorna uma lista, podemos simplesmente

checar se o número de elementos na nossa lista retornada é maior que zero para imprimir apenas linhas onde encontramos pelo menos uma substring que pareça com um endereço de email.

Se executarmos o programa em *mbox.txt* teremos a seguinte saída:

```
['wagnermr@iupui.edu']
['cwen@iupui.edu']
['<postmaster@collab.sakaiproject.org>']
['<200801032122.m03LMFo4005148@nakamura.uits.iupui.edu>']
['<source@collab.sakaiproject.org>;']
['<source@collab.sakaiproject.org>;']
['<source@collab.sakaiproject.org>;']
['apache@localhost)']
['source@collab.sakaiproject.org;']
```

Alguns de nossos endereços de emails tem caracteres incorretos como "<" ou ";" no início ou no final. Vamos declarar que estamos interessados apenas na parte da string que começa e termina com uma letra ou um número.

Para fazer isso, usamos outro recurso de expressão regular. Colchetes são usados para indicar um conjunto de múltiplos caracteres aceitáveis que estamos dispostos a considerar correspondente. De certo modo, o \S está pedindo para combinar o conjunto de "caracteres que não são espaços em branco". Agora seremos um pouco mais explícitos em termos dos caracteres que iremos combinar.

Aqui está nossa nova expressão regular:

```
[a-zA-Z0-9]\S*@\S*[a-zA-Z]
```

Isto está começando a ficar um pouco complicado e você pode começar a ver porque expressões regulares são uma pequena linguagem própria. Traduzindo essa expressão regular, estamos procurando por substrings que iniciem com uma *única* letra minúscula, letra maiúscula, ou número "[a-zA-Z0-9]", seguido por zero ou mais caracteres não em branco (\S*), seguido por um arroba, seguido por zero ou mais não em branco (\S*), seguido por uma letra minúscula ou maiúscular. Note que trocamos de + para * para indicar zero ou mais caracteres não em branco desde que [a-zA-Z0-9] já é um caractere não em branco. Lembre-se que o * ou + se aplica ao caractere único imediatamente a esquerda do sinal de mais ou do asterisco.

Se usarmos essa expressão em nosso programa, nosso dado é muito mais limpo:

```
# Search for lines that have an at sign between characters
# The characters must be a letter or number
import re
hand = open('mbox-short.txt')
for line in hand:
    line = line.rstrip()
    x = re.findall('[a-zA-Z0-9]\S+@\S+[a-zA-Z]', line)
    if len(x) > 0:
        print(x)

# Code: http://www.py4e.com/code3/re07.py
```

```
...
['wagnermr@iupui.edu']
['cwen@iupui.edu']
['postmaster@collab.sakaiproject.org']
['200801032122.m03LMFo4005148@nakamura.uits.iupui.edu']
['source@collab.sakaiproject.org']
['source@collab.sakaiproject.org']
['source@collab.sakaiproject.org']
['apache@localhost']
```

Perceba que nas linhas `source@collab.sakaiproject.org`,nossa expressão regular eliminou duas letras no final da string (">;"). Isso acontece porque quando acrescentamos `[a-zA-Z]` ao final da nossa expressão regular, estamos exigindo que qualquer string que o analisador de expressões regulares encontre deve terminar com uma letra. Então quando se vê ">" no final de "sakaiproject.org>;" ele simplesmente para na ultima letra "correpondente" encontrada (i.e., o "g" foi a ultima correspondencia).

Veja também que a saída do programa é uma lista de Python que contém uma string como unico elemento na lista.

11.3   Combinando pesquisa e extração

Se quisermos encontrar números nas linhas que começam com a string "X-", como:

```
X-DSPAM-Confidence: 0.8475
X-DSPAM-Probability: 0.0000
```

nós não queremos apenas o número racional em qualquer linha. Queremos apenas extrair números racionais de linhas que tenham a sintaxe acima.

Podemos construir a seguinte expressão regular para selecionar as linhas:

```
^X-.*: [0-9.]+
```

Traduzindo isso estamos dizendo que: queremos linhas que começam com X-, seguidas por zero ou mais caracteres (`.*`), seguidas por dois-pontos (`:`) e depois por um espaço. Após o espaço, procuramos um ou mais caracteres que sejam um dígito (0-9) ou um ponto `[0-9.]+`. Observe que dentro dos colchetes, o período corresponde a um período real (ou seja, não está sendo utilizado um wildcard entre os colchetes).

Essa é uma expressão muito rígida, ela corresponderá apenas às linhas nas quais estamos interessados da seguinte forma:

```
# Search for lines that start with 'X' followed by any non
# whitespace characters and ':'
# followed by a space and any number.
# The number can include a decimal.
import re
```

```
hand = open('mbox-short.txt')
for line in hand:
    line = line.rstrip()
    if re.search('^X\S*: [0-9.]+', line):
        print(line)

# Code: http://www.py4e.com/code3/re10.py
```

Quando executamos o programa, vemos os dados bem filtrados para mostrar apenas as linhas que estamos procurando.

```
X-DSPAM-Confidence: 0.8475
X-DSPAM-Probability: 0.0000
X-DSPAM-Confidence: 0.6178
X-DSPAM-Probability: 0.0000
```

Entretanto, agora temos que resolver o problema de extrair os números. Embora seja simples o suficiente para usar **split**, podemos usar outro recurso de expressões regulares, este que consegue pesquisar e analisar a linha ao mesmo tempo.

Parênteses são outro caractere especial em expressões regulares. Quando você adiciona parênteses a uma expressão regular, eles são ignorados quando correspondem à string. Contudo, quando utilizamos **findall()**, parênteses indicam que, enquanto desejmos que toda a expressão corresponda, apenas estamos interessados em extrair uma parte da substring que corresponde à expressão regular.

Desta forma, faremos a seguinte alteração no nosso programa:

```
# Search for lines that start with 'X' followed by any
# non whitespace characters and ':' followed by a space
# and any number. The number can include a decimal.
# Then print the number if it is greater than zero.
import re
hand = open('mbox-short.txt')
for line in hand:
    line = line.rstrip()
    x = re.findall('^X\S*: ([0-9.]+)', line)
    if len(x) > 0:
        print(x)

# Code: http://www.py4e.com/code3/re11.py
```

Em vez de chamar **search()**, adicionamos parênteses ao redor da parte da expressão regular que representa o número racional para indicar que queremos apenas que **findall()** nos retorne a parte racional do número da string correspondente.

A saída deste programa é a seguinte:

```
['0.8475']
['0.0000']
['0.6178']
```

```
['0.0000']
['0.6961']
['0.0000']
..
```

Os números ainda estão em uma lista e precisam ser convertidos de strings para números de ponto flutuante, mas usamos o poder das expressões regulares para pesquisar e extrair as informações que achamos interessantes.

Como outro exemplo dessa técnica, se você olhar para o arquivo, existem várias linhas do formulário:

```
Details: http://source.sakaiproject.org/viewsvn/?view=rev&rev=39772
```

Se quisermos extrair todos os números de revisão (os números inteiros no fim dessas linhas) usando as mesmas técnicas acima, poderíamos escrever o seguinte programa:

```python
# Search for lines that start with 'Details: rev='
# followed by numbers and '.'
# Then print the number if it is greater than zero
import re
hand = open('mbox-short.txt')
for line in hand:
    line = line.rstrip()
    x = re.findall('^Details:.*rev=([0-9.]+)', line)
    if len(x) > 0:
        print(x)

# Code: http://www.py4e.com/code3/re12.py
```

Traduzindo nossa expressão regular, estamos procurando por linhas que começam com `Details:`, seguidas por quaisquer número de caracteres (`.*`), seguidos por `rev=`, e depois por um ou mais dígitos. Nós queremos encontrar linhas que equivalham com toda essa expressão, mas queremos extrair apenas o número no fim da linha, e, para isso, colocamos `[0-9]+` entre parênteses.

Quando executamos o programa, obtemos a seguinte saída:

```
['39772']
['39771']
['39770']
['39769']
...
```

Lembre que `[0-9]+` é "guloso" e tenta amontoar o máximo de dígitos possíveis antes de extraí-los. Esse comportamento "guloso" é o porquê de conseguirmos extrair todos os cinco dígitos de cada número. A expressão regular expande para ambas as direções até encontrar algo diferente de um dígito, ou encontrar o começo ou o fim da linha.

Agora, podemos usar expressões regulares para refazer um exercício anterior do livro, no qual estávamos interessados na hora do dia em que cada messagem de e-mail foi registrada. Procurávamos por linhas como estas:

```
From stephen.marquard@uct.ac.za Sat Jan  5 09:14:16 2008
```

e queríamos extrair a hora presente em cada linha. Anteriormente, fizemos isso chamando o método `split` duas vezes. Primeiro, a linha era quebrada em palavras para podermos pegar a quinta, e então quebrávamos ela baseado no caractere de dois pontos (:) para podermos pegar os dois caracteres em que estávamos interessados.

Embora isso funcionasse, acabávamos chegando a um código bem frágil que assumia que as linhas estavam perfeitamente formatadas. Se adicionássemos tratamentos de erro (ou um grande bloco *try/except*) suficientes para assegurar que o código nunca falhasse quando deparado com linhas mal formatadas, nosso código iria acabar inchando 10-15 linhas que seriam bastante difíceis de ler.

Nós podemos fazer isso de uma maneira muito mais simples com a seguinte expressão regular:

```
^From .* [0-9][0-9]:
```

A tradução dessa expressão regular é de que estamos procurando linhas que começam com `From` (atente para o espaço), seguido por quaisquer número de caracteres (.*), seguidos por um espaço, seguido por dois dígitos [0-9][0-9], seguidos por dois pontos. Essa é definição dos tipos de linhas que estamos procurando.

Para extrair apenas a hora usando `findall()`, colocamos os dois dígitos entre parênteses como a seguir:

```
^From .* ([0-9][0-9]):
```

Isso resulta no seguinte programa:

```python
# Search for lines that start with From and a character
# followed by a two digit number between 00 and 99 followed by ':'
# Then print the number if it is greater than zero
import re
hand = open('mbox-short.txt')
for line in hand:
    line = line.rstrip()
    x = re.findall('^From .* ([0-9][0-9]):', line)
    if len(x) > 0: print(x)

# Code: http://www.py4e.com/code3/re13.py
```

Quando o programa é executado, ele produz a seguinte saída:

```
['09']
['18']
['16']
['15']
...
```

11.4   Caractere de Escape

Como usamos caracteres especiais em expressões regulares para corresponder ao
início ou ao final de uma linha ou para especificar curingas, precisamos indicar
como esses caracteres são "normais" e queremos corresponder ao caractere atual,
como um cifrão.

Podemos indicar que queremos simplesmente combinar um caractere prefixando
com uma barra invertida. Por exemplo, podemos encontrar montantes de dinheiro
com a seguinte expressão regular

```
import re
x = 'Acabamos de receber R$ 10,00 por cookies.'
y = re.findall('\$[0-9.]+',x)
```

Como prefixamos o cifrão com uma barra invertida, ele realmente corresponde ao
cifrão na string de entrada, em vez de corresponder ao "fim da linha", e o restante
da expressão regular corresponde a um ou mais dígitos ou ao caractere do período.
Nota: Entre colchetes, os caracteres não são "especiais". Então, quando dizemos [0-
9], isso realmente significa dígitos ou um período. Fora dos colchetes, um período
é o caractere curinga e corresponde a qualquer caractere. Dentro de colchetes, o
período é de fato um período.

11.5   Sumário

Enquanto isso apenas arranhou a superfície das expressões regulares, aprendemos
um pouco sobre a linguagem das expressões regulares. Eles são sequências de busca
com caracteres especiais que comunicam seus desejos ao sistema de expressões regulares quanto ao que define "correspondência" e o que é extraído das sequências
combinadas. Aqui estão alguns desses caracteres especiais e sequências de caracteres:

^ Corresponde ao começo da linha

$ Corresponde ao final da linha.

. Corresponde a qualquer caractere (um curinga).

\s Corresponde a um caractere de espaço em branco.

\S Corresponde a um caractere sem espaço em branco (oposto de \ s).

* Aplica-se ao (s) caractere (s) imediatamente anterior (es) e indica para corresponder a zero ou mais vezes.

`*?` Aplica-se ao (s) caractere (s) imediatamente anterior (es) e indica coincidir com zero ou mais vezes no "modo não-ganancioso".

`+` Aplica-se ao caractere imediatamente anterior e indica a correspondência de uma ou mais vezes.

`+?` Aplica-se ao (s) caractere (s) imediatamente anterior (es) e indica a correspondência de uma ou mais vezes no "modo não-ganancioso".

`?` Aplica-se ao (s) caractere (s) imediatamente anterior (es) e indica para corresponder a zero ou uma vez.

`??` Aplica-se ao (s) caractere (s) imediatamente anterior (es) e indica coincidir com zero ou uma vez no "modo não-ganancioso".

`[aeiou]` Corresponde a um único caractere, desde que esse caractere esteja no conjunto especificado. Neste exemplo, ele corresponderia a "a", "e", "i", "o" ou "u", mas nenhum outro caractere.

`[a-z0-9]` Você pode especificar intervalos de caracteres usando o sinal de menos. Este exemplo é um único caractere que deve ser uma letra minúscula ou um dígito.

`[^A-Za-z]` Quando o primeiro caractere na notação de conjunto é um acento circunflexo, ele inverte a lógica. Este exemplo corresponde a um único caractere que é qualquer coisa * diferente de * uma letra maiúscula ou minúscula.

`( )` Quando parênteses são adicionados a uma expressão regular, eles são ignorados com a finalidade de correspondência, mas permitem que você extraia um subconjunto específico da string correspondida, em vez da string inteira ao usar `findall ()`.

`\b` Corresponde à string vazia, mas apenas no início ou no final de uma palavra.

`\B` Corresponde à string vazia, mas não no início ou no final de uma palavra.

`\d` Corresponde a qualquer dígito decimal; equivalente ao conjunto [0-9].

`\D` Corresponde a qualquer caractere não dígito; equivalente ao conjunto [^ 0-9].

11.6 Seção bônus para usuários de Unix/Linux

O suporte à pesquisa de arquivos usando expressões regulares foi introduzido ao sistema operacional Unix desde a década de 1960 ao qual está disponível em quase todas as linguagens de programação de uma forma ou de outra.

De fato, existe uma linha de comando dentro do Unix chamada de *grep* (Analisador Generalizado de Expressões Regulares) que faz, basicamente, a mesma coisa que os exemplos `search()` expostos neste capítulo. Então, se você tem um sistema Macintosh ou Linux, você pode tentar usar os seguintes comandos em sua janela de linha de comando.

```
$ grep '^From:' mbox-short.txt
From: stephen.marquard@uct.ac.za
From: louis@media.berkeley.edu
From: zqian@umich.edu
From: rjlowe@iupui.edu
```

Isso diz ao `grep` para mostrar as linhas que começam com a string "From:" que estão no arquivo *mbox-short.txt*. Se você experimentar um pouco o comando `grep` e ler a documentação do mesmo, você irá encontrar algumas sutis diferenças entre o suporte a expressão regular utilizada em Python e o suporte à expressão regular no `grep`. Por exemplo, `grep` não suporta um caracter não vazio \S, então você irá precisar utilizar uma maneira ligeiramente mais complexa para representa-lo: [^], que indica um caracter que é qualquer coisa menos um espaço em branco.

11.7 Depuração

Python tem algumas simples e rudimentares documentações embutidas que podem ser bastante úteis se você precisar de uma rápida consulta para refrescar sua memória sobre o nome exato de um método específico. Essa documentação pode ser vista no interpretador do Python no modo interativo.

Você pode chamar um sistema interativo de ajuda usando `help()`.

```
>>> help()

help> modules
```

Se você sabe qual módulo você quer usar, você pode usar o comando `dir()` para encontrar os métodos no módulo, como mostra a seguir:

```
>>> import re
>>> dir(re)
[.. 'compile', 'copy_reg', 'error', 'escape', 'findall',
'finditer', 'match', 'purge', 'search', 'split', 'sre_compile',
'sre_parse', 'sub', 'subn', 'sys', 'template']
```

Você também pode pegar uma pequena quantidade de documentação sobre um determinado método usando o comando `dir`.

```
>>> help (re.search)
Help on function search in module re:

search(pattern, string, flags=0)
    Scan through string looking for a match to the pattern, returning
    a match object, or None if no match was found.
>>>
```

A documentação embutida não é muito extensa, mas pode ser bastante útil quando você estiver com pressa ou quando você não têm acesso a algum navegador Web no momento ou a qualquer outro mecanismo de pesquisa.

11.8 Glossário

código frágil Código executado quando os dados de entrada estão em um formato particular, mas são propensos a quebra, caso ocorra algum desvio em relação ao formato correto. Chamamos isto de "código frágil" pois é facilmente quebrado.

correspondência gananciosa Noção de que os caracteres + e * em uma expressão regular expandem para o exterior, de forma a corresponder à maior string possível.

curinga Caractere especial que corresponde a qualquer tipo de caractere. Em expressões regulares, o trunfo é o período.

expressão regular A language for expressing more complex search strings. A regular expression may contain special characters that indicate that a search only matches at the beginning or end of a line or many other similar capabilities.

grep Comando disponível na maioria dos sistemas Unix que executa uma busca entre arquivos de texto, procurando por linhas que correspondem à expressão regular. O nome do comando é ligado à expressão em inglês "Generalized Regular Expression Parser", em português: "Analisador Generalizado de Expressões Regulares".

11.9 Exercícios

Exercício 1: Escreva um programa simples para simular a operação do comando grep em Unix. Peça ao usuário para entrar com uma expressão regular e conte o número de linhas que se igualam à expressão digitada:

```
$ python grep.py
Digite uma expressão regular: ^Autor
mbox.txt teve 1798 linhas que se igualam a ^Autor

$ python grep.py
Digite uma expressão regular: ^X-
mbox.txt teve 14368 linhas que se igualam a ^X-

$ python grep.py
Digite uma expressão regular: java$
mbox.txt teve 4175 linhas que se igualam a java$
```

Exercício 2: Escreva um programa que procure por uma linha na forma:

```
Nova Revisão: 39772
```

Extraia o número de cada linha usando uma expressão regular e o método findall(). Compute o valor médio dos números e mostre-o.

```
Arquivo de entrada: mbox.txt
38444.0323119

Arquivo de entrada: mbox-short.txt
39756.9259259
```

Capítulo 12

Programas em rede

Enquanto vários dos exemplos no livro estão focados em ler arquivos e procurar dados nesses arquivos, existem várias fontes de informação diferentes quando consideramos a Internet.

Neste capítulo, fingiremos ser um navegador da internet e acessaremos as páginas da internet utilizando HyperText Transfer Protocol (HTTP). Então iremos os dados dessa página e utilizá-los.

12.1 HyperText Transfer Protocol - HTTP

O protocolo de rede que provê a internet é atualmente simples e existem suportes nativos em Python chamados `soquetes` que facilita o trabalho de fazer conexões na rede e recuperar dados por meio dos soquetes no programa de Python.

Um soquete parece com um arquivo, exceto que um simples soquete provê uma conexão de via dupla entre dois programas. É possível ler e escrever com o mesmo soquete. Se algo for escrito por um soquete, isso é enviado à aplicação que está do outro lado do soquete. Se algo for lido de um soquete, os dados captados foram enviados pela outra aplicação.

Porém, ao tentar ler os dados de um soquete em que a outra aplicação não enviou nenhum dado, apenas sente e espere. Se os programas do soquete simplesmente esperarem por dados sem enviar nada, eles esperarão por muito lempo, então é uma parte importante dos programas que se comunicam pela Internet é ter um protocolo.

Um protocolo é um conjunto de regras que determinam quem vai primeiro, o que ele tem que fazer, quais as respostas para essa mensagem, quem envia depois, e assim por diante. Em resumo, cada uma das aplicações num soquete estão dançando e certificando de que nenhum dos dois pise no pé do outro.

Existem vários documentos que descrevem esses protocolos de rede. O protocolo HTTP é descrito no documento abaixo:

https://www.w3.org/Protocols/rfc2616/rfc2616.txt

Esse é um complexo e longo documento de 176 páginas com vários detalhes. Se você o achar interessante, sinta-se livre para ler todo. Mas se você der uma olhada por volta da página 36 do RFC2616, você encontrará a sintáxe para a solicitação *GET*. Para solicitar um documento de um servidor da Internet, nos conectamos com o servidor `www.pr4e.org` pela porta 80 e então enviamos uma linha da forma:

```
GET http://data.pr4e.org/romeo.txt HTTP/1.0
```

Em que o segundo parâmetro é a página que estamos solicitando e ainda enviamos uma linha em branco. O servidor responderá com uma informação de cabeçalho sobre o documento e a linha em branco seguida do conteúdo do documento.

12.2   O navegador da internet mais simples do mundo

Talvez a forma mais fácil de mostrar como o protocolo HTTP funciona é escrevendo um simples programa em Python que faz conexão com um servidor da internet e segue as regras do protocolo HTTP para solicitar um documento e mostrar em tela o que o servidor enviou como reposta.

```python
import socket

mysock = socket.socket(socket.AF_INET, socket.SOCK_STREAM)
mysock.connect(('data.pr4e.org', 80))
cmd = 'GET http://data.pr4e.org/romeo.txt HTTP/1.0\r\n\r\n'.encode()
mysock.send(cmd)

while True:
    data = mysock.recv(512)
    if len(data) < 1:
        break
    print(data.decode(),end='')

mysock.close()

# Code: http://www.py4e.com/code3/socket1.py
```

Primeiramente o programa faz conexão com a porta 80 no servidor www.py4e.com. Enquanto nosso programa está sendo o "navegador da internet", o protocolo HTTP diz que precimaos enviar o comando *GET* seguido de uma linha em branco. \r\n significa um FDL (final de linha), então \r\n\r\n significa nada entre dois FDL em sequência. Isso é equivalente a uma linha em branco.

Tendo enviado a linha em branco, nós escrevemos um laço que recebe dados em pedaços de 512 caracteres do soquete e mostra na tela até não haver mais dados para ler (i.e., the recv() retorna uma string nula)

O programa produz a seguinte saída:

```
HTTP/1.1 200 OK
```

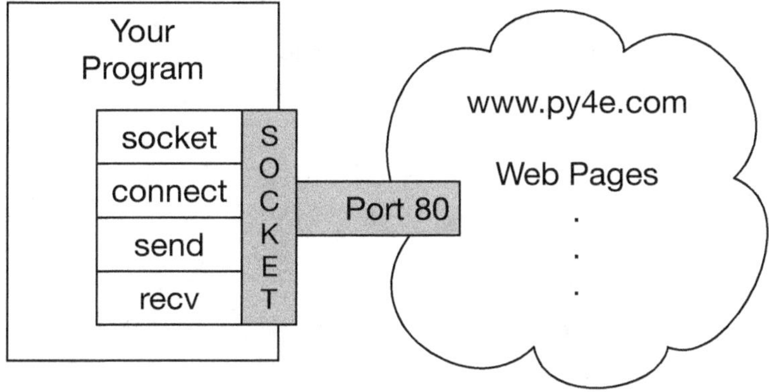

Figure 12.1: A Socket Connection

```
Date: Wed, 11 Apr 2018 18:52:55 GMT
Server: Apache/2.4.7 (Ubuntu)
Last-Modified: Sat, 13 May 2017 11:22:22 GMT
ETag: "a7-54f6609245537"
Accept-Ranges: bytes
Content-Length: 167
Cache-Control: max-age=0, no-cache, no-store, must-revalidate
Pragma: no-cache
Expires: Wed, 11 Jan 1984 05:00:00 GMT
Connection: close
Content-Type: text/plain

Mas, sutil! que luz ultrapassa aquela janela?
Esse é o leste, e Julieta é o sol.
Ascenda, honesto sol, e acabe com a invejosa lua,
Que já está doente e pálida com o luto,
```

A saída começa com um cabeçalho que o servidor envia para descrever o documento. Por exemplo, o cabeçalho `Content-Type` (tipo de conteúdo) indica que o documento é um texto simples (`text/plain`).

Após o servidor enviar o cabeçalho, ele adiciona uma linha em branco para indicar o final do cabeçalho e então envia os dados do arquivo *romeo.txt*.

Esse exemplo mostra como fazer uma conexão de rede de baixo nível com soquetes. Soquetes podem ser usados para comunicações com um servidor na internet ou de e-mail ou qualquer outro tipo de servidor. O necessário é encontrar o documento que descreve o protocolo e escrever um código que envie e receba os dados de acordo com o protocolo.

Entretanto, já que o protocolo mais comum é o HTTP, Python tem uma biblioteca, especificamente criada que suporta o protocolo HTTP para recuperação de documentos e dados pela internet.

Um dos requisitos para o uso de protocolo HTTP é a necessidade de enviar e receber dados como objetos em *bytes*, ao invés de *strings*. No exemplo seguinte, os métodos `encode()` e `decode()` convertem *strings* em objetos em *bytes* e vice versa.

O exemplo seguinte utiliza a notação `b''` para especificar a variável que precisa ser armazenada como um objeto em *bytes*. `encode()` e `b''` são equivalentes.

```
>>> b'Hello world'
b'Hello world'
>>> 'Hello world'.encode()
b'Hello world'
```

12.3   Recuperando uma imagem sobre http

No exemplo acima, recuperamos um arquivo de texto de plano que tinha uma nova linha no arquivo e simplesmente copiamos os dados para a tela conforme o programa foi executado. Podemos usar um programa semelhante para recuperar uma imagem através do uso de http. em vez de copiar os dados para a tela como o programa é executado, nós acumulamos os dados em uma seqüência de caracteres, aparar os cabeçalhos e, em seguida, salvar os dados de imagem em um arquivo da seguinte maneira:

```python
import socket
import time

HOST = 'data.pr4e.org'
PORT = 80
mysock = socket.socket(socket.AF_INET, socket.SOCK_STREAM)
mysock.connect((HOST, PORT))
mysock.sendall(b'GET http://data.pr4e.org/cover3.jpg HTTP/1.0\r\n\r\n')
count = 0
picture = b""

while True:
    data = mysock.recv(5120)
    if len(data) < 1: break
    #time.sleep(0.25)
    count = count + len(data)
    print(len(data), count)
    picture = picture + data

mysock.close()

# Look for the end of the header (2 CRLF)
pos = picture.find(b"\r\n\r\n")
print('Header length', pos)
print(picture[:pos].decode())

# Skip past the header and save the picture data
picture = picture[pos+4:]
fhand = open("stuff.jpg", "wb")
fhand.write(picture)
fhand.close()
```

Quando o programa é executado, ele produz a seguinte saída:

```
$ python urljpeg.py
5120 5120
5120 10240
4240 14480
5120 19600
...
5120 214000
3200 217200
5120 222320
5120 227440
3167 230607
Header length 393
HTTP/1.1 200 OK
Date: Wed, 11 Apr 2018 18:54:09 GMT
Server: Apache/2.4.7 (Ubuntu)
Last-Modified: Mon, 15 May 2017 12:27:40 GMT
ETag: "38342-54f8f2e5b6277"
Accept-Ranges: bytes
Content-Length: 230210
Vary: Accept-Encoding
Cache-Control: max-age=0, no-cache, no-store, must-revalidate
Pragma: no-cache
Expires: Wed, 11 Jan 1984 05:00:00 GMT
Connection: close
Content-Type: image/jpeg
```

Você pode ver que para este URL, o cabeçalho do content-Type indica que o corpo do documento é na imagem(`image/jpeg`). uma vez que o programa for concluído, você pode visualizar os dados da imagem abrindo o arquivo stuff. jpg em um visualizador de imagens.

Como o programa é executado, você pode ver que não obtemos 5120 caracteres cada vez que chamamos o método `recv()`. obtemos tantos caracteres como foram transferidos através da rede para nós pelo servidor Web no momento em que chamamos `recv()`. Neste exemplo, nós obtemos tão poucos como 3200 caracteres cada vez que solicitar até 5120 caracteres de dados.

Seus resultados podem ser diferente dependendo de sua velocidade de rede. Observe também que na última chamada para `recv()` obtemos 3167 bytes, que é o fim do fluxo, e na próxima chamada para `recv()`obtemos um comprimento zero que nos diz que o serviço chamou `close()` em seu final do soquete e não há mais dados próximos.

podemos retardar nossas sucessivas chamadas de `recv()` descomentando a chamada para o `time.sleep()`. Desta forma, esperamos um quarto de segundo após cada chamada para que o servidor pode "chegar à frente" de nós e enviar mais dados para nós antes de chamar `recv()` novamente. com o atraso, no lugar o programa executa como segue:

```
$ python urljpeg.py
5120 5120
5120 10240
5120 15360
...
5120 225280
5120 230400
207 230607
Header length 393
HTTP/1.1 200 OK
Date: Wed, 11 Apr 2018 21:42:08 GMT
Server: Apache/2.4.7 (Ubuntu)
Last-Modified: Mon, 15 May 2017 12:27:40 GMT
ETag: "38342-54f8f2e5b6277"
Accept-Ranges: bytes
Content-Length: 230210
Vary: Accept-Encoding
Cache-Control: max-age=0, no-cache, no-store, must-revalidate
Pragma: no-cache
Expires: Wed, 11 Jan 1984 05:00:00 GMT
Connection: close
Content-Type: image/jpeg
```

Agora, além da primeira e última chamadas para `recv()`, agora temos 5120 caracteres cada vez que pedimos novos dados.

Há como buffer entre o servidor que faz solicitações `send()` e nosso aplicativo fazendo solicitaçõesrecv(). Quando executamos o programa com o atraso no lugar, em algum momento o servidor pode encher o buffer no soquete e ser forçado a pausar até que o nosso programa começa a esvaziar o buffer. a pausa do aplicativo de envio ou o aplicativo de recebimento é chamado de "controle de fluxo"

12.4　Recuperando páginas da Web com `urllib`

Enquanto podemos enviar e receber dados manualmente por http usando a biblioteca de módulo, há uma maneira muito mais simples de executar essa tarefa comum em Python usando a biblioteca `urllib`.

Usando `urllib`, você pode tratar a página da Web muito parecido com um arquivo. Você simplesmente indica qual página da Web você gostaria de recuperar e `urllib` lida com todos os detalhes do protocolo http e do cabeçalho.

O código equivalente para ler o arquivo Romeo.txt da Web usando `urllib` é o seguinte:

```python
import urllib.request

fhand = urllib.request.urlopen('http://data.pr4e.org/romeo.txt')
for line in fhand:
    print(line.decode().strip())
```

```
# Code: http://www.py4e.com/code3/urllib1.py
```

uma vez que a página da Web foi aberta com `urllib.urlopen,`podemos tratá-lo como um arquivo e lê-lo usando um `for` loop.

Quando o programa é executado, só vemos a saída do conteúdo do arquivo. Os cabeçalhos são enviados, mas o código `urllib` consome os cabeçalhos e só retorna os dados para nós.

```
Mas suave do que a luz através de quebras de janela Yonder
É o leste e Juliet é o sol
Levante-se sol justo e matar a lua invejoso
Que já está doente e pálido de luto
```

Como exemplo, podemos escrever um programa para recuperar os dados para `romeo.txt` e calcular a frequência de cada palavra no arquivo da seguinte maneira:

```python
import urllib.request, urllib.parse, urllib.error

fhand = urllib.request.urlopen('http://data.pr4e.org/romeo.txt')

counts = dict()
for line in fhand:
    words = line.decode().split()
    for word in words:
        counts[word] = counts.get(word, 0) + 1
print(counts)

# Code: http://www.py4e.com/code3/urlwords.py
```

Novamente, uma vez que abrimos a página Web, podemos lê-lo como um arquivo local.

12.5 Lendo Arquivos Binários Utilizando `urllib`

Às vezes, você deseja recuperar um arquivo não textual(ou binário), como por exemplo um arquivo de imagem ou vídeo. Os dados contidos nesses arquivos geralmente não são úteis para imprimir, mas você pode facilmente criar uma cópia em uma URL para um arquivo local no disco rígido usando `urllib`.

O padrão é abrir a URL e usar `read` para fazer download de todo o conteúdo do documento em uma variável string(`img`) e, em seguida, armazenar estas informações em um arquivo local da seguinte maneira:

```python
import urllib.request, urllib.parse, urllib.error

img = urllib.request.urlopen('http://data.pr4e.org/cover3.jpg').read()
fhand = open('cover3.jpg', 'wb')
fhand.write(img)
fhand.close()

# Code: http://www.py4e.com/code3/curl1.py
```

Este programa lê todos os dados de entrada de uma só vez, em toda a rede, e armazena-o na variável `img` na memória principal do seu computador. Logo após abre o arquivo `cover.jpg` e grava os dados para o seu disco. O argumento `wb` para a função `open` ()abre um arquivo binário apenas para escrever. Este programa funcionará se o tamanho do arquivo for menor que o tamanho da memória do seu computador.

Entretanto, se este for um arquivo de áudio ou vídeo de um tamanho mais robusto, este programa poderá falhar ou pelo menos execute de maneira devagar quando o computador ficar sem memória. Para evitar a falta de memória, recuperamos os dados em blocos (ou buffers) e, em seguida, armazenamos cada bloco no seu disco antes de recuperar o bloco seguinte. Desta forma, o programa pode ler qualquer tamanho de arquivo sem usando toda a memória que você tem disponível no seu computador.

```python
import urllib.request, urllib.parse, urllib.error

img = urllib.request.urlopen('http://data.pr4e.org/cover3.jpg')
fhand = open('cover3.jpg', 'wb')
size = 0
while True:
    info = img.read(100000)
    if len(info) < 1: break
    size = size + len(info)
    fhand.write(info)

print(size, 'characters copied.')
fhand.close()

# Code: http://www.py4e.com/code3/curl2.py
```

Neste exemplo, lemos apenas 100.000 caracteres por vez e, em seguida, escrevemos estes caracteres no arquivo `cover.jpg` antes de retomar os próximos 100.000 caracteres de dados da web.

Este programa é executado da seguinte maneira:

```
python curl2.py
230210 characters copied.
```

12.6   Analisando HTML e Raspando a Web

Um dos usos mais comuns do recurso `urllib` no Python é *raspar* a web. Raspagem da Web é quando escrevemos um programa que finge ser um navegador da web e retorna páginas, para em seguida examinar os dados nessas páginas à procura de padrões.

Tomando como exemplo, um mecanismo de pesquisa como o Google pode examinar a fonte de uma página da web, extraindo os links para outras páginas, para assim recuperar estas páginas, extração de links e assim por diante. Usando essa técnica, o Google *spider* percorre quase todas as páginas da rede.

O Google também usa a frequência dos links nas páginas encontradas para uma página específica como um indicador de medição de quão "importante" é uma página e quão alto a página deverá aparecer nos resultados do mecanismo de pesquisa.

12.7 Analisando HTML Usando Expressões Regulares

Uma maneira simples de analisar o HTML é usar expressões regulares para procurar repetidamente e extrair substrings que correspondam a um padrão determinado.

Aqui está uma página da web simples:

```
<h1>The First Page</h1>
<p>
If you like, you can switch to the
<a href="http://www.dr-chuck.com/page2.htm">
Second Page</a>.
</p>
```

Podemos construir uma expressão regular bem concebida para combinar e extrair os valores do link do texto acima, da seguinte maneira:

```
href="http[s]?://.+?"
```

Nossa expressão regular procura por strings que começam com "href="http://" ou "href="https://", seguido por um ou mais caracteres (.+?), seguido por outra citação dupla. O ponto de interrogação atrás do [s]? Indica que deve-se procurar a string "http" seguida de zero ou um "s".

O ponto de interrogação adicionado ao .+? indica que a equivalência deve ser feita de maneira "não gananciosa" em vez de moda "gananciosa". Uma partida não gananciosa tenta encontrar o *menor* string de correspondência possível e uma correspondência gananciosa tenta encontrar a *maior* string possível de correspondência.

Adicionamos parênteses à nossa expressão regular para indicar qual parte da nossa string correspondente que gostaríamos de extrair e produzir o seguinte programa:

```
# Search for link values within URL input
import urllib.request, urllib.parse, urllib.error
import re
import ssl

# Ignore SSL certificate errors
```

```
ctx = ssl.create_default_context()
ctx.check_hostname = False
ctx.verify_mode = ssl.CERT_NONE

url = input('Enter - ')
html = urllib.request.urlopen(url).read()
links = re.findall(b'href="(http[s]?://.*?)"', html)
for link in links:
    print(link.decode())

# Code: http://www.py4e.com/code3/urlregex.py
```

A biblioteca `ssl` permite que este programa acesse sites da web que estritamente utilizam HTTPS. O método `read` retorna o código-fonte HTML como um objeto de bytes em vez de retornar um objeto HTTPResponse. O método de expressão regular `findall` nos fornecerá uma lista de todas as strings que correspondem à nossa expressão regular, retornando apenas o texto do link entre aspas duplas.

Quando executamos o programa e inserimos uma URL, obtemos a seguinte saída:

```
Enter - https://docs.python.org
https://docs.python.org/3/index.html
https://www.python.org/
https://docs.python.org/3.8/
https://docs.python.org/3.7/
https://docs.python.org/3.5/
https://docs.python.org/2.7/
https://www.python.org/doc/versions/
https://www.python.org/dev/peps/
https://wiki.python.org/moin/BeginnersGuide
https://wiki.python.org/moin/PythonBooks
https://www.python.org/doc/av/
https://www.python.org/
https://www.python.org/psf/donations/
http://sphinx.pocoo.org/
```

Expressões regulares funcionam muito bem quando seu HTML está bem formatado e previsível. Mas como existem muitas páginas HTML "quebradas" lá, uma solução usando apenas expressões regulares pode perder alguns links válidos ou acabam com dados incorretos.

Isso pode ser resolvido usando uma robusta biblioteca de análise de HTML.

12.8 Análise de HTML usando BeautifulSoup

Mesmo que HTML se pareça com XML[1] e algumas páginas são realmente construídas para serem XML, a maioria das páginas HTML é geralmente quebrada de forma que causaria à um analista de XML a rejeição inteira da página por ter um formato inapropriado.

---

[1] O formato XML é descrito no próximo capítulo.

Há várias bibliotecas Python que podem te ajudar a analisar HTML e extrair dados das páginas.Cada uma das bibliotecas têm seus pontos fortes e fracos e você pode escolher uma baseado nas suas necessidades.

Por exemplo, vamos simplesmente analisar algumas entradas HTML e extrair links usando a biblioteca BeautifulSoup. BeautifulSoup tolera HTML altamente falho e ainda é muito simples extrair os dados que você precisa. Você pode baixar e instalar o BeautifulSoup em:

https://pypi.python.org/pypi/beautifulsoup4

Informações sobre a instalação do BeautifulSoup com a ferramenta pip do Python Package Index podem ser encontradas em:

https://packaging.python.org/tutorials/installing-packages/

Nós vamos usar **urllib** para ler a página e então usaremos **BeautifulSoup** para extrair os atributos **href** das tags âncora (**a**).

```python
# To run this, you can install BeautifulSoup
# https://pypi.python.org/pypi/beautifulsoup4

# Or download the file
# http://www.py4e.com/code3/bs4.zip
# and unzip it in the same directory as this file

import urllib.request, urllib.parse, urllib.error
from bs4 import BeautifulSoup
import ssl

# Ignore SSL certificate errors
ctx = ssl.create_default_context()
ctx.check_hostname = False
ctx.verify_mode = ssl.CERT_NONE

url = input('Enter - ')
html = urllib.request.urlopen(url, context=ctx).read()
soup = BeautifulSoup(html, 'html.parser')

# Retrieve all of the anchor tags
tags = soup('a')
for tag in tags:
    print(tag.get('href', None))

# Code: http://www.py4e.com/code3/urllinks.py
```

O programa solicita um endereço web, então abre a página web, lê os dados e os passa para o analisador BeautifulSoup e, em seguida, recupera todas as tags âncora e imprime o atributo href de cada tag.

Quando o programa é executado, ele produz a seguinte saída:

```
Enter - https://docs.python.org
```

```
genindex.html
py-modindex.html
https://www.python.org/
#
whatsnew/3.6.html
whatsnew/index.html
tutorial/index.html
library/index.html
reference/index.html
using/index.html
howto/index.html
installing/index.html
distributing/index.html
extending/index.html
c-api/index.html
faq/index.html
py-modindex.html
genindex.html
glossary.html
search.html
contents.html
bugs.html
about.html
license.html
copyright.html
download.html
https://docs.python.org/3.8/
https://docs.python.org/3.7/
https://docs.python.org/3.5/
https://docs.python.org/2.7/
https://www.python.org/doc/versions/
https://www.python.org/dev/peps/
https://wiki.python.org/moin/BeginnersGuide
https://wiki.python.org/moin/PythonBooks
https://www.python.org/doc/av/
genindex.html
py-modindex.html
https://www.python.org/
#
copyright.html
https://www.python.org/psf/donations/
bugs.html
http://sphinx.pocoo.org/
```

Essa lista é muito mais longa porque algumas tags âncora são caminhos relativos (e.g., tutorial/index.html) ou referências in-page (por exemplo, '#') que não incluem "http://" ou "https://", que era um requisito em nossa expressão regular.

Você também pode usar o BeautifulSoup para extrair várias partes de cada tag:

```
# To run this, you can install BeautifulSoup
# https://pypi.python.org/pypi/beautifulsoup4

# Or download the file
```

```
# http://www.py4e.com/code3/bs4.zip
# and unzip it in the same directory as this file

from urllib.request import urlopen
from bs4 import BeautifulSoup
import ssl

# Ignore SSL certificate errors
ctx = ssl.create_default_context()
ctx.check_hostname = False
ctx.verify_mode = ssl.CERT_NONE

url = input('Enter - ')
html = urllib.request.urlopen(url, context=ctx).read()
soup = BeautifulSoup(html, "html.parser")

# Retrieve all of the anchor tags
tags = soup('a')
for tag in tags:
    # Look at the parts of a tag
    print('TAG:', tag)
    print('URL:', tag.get('href', None))
    print('Contents:', tag.contents[0])
    print('Attrs:', tag.attrs)

# Code: http://www.py4e.com/code3/urllink2.py
```

```
python urllink2.py
Enter - http://www.dr-chuck.com/page1.htm
TAG: <a href="http://www.dr-chuck.com/page2.htm">
Second Page</a>
URL: http://www.dr-chuck.com/page2.htm
Content: ['\nSecond Page']
Attrs: [('href', 'http://www.dr-chuck.com/page2.htm')]
```

html.parser é o analisador de HTML incluído na biblioteca padrão do Pyhton 3.
Informações sobre outros analisadores de HTML estão disponíveis em:

http://www.crummy.com/software/BeautifulSoup/bs4/doc/#installing-a-parser

Esses exemplos só começam a mostrar o poder do BeautifulSoup quando se trata
de analisar HTML.

12.9   Seção bônus para usuários Unix / Linux

Se você tem um computador Linux, Unix, ou Macintosh, você provavelmente tem
no seu sistema operacional comandos incorporados que recuperam tanto textos
simples quanto arquivos binários usando o HTTP ou Protocolos de transferência
de arquivos (FTP).Um Destes comandos é **curl**:

```
$ curl -O http://www.py4e.com/cover.jpg
```

O comando `curl`é a abreviação para "copy URL" e, portanto, os dois exemplos listados anteriormente para recuperar arquivos binários com `urllib` são habilmente denominados `curl1.py` e `curl2.py` em www.py4e.com/code3, pois implementam uma funcionalidade semelhante ao comando `curl`. Há também um exemplo de programa `curl3.py` que faz essa tarefa de forma um pouco mais eficaz, caso você queira realmente usar esse padrão em um programa que está escrevendo.

Um outro comando que funciona de maneira muito similar é `wget`:

```
$ wget http://www.py4e.com/cover.jpg
```

Ambos os comandos tornam a recuperação de páginas da Web e arquivos remotos uma tarefa simples.

12.10   Glossário

aranha O ato de ferramentas de pesquisa na web recuperarem uma página e então todas as outras relacionadas e assim sucessivamente até terem quase todas as páginas na Internet que são utilizadas para construir os seus índices de pesquisa. BeautifulSoup
Uma biblioteca de Python usada analisar documentos HTML e extrair dados destes que compensam a maioria das imperfeições no HTML que o navegador geralmente ignora. Você pode baixar o código do BeautifulSoup em www.crummy.com.

porta Um número que geralmente indica com qual aplicação você está se comunicando quando faz uma conexão de soquete com um servidor. Como no exemplo, o tráfego da web usualmente utiliza a porta 80 enquanto o tráfego de email utiliza a porta 25.

Raspar Quando um programa pretende ser um navegador da web e recupera uma página e então olha para o conteúdo dela. Frequentemente programas estão seguindo links em uma página para achar a próxima e assim atravessar uma rede de páginas ou uma rede social.

soquete Uma rede de comunicações entre duas aplicações que podem enviar e receber uma informação em qualquer direção.

12.11   Exercícios

Exercício 1: Altere o programa de soquete `socket1.py` pR pedir ao usuário a URL para que então possa ler qualquer página da web.Você pode usar `split('/')` para quebrar a URL em suas componentes para que então possa extrair o nome do hospedeiro para que o soquete **connect** chame. Adicione tratamento de erro usando `try` e `except` para lidar com a condição do usuário digitar uma URL formatada incorretamente ou uma não existente

Exercício 2: Altere seu programa de soquete para que ele conte o número de caracteres que recebeu e pare de mostrar qualquer texto depois que mostrar 3000 caracteres. O programa deve recuperar o documento inteiro e contar o número total de caracteres e mostrar o resultado da contagem no final do documento.

Exercício 3: Use `urllib` para replicar o exercício anterior (1) recuperando um documento de uma URL, (2) mostrando até 3000 caracteres e (3) contando o total destes no documento. Não se preocupe sobre os cabeçalhos para esse exercício, apenas mostre os 3000 primeiros caracteres do contepudo do documento.

Exercício 4: Altere o programa `urllinks.py` para extrair e contar as *tags* de parágrafos (p) do documento de HTML recuperado e mostrar a contagem dos parágrafos como uma saída do seu programa.Não mostre o conteúdo, apenas conte-os. Teste seu programa em várias páginas da web pequenas e também em algumas maiores.

Exercício 5: (Avançado) Altere o programa de soquete para que ele apenas mostre uma informação depois dos cabeçalhos e uma linha em branco ser recebida. Lembre que `recv` recebe caracteres (*newlines* e etc), não linhas.

Capítulo 13

Usando serviços da Web

Uma vez que ficou fácil recuperar e analisar documentos por HTTP usando programas, não demorou muito para se desenvolver uma abordagem em que se começou a produzir documentos projetados especificamente para serem consumidos por outros programas (ou seja, não HTML a ser exibido em um navegador).

Existem dois formatos comuns que usamos ao trocar dados pela rede. A Linguagem de Marcação Extensível (*eXtensible Markup Language* - XML) está em uso há muito tempo e é mais adequada para a troca de dados no estilo de documento. Entretanto, quando programas apenas desejam trocar dicionários, listas ou outras informações entre si, eles usam a Notação de Objeto JavaScript (JavaScript Object Notation - JSON) (consulte [www.json.org] (http://www.json.org)). Vamos conhecer os dois formatos.

13.1   eXtensible Markup Language - XML

XML é muito semelhante ao HTML, mas XML se mostra mais estruturado. Aqui está uma amostra de um documento XML:

```
<person>
  <name>Chuck</name>
  <phone type="intl">
    +1 734 303 4456
  </phone>
  <email hide="yes" />
</person>
```

Cada par de tags de abertura (por exemplo, `<person>`) e fechamento (por exemplo, `<\ person>`) representa um *elemento* ou *nó* com o mesmo nome na tag (nesse caso, `person`). Cada elemento pode ter algum texto, alguns atributos (por exemplo, `hide`) e outros elementos aninhados. Se o elemento XML estiver vazio (ou seja, não tiver conteúdo), poderá ser representado por uma tag de fechamento automático (por exemplo, `<email />`).

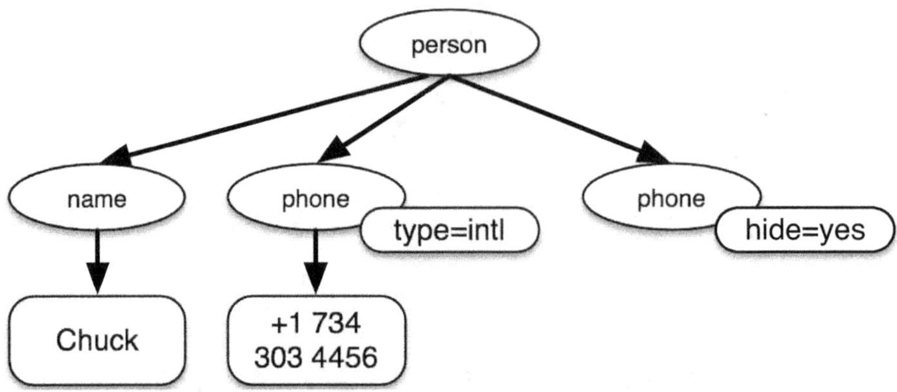

Figure 13.1: Uma representação em árvore de XML

Muitas vezes, é útil pensar em um documento XML como uma estrutura em árvore onde existe um elemento superior (aqui: **person**) e outras tags (por exemplo, **phone**) são desenhados como *filhos* de seus elementos *pais*.

13.2   Analisando XML

Aqui está um aplicativo simples que analisa um XML e extrai alguns elementos de dados dele:

```python
import xml.etree.ElementTree as ET

data = '''
<person>
  <name>Chuck</name>
  <phone type="intl">
    +1 734 303 4456
  </phone>
  <email hide="yes" />
</person>'''

tree = ET.fromstring(data)
print('Name:', tree.find('name').text)
print('Attr:', tree.find('email').get('hide'))

# Code: http://www.py4e.com/code3/xml1.py
```

As aspas simples triplas (`'''`), bem como as aspas duplas triplas (`"""`), permitem a criação de strings que abrangem várias linhas.

Chamar **fromstring** converte a representação sequencial do XML numa "árvore" de elementos XML. Quando o XML está em uma árvore, nós temos uma série de métodos que podemos chamar para extrair porções de dados da sequência XML. A função **find** pesquisa através da árvore e recupera o elemento que corresponde à tag especificada.

```
Name: Chuck
Attr: yes
```

O uso de um analisador XML como o `ElementTree` tem a vantagem de que embora o XML seja bastante simples neste exemplo, ainda existem muitas regras de sintaxe, e o uso do `ElementTree` nos permite extrair dados do XML sem se preocupar com essas regras.

13.3 Looping através dos nós

Frequentemente, os códigos em XML têm múltiplos nós e precisamos escrever um loop para processar todos esses nós. No programa a seguir, nós percorremos todos os nós **user**:

```python
import xml.etree.ElementTree as ET

input = '''
<stuff>
  <users>
    <user x="2">
      <id>001</id>
      <name>Chuck</name>
    </user>
    <user x="7">
      <id>009</id>
      <name>Brent</name>
    </user>
  </users>
</stuff>'''

stuff = ET.fromstring(input)
lst = stuff.findall('users/user')
print('User count:', len(lst))

for item in lst:
    print('Name', item.find('name').text)
    print('Id', item.find('id').text)
    print('Attribute', item.get('x'))

# Code: http://www.py4e.com/code3/xml2.py
```

O método `findall` recupera uma lista de sub-árvores que representam as estruturas **user** na árvore XML. Então podemos escrever um loop `for` que percorre cada nó user e imprime os elementos de texto do **name** e do **id**, assim como o atributo **x** do nó **user**. ~~~~ User count: 2 Name Chuck Id 001 Attribute 2 Name Brent Id 009 Attribute 7 ~~~~

É importante incluir todos os elementos de nível pai no método `findall` exceto o elemento de nível superior (por exemplo, **users/user**). De outra forma, Python não irá encontrar nenhum nó desejado.

```
import xml.etree.ElementTree as ET

input = '''
<stuff>
  <users>
    <user x="2">
      <id>001</id>
      <name>Chuck</name>
    </user>
    <user x="7">
      <id>009</id>
      <name>Brent</name>
    </user>
  </users>
</stuff>'''

stuff = ET.fromstring(input)

lst = stuff.findall('users/user')
print('User count:', len(lst))

lst2 = stuff.findall('user')
print('User count:', len(lst2))
```

lst armazena todos os elementos **user** que estão aninhados dentro de seu pai
users. lst2 procura por elementos **user** que não estão aninhados dentro do
elemento **stuff** de nível superior, onde não há nenhum.

```
User count: 2
User count: 0
```

13.4   Notação de Objeto JavaScript - JSON

O formato JSON foi inspirado no formato de objeto e array usado na linguagem
JavaScript. Mas como o Python foi inventado antes de JavaScript, a sintaxe de
Python para dicionários e listas influenciou a sintaxe de JSON. Então o formato
de JSON é quase idêntico a uma combinação das listas e dicionários do Python.

Aqui está uma codificação JSON que é aproximadamente equivalente ao XML de
antes:

```
{
  "name" : "Chuck",
  "phone" : {
    "type" : "intl",
    "number" : "+1 734 303 4456"
  },
  "email" : {
    "hide" : "yes"
```

```
    }
}
```

Você notará algumas diferenças. Primeiro, em XML, podemos adicionar atributos como "intl" para a tag "phone". Em JSON, nós simplesmente temos pares na forma chave-valor. Além disso, a tag XML "person" desapareceu, sendo substituída por um conjunto de chaves externas.

Em geral, estruturas JSON são mais simples que XML, muito devido ao fato de JSON ter menos capacidades que XML. Mas JSON tem a vantagem de mapear *diretamente* para alguma combinação de dicionários e listas. E como quase todas as linguagens de programação têm algo equivalente aos dicionários e listas do Python, o JSON é um formato muito natural para dois programas cooperantes que trocam dados.

JSON está se tornando, rapidamente, o formato preferido para quase todas as trocas de dados entre aplicativos, graças a sua simplicidade comparado ao XML.

13.5   Analisando JSON

Construímos nosso JSON aninhando dicionários e listas, conforme necessário. Neste exemplo, representamos uma lista de usuários, onde estes fazem parte de um conjunto de pares chave-valor (ou seja, um dicionário). Assim, nós temos uma lista de dicionários.

No programa a seguir, usamos a biblioteca interna `json` para analisar o JSON e ler os dados. Compare ele com os dados e códigos para o XML correspondente de antes. O JSON tem menos detalhes, logo precisamos saber de forma antecipada que estamos obtendo uma lista e que essa lista é de usuários e que cada usuário é um conjunto de pares chave-valor. Ele é um formato mais sucinto (uma vantagem), mas também é menos autodescritivo (uma desvantagem).

```python
import json

data = '''
[
  { "id" : "001",
    "x" : "2",
    "name" : "Chuck"
  } ,
  { "id" : "009",
    "x" : "7",
    "name" : "Brent"
  }
]'''


info = json.loads(data)
print('User count:', len(info))

for item in info:
```

```
print('Name', item['name'])
print('Id', item['id'])
print('Attribute', item['x'])
```

```
# Code: http://www.py4e.com/code3/json2.py
```

Se você comparar o código de extrair dados do JSON e do XML já analisados, verá que o que obtemos da função `json.loads()` é uma lista do Python que percorremos com um loop `for`, e que cada item dentro dessa lista é um dicionário. Uma vez que o JSON tenha sido analisado, podemos usar o operador de indexação do Python para extrair os vários bits de dados de cada usuário. Não precisamos usar a biblioteca do JSON para escavucar a estrutura analisada, já que os dados retornados são simplesmente estruturas nativas do Python.

A saída deste programa é exatamente igual à versão XML anterior.

```
User count: 2
Name Chuck
Id 001
Attribute 2
Name Brent
Id 009
Attribute 7
```

Em geral, há uma tendência da indústria saindo do XML e indo para JSON, quendo se trata de serviços de web. Como o JSON é mais simples e mapeia mais diretamente estruturas de dados nativas que já temos nas linguagens de programação, o código de análise e extração de dados é geralmente mais simples e mais direto, quando se usa o JSON. Mas o XML é mais autodescritivo e, portanto, há alguns aplicativos em que o XML mantém uma vantagem. Por exemplo, a maioria dos processadores de texto armazena documentos internamente usando XML em vez de JSON.

13.6   Interfaces de Programação de Aplicativos

Agora, nós temos a capacidade de trocar dados entre aplicativos usando o HTTP (*HyperText Transport Protocol*) e uma maneira de representar os dados complexos que estamos enviando entre esses aplicativos, usando XML (*Extensible Markup Language*) ou JSON (*JavaScript Object Notation*).

O próximo passo é começar a definir e documentar "contratos" entre aplicativos usando essas técnicas. O nome geral dado a esses contratos é *Interfaces de Programação de Aplicativos* (*Application Program Interfaces* - APIs). Geralmente, quando usamos uma API, temos um programa que realiza um conjunto de *serviços* disponíveis para serem usados por outros aplicativos, e ele publica as APIs (ou seja, as "regras") que devem ser seguidas para acessar os serviços fornecidos por ele.

Quando começamos a construir nossos programas em que suas funcionalidades incluem o acesso a serviços fornecidos por outros programas, chamamos a abordagem de *arquitetura Orientada a Serviço* (*Service-Oriented architecture* - SOA).

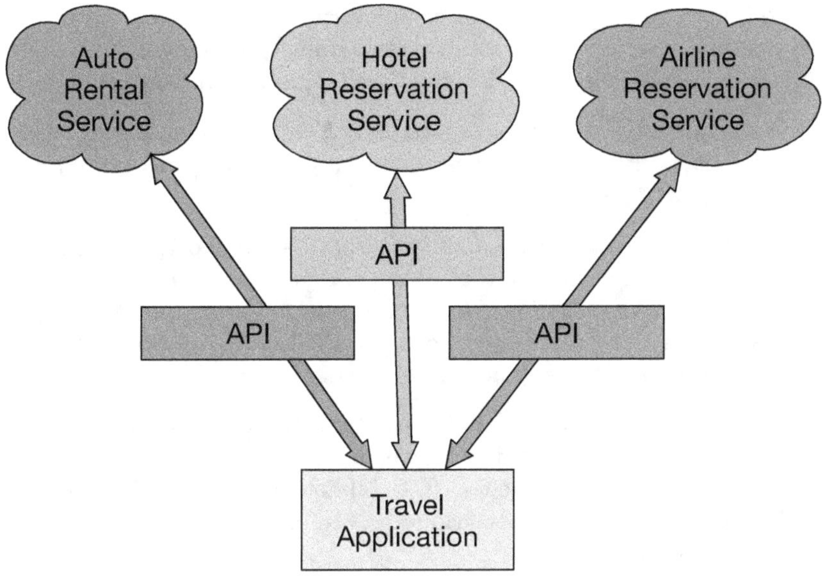

Figure 13.2: Arquitetura Orientada a Serviço

Uma abordagem SOA é aquela em que nosso aplicativo geral faz uso dos serviços de outros aplicativos. Uma abordagem não SOA é quando temos um único aplicativo autônomo que contém todo o código necessário para implementar suas funcionalidades.

Nós vemos muitos exemplos de SOA quando usamos a web. Podemos ir a um único site e reservar viagens aéreas, hotéis e automóveis apenas usando dele. Os dados para hotéis não são armazenados nos computadores da companhia aérea. Em vez disso, os computadores da companhia aérea entram em contato com os serviços nos computadores do hotel, obtêm os dados de lá e os apresentam ao usuário. Quando ele concorda em fazer uma reserva de hotel usando o site da companhia aérea, este usa outro serviço da web nos sistemas do hotel para realmente fazer a reserva. E quando chega a hora de realizar a cobrança em seu cartão de crédito por toda a transação, ainda outros computadores são envolvidos no processo.

Uma arquitetura Orientada a Serviço tem muitas vantagens, incluindo: (1) sempre mantemos apenas uma cópia dos dados (isso é particularmente importante para coisas como reservas de hotéis em que não queremos ser excessivamente comprometidos) e (2) os proprietários podem definir as regras sobre o uso de seus dados. Com essas vantagens, um sistema SOA deve ser cuidadosamente projetado para ter um bom desempenho e atender às necessidades do usuário.

Quando um aplicativo estabelece um conjunto de serviços em sua API disponibilizada na web, chamamos eles de *web services*.

13.7 Segurança e uso de API

É bastante comum você precisar de uma API *Key* para fazer uso de uma API de terceiros. A ideia geral é que eles desejam saber quem está acessando seus serviços e o quanto cada usuário está usando. Em alguns casos, eles têm versões gratuitas e pagas de seus serviços ou definem alguma política que limite o número de requisições que um único usuário pode fazer durante um determinado período.

Algumas vezes, quando você consegue uma API *Key*, basta incluir essa chave como uma parte dos dados POST, ou talvez como um parâmetro na URL em que você está chamando a API.

Outras vezes, o fornecedor quer uma maior garantia sobre a origem das requisições, então esperam que você envie, criptograficamente, mensagens autenticadas usando chaves e segredos compartilhados. Uma tecnologia muito comum usada para autenticar essas solicitações via internet é chamada *OAuth*. Você pode ler mais sobre o protocolo OAuth em www.oauth.net.

Felizmente, existe um número de bibliotecas OAuth gratuitas convenientes o bastante para que você não precise desenvolver uma implementação OAuth do zero, bastando apenas ler as especificações. Essa bibliotecas são de diferentes níveis de complexidade e de vários graus de "riqueza". No site do OAuth há informações sobre várias dessas bibliotecas.

13.8   Glossário

API *Application Program Interface* (Interface de Programação de Aplicativos) - Um contrato entre aplicativos que define padrões de interação entre dois componentes de aplicativo.

ElementTree Uma biblioteca interna do Python usada para analisar dados XML.

JSON *JavaScript Object Notation* (Notação de Objeto JavaScript) - Um formato que permite a marcação de dados estruturados baseado na sintaxe de objetos JavaScript.

SOA *Service-Oriented Architecture* (Arquitetura Orientada a Serviço) - Quando uma aplicativo é feito de componentes conectados através de uma rede.

XML *eXtensible Markup Language* (Linguagem de Marcação Extensível) - Um formato que permite uma marcação de dados estruturados.

13.9   Aplicação 1: Web service de geocódigo do Google

A Google possui um excelente *web service* que nos permite fazer uso de sua grande base de dados relacionada à informação geográfica. Podemos enviar uma string de busca geográfica como "Ann Arbor, MI" para sua API de geocódigo e fazer com que a Google nos retorne os melhores palpites para onde, no mapa, podemos encontrar o local que buscamos e nos conte sobre locais próximos.

O serviço de geocódigo é de graça, porém tem taxa limitada, de forma que você não poderá fazer uso ilimitado da API em uma aplicação comercial. Contudo, se você tiver alguns dados de pesquisa, em que um usuário final inseriu uma localização em uma caixa de entrada de formato livre, você pode utilizar essa API para organizar seus dados.

Quando se está utilizando uma API gratuita como a API de geocódigo da Google, você precisa fazer uso consciente destes recursos. Se muitas pessoas abusarem do serviço, a Google pode desistir ou reduzir significativamente seus serviços gratuitos.

Você pode ler a documentação online para esse serviço, porém é bem simples e você pode até fazer um teste usando um navegador, basta digitar a URL a seguir:

http://maps.googleapis.com/maps/api/geocode/json?address=Ann+Arbor%2C+MI

Certifique-se copiar o URL retirando qualquer espaço que haja nele antes de colá-lo em seu navegador.

A seguir temos uma simples aplicação que solicita ao usuário uma string de busca, chama a API de geocódigo da Google e extrai as informações do JSON retornado.

```python
import urllib.request, urllib.parse, urllib.error
import json
import ssl

api_key = False
# If you have a Google Places API key, enter it here
# api_key = 'AIzaSy___IDByT70'
# https://developers.google.com/maps/documentation/geocoding/intro

if api_key is False:
    api_key = 42
    serviceurl = 'http://py4e-data.dr-chuck.net/json?'
else :
    serviceurl = 'https://maps.googleapis.com/maps/api/geocode/json?'

# Ignore SSL certificate errors
ctx = ssl.create_default_context()
ctx.check_hostname = False
ctx.verify_mode = ssl.CERT_NONE

while True:
    address = input('Enter location: ')
    if len(address) < 1: break

    parms = dict()
    parms['address'] = address
    if api_key is not False: parms['key'] = api_key
    url = serviceurl + urllib.parse.urlencode(parms)

    print('Retrieving', url)
    uh = urllib.request.urlopen(url, context=ctx)
    data = uh.read().decode()
    print('Retrieved', len(data), 'characters')

    try:
```

```
            js = json.loads(data)
    except:
        js = None

    if not js or 'status' not in js or js['status'] != 'OK':
        print('==== Failure To Retrieve ====')
        print(data)
        continue

    print(json.dumps(js, indent=4))

    lat = js['results'][0]['geometry']['location']['lat']
    lng = js['results'][0]['geometry']['location']['lng']
    print('lat', lat, 'lng', lng)
    location = js['results'][0]['formatted_address']
    print(location)

# Code: http://www.py4e.com/code3/geojson.py
```

O programa pega uma string de busca e constrói uma URL com essa string como parâmetro corretamente codificado, e então usa a `urllib` para obter o texto retornado pela API de geocódigo. Diferentemente de uma página web fixa, a informação que recebemos depende dos parâmetros que enviamos e dos dados geográficos armazenados nos servidores da Google.

Uma vez que tenhamos recebido os dados JSON, analisamos eles com a biblioteca `json` e fazemos alguns teste para confirmar que recebemos bons dados, e por fim extraímos as informações que procuramos.

A saída do programa é como a mostrada a seguir (parte do JSON retornado foi retirada):

```
$ python3 geojson.py
Enter location: Ann Arbor, MI
Retrieving http://py4e-data.dr-chuck.net/json?address=Ann+Arbor%2C+MI&key=42
Retrieved 1736 characters

{
    "results": [
        {
            "address_components": [
                {
                    "long_name": "Ann Arbor",
                    "short_name": "Ann Arbor",
                    "types": [
                        "locality",
                        "political"
                    ]
                },
                {
                    "long_name": "Washtenaw County",
```

```
                    "short_name": "Washtenaw County",
                    "types": [
                        "administrative_area_level_2",
                        "political"
                    ]
                },
                {
                    "long_name": "Michigan",
                    "short_name": "MI",
                    "types": [
                        "administrative_area_level_1",
                        "political"
                    ]
                },
                {
                    "long_name": "United States",
                    "short_name": "US",
                    "types": [
                        "country",
                        "political"
                    ]
                }
            ],
            "formatted_address": "Ann Arbor, MI, USA",
            "geometry": {
                "bounds": {
                    "northeast": {
                        "lat": 42.3239728,
                        "lng": -83.6758069
                    },
                    "southwest": {
                        "lat": 42.222668,
                        "lng": -83.799572
                    }
                },
                "location": {
                    "lat": 42.2808256,
                    "lng": -83.7430378
                },
                "location_type": "APPROXIMATE",
                "viewport": {
                    "northeast": {
                        "lat": 42.3239728,
                        "lng": -83.6758069
                    },
                    "southwest": {
                        "lat": 42.222668,
                        "lng": -83.799572
                    }
                }
            },
        },
```

```
        "place_id": "ChIJMx9D1A2wPIgR4rXIhkb5Cds",
        "types": [
            "locality",
            "political"
        ]
    }
  ],
  "status": "OK"
}
lat 42.2808256 lng -83.7430378
Ann Arbor, MI, USA

Enter location:
```

Você pode baixar www.py4e.com/code3/geoxml.py para explorar a versão da API de geocódigo da Google para XML.

Exercício 1: Altere um dos arquivos geojson.py ou geoxml.py para que a saída do programa mostre os dois caracteres referentes ao código do país dos dados recebidos. Adicione teste(s) de erro para que o programa não retorne um *traceback* em caso de não haver código de país. Uma vez que o programa esteja funcionando, procure por "Atlantic Ocean" e confirme que o programa pode lidar com localizações que não pertencem a nenhum país.

13.10   Aplicação 2: Twitter

À medida que a API Twitter se tornou cada vez mais valiosa, ela passou de uma API aberta e pública para uma API que requer o uso de assinaturas OAuth em cada requisição.

Para nosso próximo programa, faça o download dos arquivos *twurl.py*, *hidden.py*, *oauth.py*, e *twitter1.py*, disponíveis em www.py4e.com/ code, e os coloque numa mesma pasta em seu computador.

Para fazer uso desses programas, você precisará ter uma conta no Twitter e autorizar seu código Python como uma aplicação, definir uma *key*, *secret*, *token* e *token secret*. Você deve editar o arquivo *hidden.py* e inserir essas quatro strings nas variáveis adequadas, dentro do arquivo:

```
# Keep this file separate

# https://apps.twitter.com/
# Create new App and get the four strings

def oauth():
    return {"consumer_key": "h7Lu...Ng",
            "consumer_secret": "dNKenAC3New...mmn7Q",
            "token_key": "10185562-eibxCp9n2...P4GEQQOSGI",
            "token_secret": "HOycCFemmC4wyf1...qoIpBo"}
```

```
# Code: http://www.py4e.com/code3/hidden.py
```

O web service do Twitter é acessado utilizando um URL como esta:

https://api.twitter.com/1.1/statuses/user_timeline.json

Porém, uma vez que as informações de segurança tenham sido adicionadas, a URL se parecerá mais como esta:

```
https://api.twitter.com/1.1/statuses/user_timeline.json?count=2
&oauth_version=1.0&oauth_token=101...SGI&screen_name=drchuck
&oauth_nonce=09239679&oauth_timestamp=1380395644
&oauth_signature=rLK...BoD&oauth_consumer_key=h7Lu...GNg
&oauth_signature_method=HMAC-SHA1
```

Você pode ler a especificação do OAuth se quiser saber mais sobre o significado dos diversos parâmetros que foram adicionados ao cumprir os requerimentos de segurança do OAuth.

Para os programas que executamos com o Twitter, escondemos toda a complexidade nos arquivos *oauth.py* e *twurl.py*. Simplesmente definimos os *secrets* em *hidden.py* e, depois, enviamos o URL desejado para a função *twurl.augment()*, e o código da biblioteca adiciona todos os parâmetros necessários à URL por nós.

Este programa obtém a *timeline* de um usuário em particular do Twitter e a retorna numa string em formato JSON. Simplesmente mostramos os primeiros 250 caracteres da string:

```python
import urllib.request, urllib.parse, urllib.error
import twurl
import ssl

# https://apps.twitter.com/
# Create App and get the four strings, put them in hidden.py

TWITTER_URL = 'https://api.twitter.com/1.1/statuses/user_timeline.json'

# Ignore SSL certificate errors
ctx = ssl.create_default_context()
ctx.check_hostname = False
ctx.verify_mode = ssl.CERT_NONE

while True:
    print('')
    acct = input('Enter Twitter Account:')
    if (len(acct) < 1): break
    url = twurl.augment(TWITTER_URL,
                        {'screen_name': acct, 'count': '2'})
    print('Retrieving', url)
    connection = urllib.request.urlopen(url, context=ctx)
    data = connection.read().decode()
```

```
    print(data[:250])
    headers = dict(connection.getheaders())
    # print headers
    print('Remaining', headers['x-rate-limit-remaining'])

# Code: http://www.py4e.com/code3/twitter1.py
```

Quando o programa for executado, produzirá a seguinte saída:

```
Enter Twitter Account:drchuck
Retrieving https://api.twitter.com/1.1/ ...
[{"created_at":"Sat Sep 28 17:30:25 +0000 2013","
id":384007200990982144,"id_str":"384007200990982144",
"text":"RT @fixpert: See how the Dutch handle traffic
intersections: http:\/\/t.co\/tIiVWtEhj4\n#brilliant",
"source":"web","truncated":false,"in_rep
Remaining 178

Enter Twitter Account:fixpert
Retrieving https://api.twitter.com/1.1/ ...
[{"created_at":"Sat Sep 28 18:03:56 +0000 2013",
"id":384015634108919808,"id_str":"384015634108919808",
"text":"3 months after my freak bocce ball accident,
my wedding ring fits again! :)\n\nhttps:\/\/t.co\/2XmHPx7kgX",
"source":"web","truncated":false,
Remaining 177

Enter Twitter Account:
```

Juntamente com os dados da *timeline* retornados, o Twitter também nos entrega
os metadados em relação à solicitação nos *headers* da resposta HTTP. Um *header*
em particular, x-rate-limit-remaining, nos informa a quantidade de requisições
que ainda podemos fazer antes de sermos desconectados por um curto período de
tempo. Você pode observar que nossa quantidade de requisições restantes diminui
em uma unidade a cada requisição que fazemos à API.

No exemplo a seguir, recebemos informações sobre os amigos de um usuário, no
Twitter. Em seguida, analisamos o conteúdo em JSON e extraímos algumas informações sobre os amigos. Ainda, desconsideramos o JSON após análise e mostramos
a informação "bonitinha", com identação de quatro caracteres para permitir examinar os dados quando quisermos extrair mais campos.

```
import urllib.request, urllib.parse, urllib.error
import twurl
import json
import ssl

# https://apps.twitter.com/
# Create App and get the four strings, put them in hidden.py

TWITTER_URL = 'https://api.twitter.com/1.1/friends/list.json'
```

```python
# Ignore SSL certificate errors
ctx = ssl.create_default_context()
ctx.check_hostname = False
ctx.verify_mode = ssl.CERT_NONE

while True:
    print('')
    acct = input('Enter Twitter Account:')
    if (len(acct) < 1): break
    url = twurl.augment(TWITTER_URL,
                        {'screen_name': acct, 'count': '5'})
    print('Retrieving', url)
    connection = urllib.request.urlopen(url, context=ctx)
    data = connection.read().decode()

    js = json.loads(data)
    print(json.dumps(js, indent=2))

    headers = dict(connection.getheaders())
    print('Remaining', headers['x-rate-limit-remaining'])

    for u in js['users']:
        print(u['screen_name'])
        if 'status' not in u:
            print('   * No status found')
            continue
        s = u['status']['text']
        print('   ', s[:50])

# Code: http://www.py4e.com/code3/twitter2.py
```

Já que o JSON se torna um conjunto de listas e dicionários Python aninhados, podemos usar uma combinação de operação indexada e laços `for` para passearmos pela estrutura de dados retornada, usando um código Python bem pequeno.

A saída do programa é como a mostrada a seguir (alguns dos dados foram encurtados para caber na página):

```
Enter Twitter Account:drchuck
Retrieving https://api.twitter.com/1.1/friends ...
Remaining 14

{
  "next_cursor": 1444171224491980205,
  "users": [
    {
      "id": 662433,
      "followers_count": 28725,
      "status": {
        "text": "@jazzychad I just bought one .__.",
        "created_at": "Fri Sep 20 08:36:34 +0000 2013",
```

```
      "retweeted": false,
    },
    "location": "San Francisco, California",
    "screen_name": "leahculver",
    "name": "Leah Culver",
  },
  {
    "id": 40426722,
    "followers_count": 2635,
    "status": {
      "text": "RT @WSJ: Big employers like Google ...",
      "created_at": "Sat Sep 28 19:36:37 +0000 2013",
    },
    "location": "Victoria Canada",
    "screen_name": "_valeriei",
    "name": "Valerie Irvine",
  }
 ],
 "next_cursor_str": "1444171224491980205"
}


leahculver
   @jazzychad I just bought one .__.
_valeriei
   RT @WSJ: Big employers like Google, AT&amp;T are h
ericbollens
   RT @lukew: sneak peek: my LONG take on the good &a
halherzog
   Learning Objects is 10. We had a cake with the LO,
scweeker
   @DeviceLabDC love it! Now where so I get that "etc

Enter Twitter Account:
```

A última parte da saída é onde vemos o laço *for* lendo os cinco "amigos" mais
recentes da conta *@drchuck* no Twitter e mostrando o status mais recente de cada
um desses amigos. Muito mais dados estão disponíveis no JSON obtido. Se você
olhar na saída do programa, também poderá ver que o *"find the friends"* de uma
conta em particular possui um limite de taxa diferente do número de consultas à
timeline que são permitidas a serem executadas por período de tempo.

Essas *keys* de segurança da API permitem que o Twitter saiba com confiança
quem está usando seus dados e sua API, além da intensidade do uso. A tática de
limitação de taxa nos permite que obtenhamos dados simples e pessoais, porém
não permite que se desenvolva um produto que retire dados da API milhões de
vezes por dia.

Capítulo 14

Programação orientada a objetos

14.1 Gerenciando programas maiores

No começo desse livro, vimos quatro tipos básicos de padrões de programação que usamos para construir nossos programas:

- Código sequencial
- Código condicional (sentenças "if")
- Códigos repetitivos (laços)
- Armazenamento e reuso (funções)

Em capítulos mais avançados, exploramos variáveis simples assim como coleções de estruturas de dados como listas, tuplas e dicionários.

À medida que nós programamos, desenvolvemos a estrutura de dados e escrevemos o código para manipular tais estruturas. Há muitas formas de programar, e nesse momento, você provavelmente escreveu alguns programas "não tão elegantes" e outros "mais elegantes". Mesmo que os seus programas sejam pequenos, você irá ver como existe um pouco de arte e estética na programação.

Ao passo que os programas alcançam bilhões de linhas, fica cada vez mais importante escrever um código que seja fácil de entender. Se você está trabalhando em um programa de um milhão de linhas, ele nunca estará completamente na sua mente ao mesmo tempo. Precisamos de meios de quebrar grandes programas em várias peças pequenas para que assim tenhamos menos coisas para ves quando formos resolver problemas, consertar um erro ou adicionar algum recurso.

De certo modo, a programação orientada a objetos é uma forma de organizar seu código, para que você consiga focar em 50 linhas de código e entendê-las enquanto ignora as outras 999,950 linhas no momento.

14.2　Primeiros passos

Assim como vários aspectos de programação, é necessário aprender os conceitos da programação orientada a objetos antes de usá-la efetivamente. Você deveria tomar esse capítulo como um meio de aprender alguns termos e conceitos, para então trabalhar em alguns poucos exemplos estabelecendo uma fundação para um futuro aprendizado.

O resultado principal desse capítulo é ter o básico entendimento de como objetos são construídos, como eles funcionam e o mais importante: como fazemos uso das capacidades dos objetos que nos são fornecidas através do Python e de suas bibliotecas.

14.3　Usando objetos

Como se pode ver, estávamos usando objetos durante todo esse livro. Python nos fornece vários objetos *built_in*. Aqui está um código simples onde as primeiras linhas deveriam parecer bem simples e naturais para você.

```python
stuff = list()
stuff.append('python')
stuff.append('chuck')
stuff.sort()
print (stuff[0])
print (stuff.__getitem__(0))
print (list.__getitem__(stuff,0))

# Code: http://www.py4e.com/code3/party1.py
```

Ao invés de focar no que essas linhas querem dizer, vamos olhar no que está realmente acontecendo desse ponto de vista de programação orientada a objetos. Não se preocupe se os próximos parágrados não fizerem nenhum sentido na primeira vez que você lê-los, uma vez que nós não definimos todos esses termos.

A primeir alinha *constrói* um objeto do tipo `list`, a segunda e terceira linhas *chamam* o *método* `append()`. A quarta linha chama o método `sort()`, e a quinta linha *recupera* o item na posição 0.

A sexta linha chama o método **__getitem()__** na lista `stuff` com um parâmetro de zero.

```python
print (stuff.__getitem__(0))
```

A sétima linha é uma maneira bem mais detalhada de recuperar o primeiro item da lista.

```python
print (list.__getitem__(stuff,0))
```

Nesse código, chamamos o método `__getitem()__` na classe `list` e *passamos* a lista e o item que queremos recuperar como parâmetros.

As últimas três linhas do programa são equivalentes, mas é mais conveniente simplesmente utilizar a sintaxe dos colchetes para ver um item de uma posição em particular da lista.

Podemos dar uma olhada nas capacidades de um objeto observando a saída da função `dir()`:

```
>>> stuff = list()
>>> dir(stuff)
['__add__', '__class__', '__contains__', '__delattr__',
'__delitem__', '__dir__', '__doc__', '__eq__',
'__format__', '__ge__', '__getattribute__', '__getitem__',
'__gt__', '__hash__', '__iadd__', '__imul__', '__init__',
'__iter__', '__le__', '__len__', '__lt__', '__mul__',
'__ne__', '__new__', '__reduce__', '__reduce_ex__',
'__repr__', '__reversed__', '__rmul__', '__setattr__',
'__setitem__', '__sizeof__', '__str__', '__subclasshook__',
'append', 'clear', 'copy', 'count', 'extend', 'index',
'insert', 'pop', 'remove', 'reverse', 'sort']
>>>
```

O restante desse capítulo vai definir todos os temos acima, então tenha certeza de voltar aqui quando terminá-lo e releia os parágrafos acima para checar seu entendimento.

14.4 Iniciando com programas

Um programa em sua forma básica recebe algumas entradas, processa algumas informações e produz algumas saídas. Nosso código do elevador apresenta um programa bem pequeno, porém completo, que mostra todos esses três passos.

```
usf = input('Enter the US Floor Number: ')
wf = int(usf) - 1
print('Non-US Floor Number is',wf)

# Code: http://www.py4e.com/code3/elev.py
```

Se analisarmos um pouco mais o código, existe o "mundo externo" e o programa. As expressões de entrada e saída são onde o programa interage com o mundo externo. Em posse do programa, temos o código e os dados para concluir as tarefas que o programa foi feito para resolver.

Uma forma de pensar acerca de programação orientada a objetos é que ela separa o programa em multiplas "zonas". Cada zona contem parte do código e dos dados (como um programa) e tem interações bem definidas com o mundo real e com as outras partes do programa.

Se olharmos novamente para a aplicação da extração de link em que usamos a biblioteca BeautfulSoup, podemos ver um programa que está contruído através de diferentes conexões entre objetos, para juntos conseguirem realizar a tarefa.

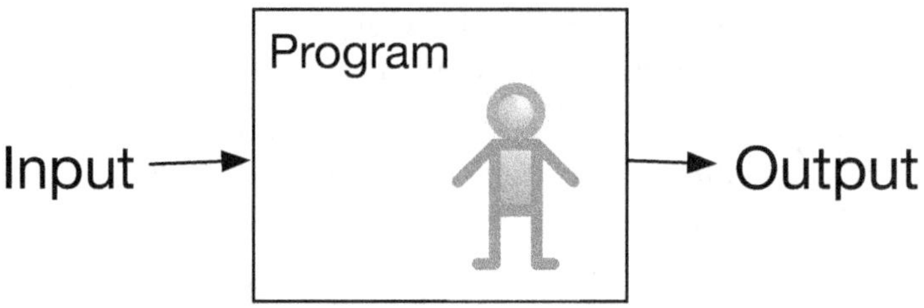

Figure 14.1: A Program

```python
# To run this, you can install BeautifulSoup
# https://pypi.python.org/pypi/beautifulsoup4

# Or download the file
# http://www.py4e.com/code3/bs4.zip
# and unzip it in the same directory as this file

import urllib.request, urllib.parse, urllib.error
from bs4 import BeautifulSoup
import ssl

# Ignore SSL certificate errors
ctx = ssl.create_default_context()
ctx.check_hostname = False
ctx.verify_mode = ssl.CERT_NONE

url = input('Enter - ')
html = urllib.request.urlopen(url, context=ctx).read()
soup = BeautifulSoup(html, 'html.parser')

# Retrieve all of the anchor tags
tags = soup('a')
for tag in tags:
    print(tag.get('href', None))

# Code: http://www.py4e.com/code3/urllinks.py
```

Nós lemos o URL na string e então passamos para o **urllib** para recuperação dos dados da internet. A biblioteca **urllib** usa a biblioteca **socket** para estabelecer a conexão atual e recuperar dos dados. Captamos a string que o **urllib** retorna e enviamos para o BeautfulSoup analisar. BeautfulSoup utiliza o objeto **html.parser**[1] e retorna um objeto. Utilizamos o método **tags()** do objeto retornado para captar um dicionário de objetos tag. Nós iteramos os tags e acionamos o método **get()** para cada tag e mostramos em tela o atributo **href,**

Nós podemos desenhar uma imagem desse programa e como os objetos trabalham juntos.

A intenção aqui não é entender perfeitamente como o programa funciona, mas ver como construímos uma rede de objetos interativos e como orquestrar o fluxo de

---

[1] https://docs.python.org/3/library/html.parser.html

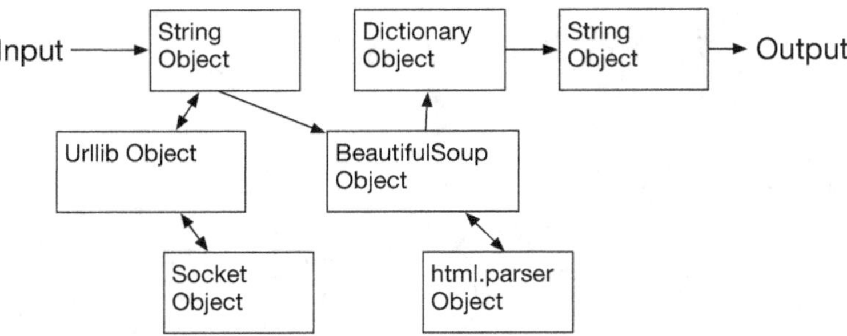

Figure 14.2: A Program as Network of Objects

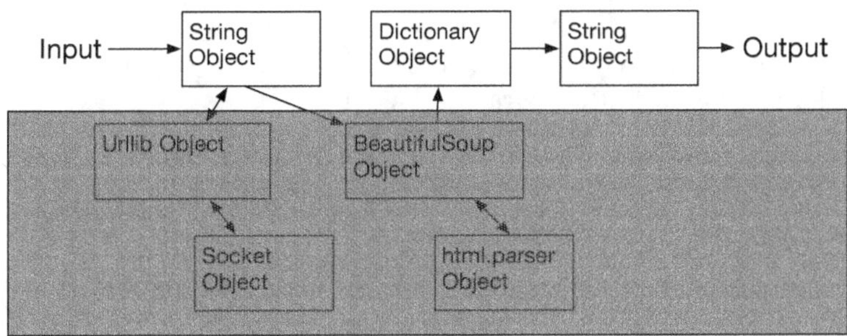

Figure 14.3: Ignoring Detail When Using an Object

informações entre os objetos para criar o programa. É também importante notar que quando você olhou para o programa há alguns capítulos atrás, você conseguiu entender completamente o que estava acontecendo com o programa sem imaginar que ele estava "orquestrando o movimento dos dados entre os objetos". Isso foram apenas linhas de código que completaram o trabalho.

14.5 Subdividindo um problema

Umas das vantagens da programação orientada a objetos é que ela consegue esconder a complexidade do código. Por exemplo, enquanto precisamos saber como usar os códigos do `urllib` e BeautifulSoup, nós não precisamos saber como essas bibliotecas funcionam internamente. Isso nos permite focar na resolução do problema e ignorar as outras partes do programa.

Essa habilidade de focar exclusivamente na parte importante do programa e ignorar o resto também é útil para os desenvolvedores dos objetos que usamos. Por exemplo, desenvolvendo o BeautifulSoup os programadores não precisam saber, ou se importar, como recuperamos nossa página HTML, que partes queremos ler, ou quais os planos que temos com os dados extraídos da página.

14.6 Nosso primeiro objeto em Python

Em um nível básico, um objeto é simplesmente algumas estruturas de dados de código que são menores do que um programa inteiro. Definir uma função nos

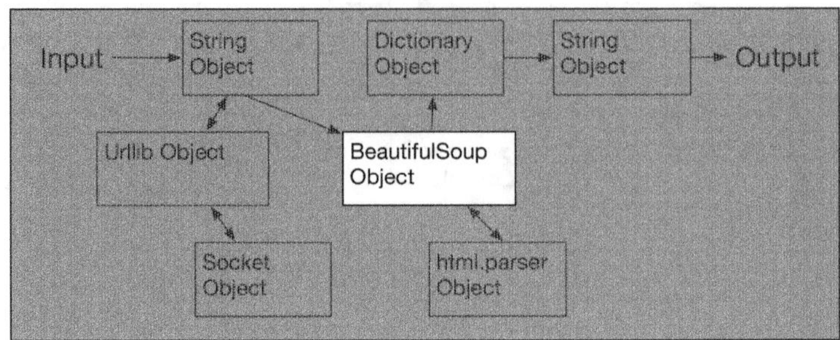

Figure 14.4: Ignoring Detail When Building an Object

permite armazenar um código, dando-lhe um nome , em seguida, chama-la mais tarde usando o nome da função para usa-la.

Um objeto pode conter um número de funções (que chamamos de *métodos*) bem como os dados que são usados por essas funções. Chamamos itens de dados que fazem parte dos *atributos* do objeto.

usamos a palavra-chave **classe** para definir os dados e o código que compõem cada um dos objetos. A palavra-chave classe inclui o nome da classe e começa um bloco recuado de código onde incluímos os atributos (dados) e métodos (código).

```
class PartyAnimal:
   x = 0

   def party(self) :
     self.x = self.x + 1
     print("So far",self.x)

an = PartyAnimal()
an.party()
an.party()
an.party()
PartyAnimal.party(an)

# Code: http://www.py4e.com/code3/party2.py
```

cada método se parece com uma função, começando com a palavra-chave **def** e consistindo em um bloco de código recuado. Este objeto tem um atribui (**x**) e um método (**parte**). Os métodos têm um primeiro parâmetro especial que nomeamos por convenção **self**.

assim como a palavra **def** não causa a execução do código de função, a palavra **class** não cria um objeto. em vez disso, a **class**define um modelo que indica quais dados e código serão contidos em cada objeto do tipo **PartyAnimal**. A classe é como um cortador de biscoitos e os objetos criados usando a classe são os biscoitos[2]. You don't put frosting on the cookie cutter; you put frosting on the cookies, and you can put different frosting on each cookie.

---

[2]Cookie image copyright CC-BY https://www.flickr.com/photos/dinnerseries/23570475099

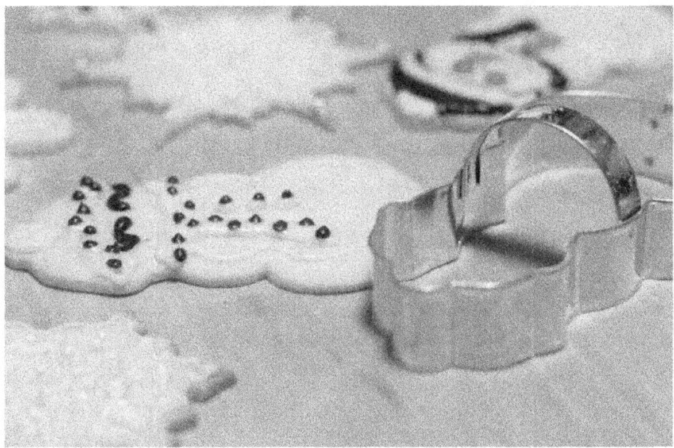

Figure 14.5: uma classe e dois objetos

Se continuarmos através deste programa de exemplo, vemos a primeira linha de código executável:

```
an = PartyAnimal()
```

É aqui que instruímos o Python a construir (i.e., create) um *objeto* ou *instância* da classe `PartyAnimal`. Ele se parece com uma chamada de função para a classe que eu mesmo. O Python constrói o objeto com os dados e métodos certos e retorna o objeto que é então atribuído à variável **an**. De uma maneira, isto é completamente similar à seguinte linha que temos usado:

```
counts = dict()
```

Aqui, instruímos o Python a construir um objeto usando o `dict` Modelo (já presente em Python), retornar a instância do dicionário, e atribuí-lo à variável`counts`.

Quando o `PartyAnimal` classe é usada para construir um objeto, a variável **an** é usado para apontar para esse objeto. Usamos **an** para acessar o código e os dados para essa instância específica da classe `PartyAnimal`.

Cada PartyAnimal objeto/instância contém dentro dele uma variável x e um metodo/função nomeada `party`. Chamamos `party` o método nesta linha :

```
an.party()
```

Quando o método `party` é chamado, o primeiro parametro (que chamamos por Convenção de `self`) aponta para a instância específica do objeto PartyAnimal que é chamado de `party` . Dentro do método `party` , vemos a linha:

```
self.x = self.x + 1
```

Essa sintaxe usando o operador *dot* está dizendo 'o x dentro de si mesmo.' Cada vez que `party()` é chamado, o interno x valor é incrementado por 1 e o valor é impresso.

A seguinte linha é outra maneira de chamar o método `party` dentro do **an** objeto:

```
PartyAnimal.party(an)
```

Nessa variação, acessamos o código de dentro da classe e explicitamente passar o ponteiro do objeto **an** como o primeiro parâmetro(i.e., **self** dentro do método). Você pode pensar em **an.party()** como abreviada para a linha acima.

Quando o programa é executado, ele produz a seguinte saída:

```
So far 1
So far 2
So far 3
So far 4
```

O objeto é construído e o método **party** é chamado quatro vezes, incrementando e imprimindo o valor para x dentro do objeto **an**.

14.7   Classes como tipos

Como vimos, em Python todas as variáveis têm um tipo. Nós podemos usar o built-in **dir** função para examinar os recursos de uma variável. Nós também podemos usar **tipo** e **dir** com as classes que criamos.

```
class PartyAnimal:
   x = 0

   def party(self) :
     self.x = self.x + 1
     print("So far",self.x)

an = PartyAnimal()
print ("Type", type(an))
print ("Dir ", dir(an))
print ("Type", type(an.x))
print ("Type", type(an.party))

# Code: http://www.py4e.com/code3/party3.py
```

Quando este programa é executado, ele produz a seguinte saída:

```
Type <class '__main__.PartyAnimal'>
Dir  ['__class__', '__delattr__', ...
'__sizeof__', '__str__', '__subclasshook__',
'__weakref__', 'party', 'x']
Type <class 'int'>
Type <class 'method'>
```

Você pode ver que usando a palavra **classe** , Criamos um novo tipo. A partir da saídacdir, Você pode ver tanto ox atributo inteiro e o método **party** estão disponíveis no objeto.

14.8 Ciclo de vida de um objeto

Em exemplos passados, nós definimos uma classe (*template*), criamos uma instância dessa classe (objeto) e, então, usamos essa instância. Quando o programa termina, todas as variáveis são descartadas. Normalmente, nós não nos preocupamos muito com a criação e destruição de variáveis, mas à medida que nossos objetos se tornam mais complexos, precisamos trabalhar na criação do objeto, assim como, possivelmente, no descarte dele.

Se quisermos que nosso objeto esteja pronto para esses momentos de criação e de destruição, adicionamos a ele métodos com nomes específicos:

```python
class PartyAnimal:
   x = 0

   def __init__(self):
     print('I am constructed')

   def party(self) :
     self.x = self.x + 1
     print('So far',self.x)

   def __del__(self):
     print('I am destructed', self.x)

an = PartyAnimal()
an.party()
an.party()
an = 42
print('an contains',an)

# Code: http://www.py4e.com/code3/party4.py
```

Quando esse programa é executado, ele gera a seguinte saída:

```
I am constructed
So far 1
So far 2
I am destructed 2
an contains 42
```

Enquanto o Python constrói nosso objeto, ele chama nosso método `__init__` para nos dar uma chance de organizar alguns valores *default* ou iniciais. Quando ele encontra a linha:

```
an = 42
```

Ele, na verdade, "joga fora nosso objeto" para poder reutilizar a variável **an** armazenando o valor 42. No exato momento em que nosso objeto **an** está sendo destruído, nosso código destrutor (`__del__`) é chamado. Nós não podemos impedir que nossa variável seja destruída, mas podemos fazer quaisquer alterações necessárias logo antes dela deixar de existir.

No desenvolvimento de objetos, é bem comum adicionar um construtor a um objeto para estabelecer valores iniciais a ele. É relativamente raro que um objeto necessite de um destrutor.

14.9   Instâncias múltiplas

Até então, nós definimos uma classe, construímos um único objeto, usamos esse objeto e, então, descartamos esse objeto. Entretanto, o verdadeiro poder da programação orientada a objeto é manifestado quando construímos múltiplas instâncias de nossa classe.

Quando construímos múltiplos objetos de nossa classe, provavelmente queremos estabelecer diferentes valores iniciais para cada um deles. Nós podemos passar dados para os construtores a fim de dar um valor inicial diferente a cada objeto:

```python
class PartyAnimal:
    x = 0
    name = ''
    def __init__(self, nam):
        self.name = nam
        print(self.name,'constructed')

    def party(self) :
        self.x = self.x + 1
        print(self.name,'party count',self.x)

s = PartyAnimal('Sally')
j = PartyAnimal('Jim')

s.party()
j.party()
s.party()

# Code: http://www.py4e.com/code3/party5.py
```

O construtor possui tanto um parametro `self` que aponta para a própria instância como também parametros adicionais, os quais são passados para o construtor no momento da construção do objeto:

```python
s = PartyAnimal('Sally')
```

Dentro do construtor, a segunda linha copia o parâmetro (`nam`) que é passado para o atributo `name` da instância de objeto.

```python
self.name = nam
```

A saída do programa mostra que cada um dos objetos (s e j) contém sua própria cópia de x e nam, independentes um do outro:

```
Sally constructed
Sally party count 1
Jim constructed
Jim party count 1
Sally party count 2
```

14.10 Herança

Outra ferramenta poderosa da programação orientada a objeto é a habilidade de criar uma nova classe como extensão de uma classe já existente. Quando fazemos isso, chamamos a classe original de *classe pai* e a nova de *classe filha*.

Neste exemplo, nós movemos nossa classe PartyAnimal para seu próprio arquivo. Assim, podemos "importar" (*import*) essa classe em um novo arquivo e estendê-la, como a seguir:

```python
from party import PartyAnimal

class CricketFan(PartyAnimal):
    points = 0
    def six(self):
        self.points = self.points + 6
        self.party()
        print(self.name,"points",self.points)

s = PartyAnimal("Sally")
s.party()
j = CricketFan("Jim")
j.party()
j.six()
print(dir(j))

# Code: http://www.py4e.com/code3/party6.py
```

Quando nós definimos a classe CricketFan, indicamos que estamos estendendo a classe PartyAnimal. Isso significa que todas as variáveis (x) e métodos (party) da classe PartyAnimal são *herdadas* pela nova classe. Por exemplo, dentro do método six da classe CricketFan, nós chamamos o método party da classe PartyAnimal.

No dercorrer do programa, criamos s e j como instâncias independentes de PartyAnimal e CricketFan. O objeto j possui capacidades adicionais em relação a s.

```
Sally constructed
Sally party count 1
Jim constructed
Jim party count 1
```

```
Jim party count 2
Jim points 6
['__class__', '__delattr__', ... '__weakref__',
'name', 'party', 'points', 'six', 'x']
```

Na saída da função `dir` aplicada em `j` (instância da classe `CricketFan`), vemos que ele possui os atributos e métodos da classe pai, assim como os atributos e métodos adicionados na criação da classe `CricketFan`, quando a extensão foi feita.

14.11   Sumário

Esta é uma rápida introdução à programação orientada a objetos, que foca principalmente na terminologia e na sintaxe da definição e uso de objetos. Vamos rapidamente rever o código que nós vimos no início do capítulo. Neste ponto você já deve entender completamente o que está acontecendo.

```
stuff = list()
stuff.append('python')
stuff.append('chuck')
stuff.sort()
print (stuff[0])
print (stuff.__getitem__(0))
print (list.__getitem__(stuff,0))

# Code: http://www.py4e.com/code3/party1.py
```

A primeira linha constrói uma `list` (lista) de *objetos*. Quando Python cria a `list` de objetos, ele chama o método *construtor* (chamado `__init__`) para inicializar os atributos de dados internos que serão usados para armazenar os dados da lista. Nós não passamos nenhum parâmetro para o *construtor*. Quando o construtor retorna, nós usamos a variável `coisas` para apontar para a instância retornada da classe `list`.

A segunda e terceira linhas chamam o método **append** com um parâmetro para adicionar um novo item no fim da lista atualizando os atributos dentro de `coisas`. Então, na linha quatro, chamamos o método **sort** sem nenhum parâmetro para ordenar os dados dentro do objeto `coisas`.

Então, nós iremos imprimir o primeiro item da lista usando colchetes, que são uma maneira mais curta de chamar o método `__getitem__`. Seria o equivalente a chamar o método `__getitem__` da *classe* `list` e passar o objeto `coisas` como primeiro parâmetro e a posição desejada como segundo parâmetro.

No fim do programa, o objeto `coisas` é descartado, mas não antes de chamar o *destruidor* (chamado `__del__`) para que o objeto possa limpar qualquer dado que tenha sido deixado para trás, conforme o necessário.

Esses são conceitos básicos para programação orientada a objetos. Há muitos detalhes sobre a melhor maneira de usar abordagens orientadas a objeto ao desenvolver aplicativos, e também grandes bibliotecas que estão fora do escopo deste capítulo.[3]

---

[3]Se você estiver curioso sobre onde a classe `list` é definida, dê uma olhada em (espero que a

14.12 Glossário

atributo Uma variável que é parte de uma classe.

classe Um modelo usado para a construção de um objeto. Define os atributos e métodos que farão parte do objeto.

clase filha Uma nova classe criada quando a classe pai é estendida. A classe filha herda os atributos e métodos da classe pai.

construtor Um método opcional especialmente nomeado (`__init__`) que é chamado no momento em que uma classe está sendo usada para construir um objeto. Normalmente é usado para definir os valores iniciais do objeto.

destruidor Um método opcional especialmente nomeado (`__del__`) que é chamado no momento imediatamente anterior ao objeto ser destruído. Destruidores são raramente usados.

herança Quando nós criamos uma nova classe (filha) estendendo uma classe existente (pai). A classe filha tem todos os atributos e métodos da classe pai mais atributos e métodos adicionais definidos por ela mesma.

método Uma função contida numa classe e nos objetos construídos pela classe. Alguns padrões orientados a objeto usam 'mensagem' em vez de 'método' para descrever esse conceito.

objeto Uma instância construída de uma classe. Um objeto contém todos os atributos e métodos que foram definidos pela classe. Algumas documentações orientadas a objeto usam o termo 'instância' e 'objeto' indistintamente.

classe pai A classe que está sendo estendida para criar uma nova classe filha. A classe pai contribui com todos os seus métodos e atributos para a nova classe filha.

URL não mude) https://github.com/python/cpython/blob/master/Objects/listobject.c - a classe list é escrita numa linguagem chamada "C". Se você der uma olhada nesse código-fonte e achar curioso, talvez queira explorar alguns cursos de Ciência da Computação.

Capítulo 15

Usando Banco de dados e SQL

15.1 O que é um banco de dados?

Um *banco de dados* é um arquivo que é organizado para armazenar dados. A maioria dos bancos de dados são organizados como um dicionário no sentido de que mapeiam das chaves aos valores. A maior diferença é que o banco de dados está no disco (ou em outro armazenamento permanente), portanto persiste depois do programa terminar. Como um banco de dados é guardado em armazenamento permanente, ele pode armazenar muito mais dados que um dicionário, o qual é limitado ao tamanho da memória no computador.

Como um dicionário, o software de banco de dados é projetado para manter a inserção e o acesso aos dados muito rápidos, mesmo para grandes quantidades. O software de banco de dados mantém seu desempenho construindo *índices* na medida em que dados são adicionados ao banco de dados para permitir que o computador pule rapidamente para uma entrada específica.

Existem vários sistemas de banco de dados que são usados para uma larga quantidade de propósitos incluindo: Oracle, MySQL, Microsoft SQL Server, PostgreSQL, e SQLite. Focamos em SQLite nesse livro porque é um banco de dados muito comum e já está incorporado em Python. SQLite é desenvolvido para ser *incorporado* em outros aplicativos para prover suporte ao banco de dados dentro do aplicativo. Por exemplo, o navegador Firefox também usa o banco de dados SQLite internamente assim como muitos outros produtos.

http://sqlite.org/

SQLite é adequado para alguns dos problemas de manipulação de dados que vemos na Informática como o aplicativo spidering do twitter que descrevemos nesse capítulo.

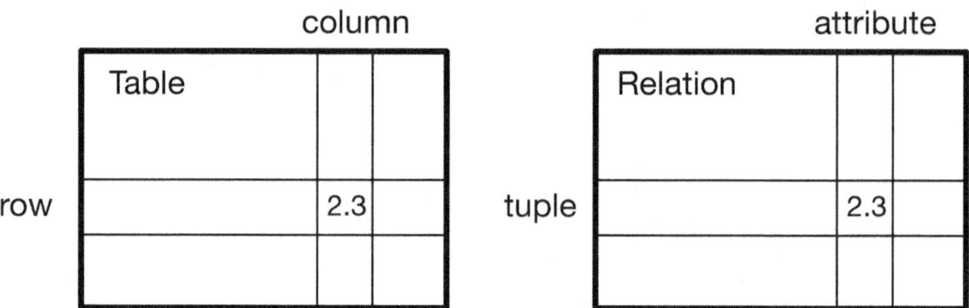

Figure 15.1: Relational Databases

15.2 Conceitos de Banco de dados

Quando você olha pela primeira vez para um banco de dados, ele parece com uma tabela com várias folhas. As estruturas primárias de dados em um banco de dados são: *tabelas, linhas, e colunas*.

Nas descrições técnicas dos bancos de dados relacionais, os conceitos de tabela, de linha, e de coluna são formalmente chamados de *relação, tupla, e atributo*, respectivamente. Nós usaremos os termos menos formais nesse capítulo.

15.3 Navegador de Banco de Dados para SQLite

Já que esse capítulo focará em usar Python para trabalhar com dados em arquivos de bancos de dados SQLite, várias operações podem ser feitas de maneira mais conveniente, usando um software chamado *Database Browser for SQLite (Navegador de Banco de Dados para SQLite)*, o qual está disponibilizado gratuitamente em:

http://sqlitebrowser.org/

Usando o navegador você pode facilmente criar tabelas, inserir dados, editar dados, ou executar consultas SQL simples nos dados do banco de dados.

Em certo sentido, o navegador de banco de dados é similar a um editor de texto quando trabalhando com arquivos de textos. Quando se quer fazer mais de uma ou algumas poucas operações em um arquivo de texto, basta apenas abrí-lo em um editor e fazer as mudanças que deseja. Quando se tem muitas mudanças que necessárias a fazer em um arquivo de texto, geralmente se escreve um programa simples em Python. Você encontrará o mesmo padrão quando trabalhar com banco de dados. Você fará operações simples no gerenciador do banco de dados e operações mais complexas serão feitas mais convenientemente em Python.

15.4 Criando uma tabela de banco de dados

Bancos de dados requerem estrutura mais definida do que listas ou bibliotecas Python.[1].

Quando criamos uma *tabela* de banco de dados, devemos informar antecipadamente os nomes de cada uma das *colunas* da tabela e o tipo de dados que estamos planejando armazenar em cada *coluna*. Quando o software de banco de dados conhece o tipo de dado em cada coluna, ele pode escolher a maneira mais eficiente de armazenar e de procurar os dados com base no seu tipo.

Você pode observar os vários tipos de dados suportados pelo SQLite na seguinte URL:

http://www.sqlite.org/datatypes.html

A definição da estrutura dos seus dados antecipadamente pode parecer inconveniente no início, mas a recompensa é o acesso rápido aos seus dados, mesmo quando o banco de dados contém uma grande quantidade deles.

O código para criar um arquivo de banco de dados e uma tabela denominada `Tracks` com duas colunas no banco de dados é o seguinte:

```
import sqlite3

conn = sqlite3.connect('music.sqlite')
cur = conn.cursor()

cur.execute('DROP TABLE IF EXISTS Tracks')
cur.execute('CREATE TABLE Tracks (title TEXT, plays INTEGER)')

conn.close()

# Code: http://www.py4e.com/code3/db1.py
```

A operação de `connect` faz uma "conexão" com o banco de dados armazenado no arquivo `music.sqlite` no diretório atual. Se o arquivo não existir, ele será criado. O motivo pelo qual isso é chamado de "conexão" é que, às vezes, o banco de dados é armazenado em um "servidor de banco de dados" separado do servidor no qual estamos executando nosso aplicativo. Em nossos exemplos simples, o banco de dados será apenas um arquivo local no mesmo diretório que o código Python que estamos executando.

Um *cursor* é como um identificador de arquivo que podemos usar para executar operações nos dados armazenados no banco de dados. Chamar `cursor()` é muito semelhante conceitualmente a chamar `open()` ao lidar com arquivos de texto.

Uma vez que temos o cursor, podemos começar a executar comandos no conteúdo do banco de dados usando o método `execute()`.

---

[1]SQLite de fato permite certa flexibilidade no tipo de dado armazenado em uma coluna, mas vamos manter nossos tipos de dados restritos nesse capítulo para que os conceitos se apliquem igualmente para outros sistemas de bancos de dados, a exemplo do MySQL.

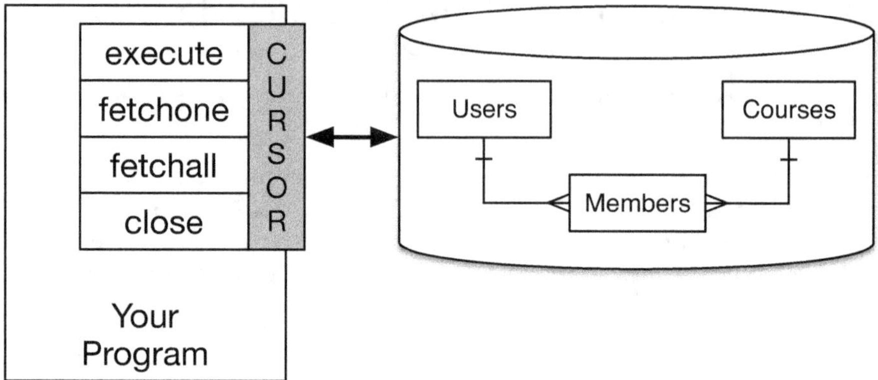

Figure 15.2: A Database Cursor

Os comandos do banco de dados são expressos em um idioma especial que foi padronizado em muitos fornecedores diferentes para nos permitir aprender um único idioma de banco de dados. Essa linguagem é chamada de *Structured Query Language* (*Linguagem de Consulta Estruturada*) ou *SQL*, para abreviar.

http://en.wikipedia.org/wiki/SQL

Em nosso exemplo, estamos executando dois comandos SQL em nosso banco de dados. Como convenção, mostraremos as palavras-chave SQL em maiúsculas e as partes do comando que estamos adicionando (como os nomes de tabela e de coluna) serão mostradas em minúsculas.

O primeiro comando SQL remove a tabela `Tracks` do banco de dados, se existir. Esse padrão é simplesmente para permitir a execução do mesmo programa para criar a tabela `Tracks` repetidamente, sem causar erros. Observe que o comando `DROP TABLE` exclui a tabela e todo o seu conteúdo do banco de dados (ou seja, não há "desfazer").

```
cur.execute('DROP TABLE IF EXISTS Tracks ')
```

O segundo comando cria uma tabela chamada `Tracks` com uma coluna de texto chamada `title` e uma coluna inteira chamada `plays`.

```
cur.execute('CREATE TABLE Tracks (title TEXT, plays INTEGER)')
```

Agora que criamos uma tabela chamada `Tracks`, podemos colocar alguns dados nessa tabela usando a operação SQL `INSERT`. Novamente, começamos fazendo uma conexão com o banco de dados e obtendo o `cursor`. Podemos então executar comandos SQL usando o cursor.

O comando SQL `INSERT` indica qual tabela estamos usando e, em seguida, define uma nova linha listando os campos que queremos incluir (`title, plays`) seguidos pelos `VALUES` que queremos que sejam colocados na nova linha. Especificamos os valores como pontos de interrogação (`?, ?`) Para indicar que os valores reais são passados como uma tupla (`'My Way', 15`) como o segundo parâmetro para a chamada `execute()`.

Tracks

title	plays
Thunderstruck	20
My Way	15

Figure 15.3: Rows in a Table

```
import sqlite3

conn = sqlite3.connect('music.sqlite')
cur = conn.cursor()

cur.execute('INSERT INTO Tracks (title, plays) VALUES (?, ?)',
    ('Thunderstruck', 20))
cur.execute('INSERT INTO Tracks (title, plays) VALUES (?, ?)',
    ('My Way', 15))
conn.commit()

print('Tracks:')
cur.execute('SELECT title, plays FROM Tracks')
for row in cur:
    print(row)

cur.execute('DELETE FROM Tracks WHERE plays < 100')
conn.commit()

cur.close()

# Code: http://www.py4e.com/code3/db2.py
```

Primeiro, nós utilizamos **INSERT** para duas linhas em nossa tabela e usamos **commit()** para forçar os dados a serem gravados no arquivo de banco de dados.

Em seguida, usamos o comando **SELECT** para recuperar as linhas que acabamos de inserir da tabela. No comando **SELECT**, indicamos de quais colunas gostaríamos **(title, plays)** e de qual tabela queremos recuperar os dados. Depois de executar a instrução **SELECT**, o cursor é algo pelo qual podemos percorrer uma instrução **for**. Por questões de eficiência, o cursor não lê todos os dados do banco de dados quando executamos a instrução **SELECT**. Em vez disso, os dados são lidos sob demanda, conforme percorremos as linhas na instrução **for**.

A saída do programa é a seguinte:

```
Tracks:
('Thunderstruck', 20)
('My Way', 15)
```

Nosso loop `for` encontra duas linhas, e cada linha é uma tupla Python com o primeiro valor como o `title` e o segundo valor como o número de `plays`.

Nota: Você pode ver cadeias começando com `u'` em outros livros ou na Internet. Essa foi uma indicação no Python 2 de que as strings são strings Unicode capazes de armazenar conjuntos de caracteres não latinos. No Python 3, todas as strings são unicode por padrão.

No final do programa, executamos um comando SQL para `DELETE` as linhas que acabamos de criar, para que possamos executar o programa repetidamente. O comando `DELETE` mostra o uso de uma cláusula `WHERE` que nos permite expressar um critério de seleção para que possamos solicitar ao banco de dados que aplique o comando apenas às linhas que correspondem ao critério. Nesse exemplo, o critério se aplica a todas as linhas, de modo que esvaziamos a tabela para que possamos executar o programa repetidamente. Depois que o `DELETE` é executado, também chamamos `commit()` para forçar os dados a serem removidos do banco de dados.

15.5 Resumo da Structured Query Language (Linguagem de Consulta Estruturada)

Até o momento, usamos a Structured Query Language em nossos exemplos de Python e cobrimos muitos dos princípios básicos dos comandos SQL. Nesta seção, examinamos a linguagem SQL em particular e fornecemos uma visão geral da sintaxe SQL.

Como existem muitos fornecedores diferentes de banco de dados, a Structured Query Language (SQL) foi padronizada para que pudéssemos nos comunicar de maneira portátil aos sistemas de banco de dados de vários fornecedores.

Um banco de dados relacional é composto de tabelas, linhas e colunas. As colunas geralmente têm um tipo como texto, dados numéricos ou de data. Quando criamos uma tabela, indicamos os nomes e os tipos das colunas:

```
CREATE TABLE Tracks (title TEXT, plays INTEGER)
```

Para inserir uma linha em uma tabela, usamos o comando SQL `INSERT`:

```
INSERT INTO Tracks (title, plays) VALUES ('My Way', 15)
```

A instrução `INSERT` especifica o nome da tabela, uma lista dos campos/colunas que você deseja definir na nova linha e, em seguida, a palavra-chave `VALUES` e uma lista dos valores correspondentes para cada um dos campos.

O comando SQL `SELECT` é usado para recuperar linhas e colunas de um banco de dados. A instrução `SELECT` permite especificar quais colunas você gostaria de recuperar, bem como uma cláusula `WHERE` para selecionar quais linhas você gostaria de ver. Ele também permite que uma cláusula `ORDER BY` opcional controle a classificação das linhas retornadas.

```
SELECT * FROM Tracks WHERE title = 'My Way'
```

Usar * indica que você deseja que o banco de dados retorne todas as colunas para cada linha que corresponda à cláusula `WHERE`.

Observe que, diferentemente do Python, em uma cláusula SQL `WHERE` usamos um único sinal de igual para indicar um teste de igualdade em vez de um duplo sinal de igual. Outras operações lógicas permitidas em uma cláusula WHERE incluem <, >, <=, >=, !=, Além de `AND` e `OR` e parênteses para construir suas expressões lógicas.

Você pode solicitar que as linhas retornadas sejam classificadas por um dos campos da seguinte maneira:

```
SELECT title,plays FROM Tracks ORDER BY title
```

Para remover uma linha, você precisa de uma cláusula `WHERE` em uma instrução SQL `DELETE`. A cláusula `WHERE` determina quais linhas devem ser excluídas:

```
DELETE FROM Tracks WHERE title = 'My Way'
```

É possível `UPDATE` uma coluna ou colunas dentro de uma ou mais linhas em uma tabela usando a instrução SQL `UPDATE` da seguinte maneira:

```
UPDATE Tracks SET plays = 16 WHERE title = 'My Way'
```

A instrução `UPDATE` especifica uma tabela e, em seguida, uma lista de campos e valores a serem alterados após a palavra-chave `SET` e, em seguida, uma cláusula `WHERE` opcional para selecionar as linhas que devem ser atualizadas. Uma única instrução `UPDATE` poderá alterar todas as linhas que correspondem à cláusula `WHERE`. Se uma cláusula `WHERE` não for especificada, ela executará o `UPDATE` em todas as linhas da tabela

Esses quatro comandos SQL básicos (INSERT, SELECT, UPDATE e DELETE) permitem as quatro operações básicas necessárias para criar e manter dados.

15.6 Rastreando contas no Twitter usando banco de dados

Nesta seção, vamos criar um simples programa de rastreamento que irá vasculhar contas no Twitter e irá criar um banco de dados dessas contas. *Nota: Tenha muito cuidado quando executar esse programa. Você não deseja puxar muitas informações ou não quer que seu programa rode por muito tempo. Caso contrário, sua conta pode ser desativada.*

Um dos maiores problemas de qualquer programa de rastreamento é a necessidade de ser parado e reiniciado muitas vezes e você não quer perder dados obtidos até o momento. Você não quer que sua obtenção de dados seja reiniciada toda vez que o programa for reiniciado, ou seja, você quer que seu programa continue a pegar dados de onde ele parou.

Nós vamos começar coletando informações sobre os amigos e seus status de uma determinada pessoa no Twitter, percorrendo a lista de amigos e adicionando cada um dos amigos ao nosso banco de dados que será recuperado no futuro. Depois que vasculharmos a lista dessa pessoa, vamos checar nosso banco de dados e iremos acessar um dos amigos dessa lista. Nós vamos fazer isso repetidamente, acessando pessoas ainda "não visitadas", obtendo suas listas de amigos, e adicionando amigos que nós ainda não vimos na nossa lista para uma futura visita.

Também iremos verificar quantas vezes vimos um amigo em particular no nosso banco de dados para ter uma ideia da "popularidade" dele.

Armazenando nossa lista de contas conhecidas, se uma conta ja foi rastreada ou não e o quão popular uma conta é no nosso banco de dados no nosso disco, podemos parar e reiniciar nosso programa quantas vezes quisermos.

O programa é um pouco complexo. É baseado no código do exercício anteriormente exposto nesse livro que usa a API do Twitter.

Aqui está o código-fonte para nossa aplicação de rastreamento sobre o Twitter:

```python
from urllib.request import urlopen
import urllib.error
import twurl
import json
import sqlite3
import ssl

TWITTER_URL = 'https://api.twitter.com/1.1/friends/list.json'

conn = sqlite3.connect('spider.sqlite')
cur = conn.cursor()

cur.execute('''
        CREATE TABLE IF NOT EXISTS Twitter
        (name TEXT, retrieved INTEGER, friends INTEGER)''')

# Ignore SSL certificate errors
ctx = ssl.create_default_context()
ctx.check_hostname = False
ctx.verify_mode = ssl.CERT_NONE

while True:
    acct = input('Enter a Twitter account, or quit: ')
    if (acct == 'quit'): break
    if (len(acct) < 1):
        cur.execute('SELECT name FROM Twitter WHERE retrieved = 0 LIMIT 1')
        try:
            acct = cur.fetchone()[0]
        except:
            print('No unretrieved Twitter accounts found')
            continue

    url = twurl.augment(TWITTER_URL, {'screen_name': acct, 'count': '5'})
```

```python
    print('Retrieving', url)
    connection = urlopen(url, context=ctx)
    data = connection.read().decode()
    headers = dict(connection.getheaders())

    print('Remaining', headers['x-rate-limit-remaining'])
    js = json.loads(data)
    # Debugging
    # print json.dumps(js, indent=4)

    cur.execute('UPDATE Twitter SET retrieved=1 WHERE name = ?', (acct, ))

    countnew = 0
    countold = 0
    for u in js['users']:
        friend = u['screen_name']
        print(friend)
        cur.execute('SELECT friends FROM Twitter WHERE name = ? LIMIT 1',
                (friend, ))
        try:
            count = cur.fetchone()[0]
            cur.execute('UPDATE Twitter SET friends = ? WHERE name = ?',
                    (count+1, friend))
            countold = countold + 1
        except:
            cur.execute('''INSERT INTO Twitter (name, retrieved, friends)
                        VALUES (?, 0, 1)''', (friend, ))
            countnew = countnew + 1
    print('New accounts=', countnew, ' revisited=', countold)
    conn.commit()

cur.close()

# Code: http://www.py4e.com/code3/twspider.py
```

Nosso banco de dados é armazenado no arquivo **spider.sqlite3** e tem uma tabela chamada **Twitter**. Cada linha na tabela **Twitter** tem uma coluna para o nome da conta, caso nós tenhamos obtido os amigos dessa conta e quantas vezes essa conta foi "adicionada".

No laço principal do nosso programa, nós solicitamos do nosso usuário o nome da conta do Twitter ou que ele digite "sair" para sair do programa. Se o usuário entrar com uma conta Twitter, nós iremos rastrear a lista de amigos e os status desse usuário e iremos adicionar cada amigo no nosso banco de dados, caso ainda não esteja nele. Se o amigo já estiver na lista, nós adicionamos 1 para o campo **amigos** na linha do banco de dados.

Se o usuário pressionar a tecla "enter", nós olhamos o banco de dados para a próxima conta do Twitter que nós ainda não acessamos, obtendo os amigos e os status dessa conta e adicionando-os ao banco de dados ou atualizando-os e aumentando o contador **amigos**.

Depois que obtivermos a lista de amigos e seus status, vamos percorrer todos os itens do **usuário** no retorno JSON e recuperaremos o **screen_name** para cada usuário. Depois usaremos a declaração **SELECT** para ver se já armazenamos um **screen_name** em particular no nosso banco de dados, recuperando a conta amigo (**amigos**) se a gravação existir.

```
contadornovo = 0
contadorantigo = 0
for u in js['users'] :
    friend = u['screen_name']
    print(amigo)
    cur.execute('SELECT amigos FROM Twitter WHERE nome = ? LIMIT 1',
        (friend, ) )
    try:
        contador = cur.fetchone()[0]
        cur.execute('UPDATE Twitter SET amigos = ? WHERE nome = ?',
            (contador+1, amigo) )
        contadorantigo = contadorantigo + 1
    except:
        cur.execute('''INSERT INTO Twitter (nome, recuperada, amigos)
            VALUES ( ?, 0, 1 )''', ( amigo, ) )
        contadornovo = contadornovo + 1
print('Novas contas=',contadornovo,' revisitada=',contadorantigo)
conn.commit()
```

Depois que o cursor executar a declaração **SELECT**, devemos recuperar as linhas. Podemos fazer isso com o comando **for**, porém como só vamos recuperar uma linha (**LIMIT 1**), podemos usar o método **fetchone()** para buscar a primeira (e única) linha que é o resultado da operação **SELECT**. Como **fetchone()** retorna a linha como uma *tupla* (mesmo que tenha apenas um campo), pegaremos o primeiro valor da tupla usando o contador do amigo atual na variável **contador**.

Se a recuperação for um sucesso, usamos a declaração SQL **UPDATE** com a cláusula **WHERE** para adicionar 1 na coluna **amigos** em sua respectiva linha conta amigo. Note que temos dois espaços reservados (i.e., pontos de interrogação) em SQL, e o segundo parâmetro **execute()** é uma tupla de dois elementos que espera valores para serem substituídos no SQL no lugar dos pontos de interrogação.

Se o bloco **try** falhar, provavelmente será porque não houve nenhum registro que correspondeu a cláusula **WHERE name = ?** na declaração SELECT. Então, no bloco **expect**, usamos a declaração SQL **INSERT** para adicionar um **screen_name** amigo na tabela, com uma indicação de que ainda não obtivemos um **screen_name** com esse nome, e setamos a contagem desse amigo para zero.

Então, na primeira vez em que o programa for executado e entramos com uma conta Twitter, o programa irá rodar como mostra a seguir:

```
Entre com uma conta Twitter, ou digite: drchuck
Recuperando http://api.twitter.com/1.1/friends ...
Novas contas= 20  revisitada= 0
Entre com uma conta Twitter, ou digite sair: sair
```

Como é a primeira vez que rodamos o programa, nosso banco de dados está vazio. Criamos então um banco de dados no arquivo `spider.sqlite3` e adicionamos, nesse banco, uma tabela chamada `Twitter`. Depois, recuperamos alguns amigos e adicionamos todos ao nosso banco, já que o mesmo está vazio.

Nesse momento, podemos querer escrever um simples programa que exponha o conteúdo do banco de dados para dar uma olhada no que está em nosso arquivo `spider.sqlite3`:

```python
import sqlite3

conn = sqlite3.connect('spider.sqlite')
cur = conn.cursor()
cur.execute('SELECT * FROM Twitter')
count = 0
for row in cur:
    print(row)
    count = count + 1
print(count, 'rows.')
cur.close()

# Code: http://www.py4e.com/code3/twdump.py
```

Esse programa apenas abre o banco de dados e seleciona todas as colunas de todas as linha da tabela `Twitter`, depois percorre as linhas e imprime em tela cada linha.

Se rodarmos o programa depois da primeira execução do nosso programa de rastreamento, sua saída será:

```
('opencontent', 0, 1)
('lhawthorn', 0, 1)
('steve_coppin', 0, 1)
('davidkocher', 0, 1)
('hrheingold', 0, 1)
...
20 linhas.
```

Nós vemos que há uma linha para cada `screen_name`, que não foram recuperados dados para esse `screen_name` e que cada um no banco de dados tem um amigo.

Agora, nosso banco de dados nos mostra os amigos obtidos da nossa primeira conta do Twitter (*drchuck*). Nós podemos executar o programa novamente e solicitar que o mesmo obtenha os amigos da proxima conta ainda "não verificada", simplesmente pressionando "enter", como representado a seguir:

```
Entre com uma conta Twitter, ou digite sair:
Recuperando http://api.twitter.com/1.1/friends ...
Novas contas= 18  revisitada= 2
Entre com uma conta Twitter, ou digite sair:
Recuperando http://api.twitter.com/1.1/friends ...
Novas contas= 17  revisitada= 3
Entre com uma conta Twitter, ou digite sair: sair
```

Como pressionamos enter (i.e., nós não especificamos uma conta Twitter) o seguinte código é executado:

```python
if ( len(acct) < 1 ) :
    cur.execute('SELECT name FROM Twitter WHERE recuperada= 0 LIMIT 1')
    try:
        acct = cur.fetchone()[0]
    except:
        print('Nenhuma conta não visitada encontrada')
        continue
```

Nós usamos a declaração SQL **SELECT** para recuperar o nome do primeiro usuário (**LIMIT 1**) que ainda tem o valor "nós recuperamos esse usuário" igual a zero. Nós, também, usamos o padrão **fetchone()[0]** dentro do bloco try/except ou para extrair **screen_name** dos dados recuperados ou para imprimir em tela uma mensagem de erro e fazer laço novamente.

Se conseguirmos recuperar um **screen_name** ainda não processado, recuperamos os dados como mostra:

```python
url=twurl.augment(TWITTER_URL,{'screen_name': acct,'count': '20'})
print('Recuperando', url)
connection = urllib.urlopen(url)
data = connection.read()
js = json.loads(data)

cur.execute('UPDATE Twitter SET recuperada=1 WHERE nome = ?',(acct, ))
```

Depois que recuperamos os dados, nós usamos a declaração **UPDATE** para setar a coluna **recuperada** para 1, para indicar que nós completamos a recuperação dos amigos dessa conta. Isso evita que recuperemos a mesma informação várias vezes, fazendo que sempre possamos progredir na lista de amigos do Twitter.

Se rodarmos o programa e pressionarmos "enter" duas vezes para recuperar os próximos amigos não visitados do amigo, depois rodarmos o programa expositor, ele irá nos mostrar a seguinte saída:

```
('opencontent', 1, 1)
('lhawthorn', 1, 1)
('steve_coppin', 0, 1)
('davidkocher', 0, 1)
('hrheingold', 0, 1)
...
('cnxorg', 0, 2)
('knoop', 0, 1)
('kthanos', 0, 2)
('LectureTools', 0, 1)
...
55 linhas.
```

Podemos ver que armazenamos de forma correta que visitamos **lhawthorn** e **opencontent**. Também verificamos que as contas **cnxorg** e **kthanos** já têm dois seguidores. Como agora recuperamos os amigos de três pessoas (`drchuck`, `opencontent`, e `lhawthorn`), nossa tabela tem 55 linhas de amigos recuperados.

Cada vez que rodarmos o programa e pressionarmos a tecla "enter", nós iremos pegar a próxima conta de um amigo "não visitado" (e.g., a próxima conta será `steve_coppin`), recuperar seus amigos, marcar eles como recuperados e assim, para cada amigo de `steve_cooping`, ou iremos adicionar no final do nosso banco de dados, ou iremos atualizar a contagem de amigos se esse amigo já existir no banco de dados.

Como os dados do programa estão armazenados no disco em um banco de dados, uma atividade de rastreamento pode ser suspensa e retomada quantas vezes você queira sem que haja perca de dados.

15.7 Modelagem Básica de Dados

O poder real de um banco de dados relacional é quando criamos múltiplas tabelas e criamos links entre essas tabelas. O ato de decidir quando dividir sua tabela em várias outras e estabelecer relacionamentos entre as tabelas é chamado de *modelagem de dados*. O documento de design que mostra essas tabelas e seus relacionamentos é chamado de *modelo de dados*.

Modelar dados é uma habilidade relativamente sofisticada e nós iremos apenas introduzir os mais básicos conceitos de modelagem de dados relacionados nesta sessão. Para mais detalhes sobre modelagem de dados, você pode acessar:

http://en.wikipedia.org/wiki/Relational_model

Vamos dizer que em nossa aplicação de rastreamento ao Twitter, em vez de apenas contar a quantidade de amigos de uma determinada pessoa, também iremos manter uma lista de todos relacionamentos para que possamos achar uma lista de todas a pessoas que estão seguindo esta pessoa em particular.

Como todo mundo provavelmente tem muitas contas que os seguem, não podemos simplesmente iremos adicionar uma única coluna em nossa tabela `Twitter`. Então, criaremos uma nova tabela que irá permanecer rastreando pares de amigos. O trecho de código a seguir é uma simples forma de criar essa nova tabela.

```
CREATE TABLE Parceiros (de_amigo TEXT, para_amigo TEXT)
```

Toda vez que nós encontrarmos uma nova pessoa que `drchuck` está seguindo, iremos inserir uma linha da forma:

```
INSERT INTO Parceiros (from_friend,to_friend) VALUES ('drchuck', 'lhawthorn')
```

Como estamos processando as informações dos 20 amigos do "feed" do `drchuck`, iremos inserir 20 registros com "drchuck" como parâmetro, resultando no duplicamento de strings várias vezes no nosso banco de dados.

A duplicação de uma string viola uma das boas práticas de *normalização de banco de dados*, que basicamente afirma que nunca devemos colocar uma string como mesmo valor no nosso banco de dados mais de uma vez. Se precisarmos do dado mais que uma vez, criamos uma *chave* numérica e referenciamos tal string por meio dessa chave.

Em termos práticos, uma string toma muito mais espaço que um inteiro no disco e na memória do computador, e toma mais tempo de processamento para comparar e ordenar. Se temos apenas poucas centenas de entradas, o armazenamento e o tempo de processamento dificilmente irá importar. Porém, se tivermos um milhão de pessoas no nosso banco de dados e uma possibilidade de 100 milhões de amigos linkados, será importante seu programa ser capaz de escanear seus dados da maneira mais rápida possível.

Iremos armazenar as contas do Twitter em uma tabela chamada `Pessoas` em vez da tabela `Twitter` usada no exemplo anterior. A tabela `Pessoas` tem uma coluna a mais para adicionar uma chave numérica associada com a linha dessa conta Twitter. SQLite possui um recurso que automaticamente adiciona uma chave para cada linha inserida na tabela usando um tipo especial de coluna (`INTEGER PRIMARY KEY`)

Podemos criar a tabela `Pessoas` com uma coluna adicional `id` como segue:

```
CREATE TABLE Pessoas
    (id INTEGER PRIMARY KEY, nome TEXT UNIQUE, recuperada INTEGER)
```

Note que não estamos mais mantendo uma conta amigo em cada linha da tabela `Pessoas`. Quando selecionamos `INTEGER PRIMARY KEY` como um tipo da nossa coluna `id`, nós indicamos que queremos que o SQLite gerencie a coluna e atribua, automaticamente, uma chave numérica única para cada linha que inserirmos na nossa tabela. Também podemos adicionar a palavra chave `UNIQUE` para indicar que não iremos permitir que o SQLite insira duas colunas como o mesmo valor no campo `nome`.

Agora, em vez de criar a tabela `Parceiros`, iremos criar uma tabela chamada `Segue` com duas colunas de inteiros: `de_id` e `para_id` e uma restrição na tabela para que a *combinação* de `de_id` e `para_id` seja única nessa tabela (i.e., não podemos inserir linhas duplicadas) em nosso banco de dados.

```
CREATE TABLE Segue
    (de_id INTEGER, para_id INTEGER, UNIQUE(de_id, para_id) )
```

Quando adicionamos a restrição `UNIQUE` em nossas tabelas, estamos impondo certas regras para o nosso banco de dados quando tentarmos inserir novos registros. Estamos criando essas regras como convenção nos nossos programas, como veremos em seguida. As regras tanto nos impedem de cometer erros como tornam mais fácil escrever parte do nosso código.

Na essência, quando criamos a tabela `Segue`, estamos modelando uma "relacionamento" onde uma pessoa "segue" alguma outra e representando isso com um par de números indicando que a: (a) as pessoas estão conectadas e (b) a direção do relacionamento.

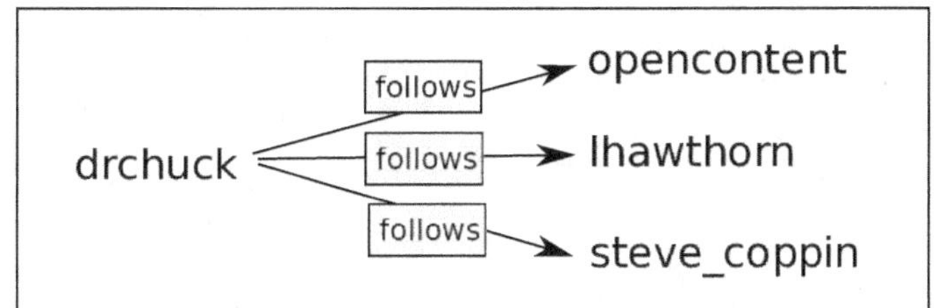

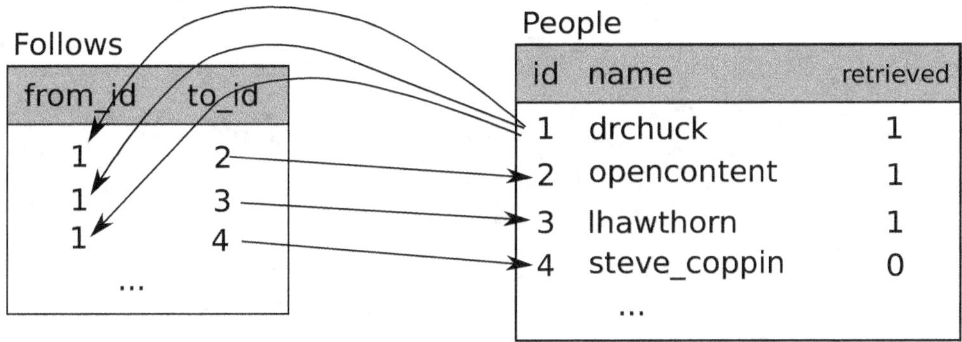

Figure 15.4: Relações Entre Tabelas

15.8 Programando com múltiplas tabelas

Agora iremos refazer nosso programa de rastreamento do Twitter usando duas
tabelas, as chaves primárias, e as referências a essas chaves como descrito acima.
Aqui está o código da nova versão do nosso programa:

```
import urllib.request, urllib.parse, urllib.error
import twurl
import json
import sqlite3
import ssl

TWITTER_URL = 'https://api.twitter.com/1.1/friends/list.json'

conn = sqlite3.connect('friends.sqlite')
cur = conn.cursor()

cur.execute('''CREATE TABLE IF NOT EXISTS People
        (id INTEGER PRIMARY KEY, name TEXT UNIQUE, retrieved INTEGER)''')
cur.execute('''CREATE TABLE IF NOT EXISTS Follows
        (from_id INTEGER, to_id INTEGER, UNIQUE(from_id, to_id))''')

# Ignore SSL certificate errors
ctx = ssl.create_default_context()
ctx.check_hostname = False
ctx.verify_mode = ssl.CERT_NONE

while True:
```

```python
acct = input('Enter a Twitter account, or quit: ')
if (acct == 'quit'): break
if (len(acct) < 1):
    cur.execute('''SELECT id, name FROM People
            WHERE retrieved = 0 LIMIT 1''')
    try:
        (id, acct) = cur.fetchone()
    except:
        print('No unretrieved Twitter accounts found')
        continue
else:
    cur.execute('SELECT id FROM People WHERE name = ? LIMIT 1',
            (acct, ))
    try:
        id = cur.fetchone()[0]
    except:
        cur.execute('''INSERT OR IGNORE INTO People
                    (name, retrieved) VALUES (?, 0)''', (acct, ))
        conn.commit()
        if cur.rowcount != 1:
            print('Error inserting account:', acct)
            continue
        id = cur.lastrowid

url = twurl.augment(TWITTER_URL, {'screen_name': acct, 'count': '100'})
print('Retrieving account', acct)
try:
    connection = urllib.request.urlopen(url, context=ctx)
except Exception as err:
    print('Failed to Retrieve', err)
    break

data = connection.read().decode()
headers = dict(connection.getheaders())

print('Remaining', headers['x-rate-limit-remaining'])

try:
    js = json.loads(data)
except:
    print('Unable to parse json')
    print(data)
    break

# Debugging
# print(json.dumps(js, indent=4))

if 'users' not in js:
    print('Incorrect JSON received')
    print(json.dumps(js, indent=4))
    continue
```

```python
    cur.execute('UPDATE People SET retrieved=1 WHERE name = ?', (acct, ))

    countnew = 0
    countold = 0
    for u in js['users']:
        friend = u['screen_name']
        print(friend)
        cur.execute('SELECT id FROM People WHERE name = ? LIMIT 1',
                    (friend, ))
        try:
            friend_id = cur.fetchone()[0]
            countold = countold + 1
        except:
            cur.execute('''INSERT OR IGNORE INTO People (name, retrieved)
                        VALUES (?, 0)''', (friend, ))
            conn.commit()
            if cur.rowcount != 1:
                print('Error inserting account:', friend)
                continue
            friend_id = cur.lastrowid
            countnew = countnew + 1
        cur.execute('''INSERT OR IGNORE INTO Follows (from_id, to_id)
                    VALUES (?, ?)''', (id, friend_id))
    print('New accounts=', countnew, ' revisited=', countold)
    print('Remaining', headers['x-rate-limit-remaining'])
    conn.commit()
cur.close()

# Code: http://www.py4e.com/code3/twfriends.py
```

Esse programa está começando a ficar um pouco complicado, mas irá ilustrar o passo a passo que nós realmente precisaremos usar quando estamos usando chaves inteiras para linkar tabelas. Os passos básicos são:

1. Criar tabelas com chaves primárias e restrições.

2. Quando temos uma chave lógica para uma pessoa (i.e, nome da conta) e precisamos do valor `id` dessa, dependendo se essa pessoa já está ou não na tabela **Pessoas**, teremos que: (1) Procurar essa pessoa na tabela **Pessoas** e recuperar o valor do `id` daquela ou (2) adicionar essa pessoa na tabela **Pessoas** e pegar o valor do `id` dessa nova linha adicionada.

3. Inserir a linha que retorna o relacionamento dos "seguidores"

Nós iremos abordar cada um desses passos por vez.

15.8.1 Restrições em tabelas do banco de dados

A medida que planejamos a estrutura de nossa tabela, podemos dizer ao sistema de banco de dados que gostaríamos que ele nos impusesse algumas regras. Essas regras evitam que possamos cometer erros e que dados incorretos sejam introduzidos nas tabelas. Quando criamos nossas tabelas:

```
cur.execute('''CREATE TABLE IF NOT EXISTS Pessoas
    (id INTEGER PRIMARY KEY, nome TEXT UNIQUE, recuperado INTEGER)''')
cur.execute('''CREATE TABLE IF NOT EXISTS Segue
    (de_id INTEGER, para_id INTEGER, UNIQUE(de_id, para_id))''')
```

Indicamos que a coluna **nome** na tabela **Pessoas** precisa ser **UNIQUE**. Nós também indicamos que a combinação dos dois números em cada linha da tabela **Segue** deve ser única. Essas restrições nos impedem de cometer o erro de adicionar a mesma relação mais de uma vez.

Podemos nos aproveitar dessas restrições no código a seguir:

```
cur.execute('''INSERT OR IGNORE INTO Pessoas (nome, recuperado)
    VALUES ( ?, 0)''', ( amigo, ) )
```

Podemos adicionar a cláusula **OR IGNORE** à declaração **INSERT** para indicar que caso este **INSERT** em particular venha a causar uma violação da regra "**nome** deve ser único", o sistema de banco de dados está autorizado a ignorar o **INSERT**. Assim, estamos usando as restrições do banco de dados como um filtro de segurança, garantindo que não iremos fazer algo errado inadvertidamente.

De forma similar, o código a seguir assegura que não adicionaremos a mesma relação **Segue** mais de uma vez.

```
cur.execute('''INSERT OR IGNORE INTO Segue
    (from_id, to_id) VALUES (?, ?)''', (id, amigo_id) )
```

Novamente, apenas dizemos ao banco de dados para ignorar a tentativa **INSERT** caso ela viole a restrição de singularidade que especificamos para as linhas de **Segue**.

15.8.2 Recuperar e/ou inserir um registro

Quando requisitamos ao usuário uma conta do Twitter, se a conta existir, devemos procurar seu valor **id**. Se a conta não existir na tabela **Pessoas**, devemos inserir um registro e guardar o valor **id** da linha inserida.

Esse é um padrão muito comum e feito duas vezes no programa abaixo. O código mostra como procuramos pelo **id** da conta de um amigo, quando tivermos extraído o **screen_name** do **usuário** presente no Twitter JSON recuperado.

Já que ao longo do tempo há uma maior chance da conta constar no banco de dados, primeiro verificamos se o registro em **Pessoas** existe, usando a declaração **SELECT**.

Se tudo ocorrer bem[2] dentro da seção **try**, devemos recuperar o registro usando **fetchone()** e então retirar o primeiro (e apenas o primeiro) elemento da tupla obtida e armazená-la em **amigo_id**.

---

[2]Em geral, quando a frase começar com "se tudo ocorrer bem", você perceberá que o código precisa de um bloco try/except.

Caso `SELECT` resulte em falha, o código `fetchone()[0]` irá falhar e o controlador executará a seção `except`.

```python
amigo = u['screen_name']
cur.execute('SELECT id FROM Pessoas WHERE nome = ? LIMIT 1',
    (amigo, ) )
try:
    amigo_id = cur.fetchone()[0]
    contadorantigo = contadorantigo + 1
except:
    cur.execute('''INSERT OR IGNORE INTO Pessoas (nome, recuperado)
        VALUES ( ?, 0)''', ( amigo, ) )
    conn.commit()
    if cur.rowcount != 1 :
        print('Error inserting account:', amigo)
        continue
    amigo_id = cur.lastrowid
    contadornovo = contadornovo + 1
```

Caso o código `except` seja executado, apenas significa que a linha não foi encontrada e, portanto, deve ser inserida. Usamos `INSERT OR IGNORE` para evitar erros e então chamar `commit()` para forçar o banco de dados a ser atualizado. Depois da escrita ter sido feita, podemos verificar o `cur_rowcount` para ver quantas linhas foram afetadas. Já que estamos tentando inserir uma única linha, se o número de linhas afetados for diferente de 1, houve um erro.

No entanto, se o `INSERT` for bem sucedido, `cur_lastrowid` pode ser avaliado para encontrar o valor na coluna `id`, atribuído pelo banco de dados, da nova linha.

15.8.3 Storing the friend relationship

Uma vez que sabemos o valor chave para tanto o usuário do Twitter quanto seu amigo, no JSON, basta inserirmos os dois números na tabela **Segue** com o código abaixo:

```python
cur.execute('INSERT OR IGNORE INTO Segue (de_id, para_id) VALUES (?, ?)',
    (id, amigo_id) )
```

Note que encarregamos o banco de dados de nos prevenir de inserir duas vezes uma relação. Isto se dá ao criarmos uma tabela com a restrição de singularidade e então adicionando `OR IGNORE` à declaração `INSERT`.

Aqui está um exemplo da execução desse programa:

```
Enter a Twitter account, or quit:
No unretrieved Twitter accounts found
Enter a Twitter account, or quit: drchuck
Retrieving http://api.twitter.com/1.1/friends ...
New accounts= 20  revisited= 0
Enter a Twitter account, or quit:
```

```
Retrieving http://api.twitter.com/1.1/friends ...
New accounts= 17  revisited= 3
Enter a Twitter account, or quit:
Retrieving http://api.twitter.com/1.1/friends ...
New accounts= 17  revisited= 3
Enter a Twitter account, or quit: quit
```

Começamos com a conta `drchuck` e então deixamos o programa automaticamente selecionar as duas contas a serem obtidas e adicionadas ao nosso banco de dados.

Abaixo estão as primeiras linhas para as tabelas `Pessoas` e `Segue`, após a execução ser finalizada:

```
Pessoas:
(1, 'drchuck', 1)
(2, 'opencontent', 1)
(3, 'lhawthorn', 1)
(4, 'steve_coppin', 0)
(5, 'davidkocher', 0)
55 rows.
Segue:
(1, 2)
(1, 3)
(1, 4)
(1, 5)
(1, 6)
60 rows.
```

Você pode ver os campos `id`, `nome` e `visitado` na tabela `Pessoas`, bem como os números em ambas as pontas da relação na tabela `Segue`. Na tabela `Pessoas`, vemos que as três primeiras pessoas foram visitadas e suas informações foram obtidas. Os dados na tabela `Segue` indicam que `drchuck` (usuário 1) é amigo de todas as pessoas nas primeiras 5 linhas. Isso faz sentido já que o primeiro conjunto de informações recuperado e armazenado foi referente aos amigos de `drchuck`. Se desejasse imprimir mais linhas da tabela `Segue`, também veria os amigos dos usuários 2 e 3.

15.9   Três tipos de chaves

Agora que começamos construindo um modelo de dados colocando nossos dados dentro várias tabelas vinculadas e vinculando as linhas nessas tabelas usando *chaves*, nós precisamos examinar algumas terminologias em torno das chaves. Geralmente existem três tipos de chaves usadas em um modelo de banco de dados.

- Uma *Chave lógica* é uma chave que no "mundo real" pode ser usado para procurar uma linha. No nosso exemplo de modelo de dados, o campo `nome` é uma chave lógica. É o nome de tela para o usuário e nós de fato procuramos linhas de um usuários várias vezes no programa usando o campo `nome`. Você vai notar frequentemente que isso faz sentido para adicionar uma restrição `UNIQUE` para uma chave lógica. Como a chave lógica é como procuramos uma linha do "mundo externo", faz pouco sentido permitir várias linhas com o mesmo valor na tabela.

- Uma *chave primária* é geralmente um número que é atribuído automaticamente pelo banco de dados. Geralmente não tem significado fora do programa e é usado somente para para vincular linhas de diferentes tabelas juntas. Quando queremos procurar uma linha em uma tabela, geralmente pesquisar pela linha usando a chave primária é a maneira mais rápida para encontrar uma linha. Como as chaves primárias são números inteiros, elas ocupam muito pouco armazenamento e podem ser comparadas ou classificadas muito rapidamente. No nosso modelo de dados, o campo `id` é um exemplo de uma chave primária.

- Uma *chave estrangeira* é geralmente um número que aponta para uma chave primária de uma linha associada em uma tabela diferente. Como exemplo de uma chave estrangeira em nosso modelo de dados é o `de_id`.

Estamos usando uma convenção de nomenclatura de sempre chamar o campo de chave primária nome `identidade` e aparecendo o sufixo `_id` para qualquer campo nome que é uma chave estrangeira.

15.10 Usando JOIN para recuperar dados

Agora que temos seguido as regras de normalização de banco de dados e temos dados separados dentro de duas tabelas, interligados usando chaves primárias e estrangeiras, precisamos estar prontos para construir uma `SELECT` que remonta os dados nas tabelas.

SQL usa a cláusula `JOIN` para reconectar essas tabelas. Na cláusula `JOIN` você especifica os campos que são usados para reconectar as linhas entre as tabelas.

A seguir está um exemplo de uma `SELECT` com uma cláusula `JOIN`:

```
SELECT * FROM Seguidores JOIN Pessoas
    ON Seguidores.de_id = Pessoas.id WHERE Pessoas.id = 1
```

A cláusula `JOIN` indica que os campos que estamos selecionando cruze as tabelas `Seguidores` e `Pessoas`. A cláusula `ON` indicada como as duas tabelas devem ser unidas: Pegue as linhas de `Seguidores` e acrescente a linha de `Pessoas` onde o campo `de_id` em `Seguidores` é o mesmo valor `id` na tabela `Pessoas`.

O resultado de JOIN é criar "metalinhas" extra-longas as quais possuem os campos de `Pessoas` e os campos correspondentes de `Seguidores`. Onde existem mais que um correspondente entre o campo `id` de `Pessoas` e o `de_id` de `Pessoas`, quando JOIN cria uma metalinha para *cada* par de linhas correspondentes, duplicaando dados conforme necessário.

A código a seguir demonstra dados que teremos no banco de dados após o programa multi-tables Twitter spider (acima) ser executado várias vezes.

```
import sqlite3

conn = sqlite3.connect('friends.sqlite')
```

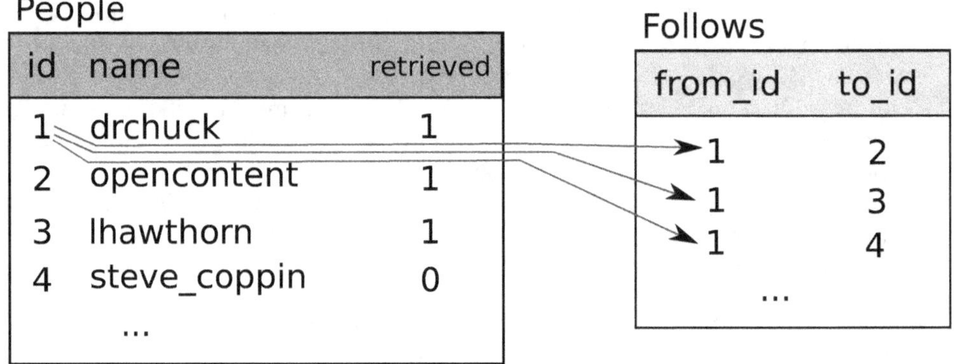

name	id	from_id	to_id	name
drchuck	1	1	2	opencontent
drchuck	1	1	3	lhawthorn
drchuck	1	1	4	steve_coppin

Figure 15.5: Conectando Tabelas Usando JOIN

```python
cur = conn.cursor()

cur.execute('SELECT * FROM People')
count = 0
print('People:')
for row in cur:
    if count < 5: print(row)
    count = count + 1
print(count, 'rows.')

cur.execute('SELECT * FROM Follows')
count = 0
print('Follows:')
for row in cur:
    if count < 5: print(row)
    count = count + 1
print(count, 'rows.')

cur.execute('''SELECT * FROM Follows JOIN People
        ON Follows.to_id = People.id
        WHERE Follows.from_id = 2''')
count = 0
print('Connections for id=2:')
for row in cur:
    if count < 5: print(row)
    count = count + 1
```

```
print(count, 'rows.')

cur.close()

# Code: http://www.py4e.com/code3/twjoin.py
```

Nesse programa, nós primeiramente expomos as `Pessoa` e os `Seguidores` e daí expomos um subconjunto do dados nas tabelas unidas.

Aqui está a saída do programa:

```
python twjoin.py
Pessoas:
(1, 'drchuck', 1)
(2, 'opencontent', 1)
(3, 'lhawthorn', 1)
(4, 'steve_coppin', 0)
(5, 'davidkocher', 0)
55 linhas.
Seguidores:
(1, 2)
(1, 3)
(1, 4)
(1, 5)
(1, 6)
60 linhas.
Conexões para id=2:
(2, 1, 1, 'drchuck', 1)
(2, 28, 28, 'cnxorg', 0)
(2, 30, 30, 'kthanos', 0)
(2, 102, 102, 'SomethingGirl', 0)
(2, 103, 103, 'ja_Pac', 0)
20 linhas.
```

Você vê as colunas da tabela `Pessoa` e `Seguidores` e o último conjunto de linhas é o resultado de `SELECT` com a cláusula `JOIN`.

Na última seleção, estamos olhando para contas que são amigas de "opencontent" (i.e., `Pessoa.id=2`).

Em cada uma das "metalinhas" na última seleção, a primeira das duas colunas são da tabela `Seguidores` seguido por três colunas através de cinco da tabela `Pessoas`. Você pode também ver que a segunda coluna (`Seguidores.to_id`) corresponde a terceira coluna (`Pessoas.id`) em cada das "metalinhas" associadas.

15.11 Sumário

Esse capítulo englobou muito assunto para te dar uma visão geral do básico sobre como usar base de dados em Python. É mais complicado escrever o código para usar a base de dados para guardar os dados que dicionários em Python ou arquivos simples, então existe pouca razão para usar banco de dados a não ser que sua aplicação realmente precise das capacidades de um banco de dados. As situações que um banco de dados pode ser útil são: (1) quando sua aplicação precisa fazer pequenas atualizações aleatórias em um grande conjunto de dados, (2) quando seus dados são tão grandes que não se encaixam num dicionário e você precisa analisar as informações repetidamente, ou (3) quando você tem um processo de longa duração que você é capaz de parar e reiniciar e manter as informações de uma inicialização para a outra.

Você pode construir uma simples base de dados com uma única tabela para satisfazer as necessidades da aplicação, mas várias aplicações exigirão várias tabelas e conexões/relações entre linhas em diferentes tabelas. Quando começar a fazer conexões entre tabelas, é importante fazer um projeto mais pensado e seguir as regras de normalização de base de dados para fazer melhor uso das suas capacidades. Visto que a principal motivação para usar um banco de dados é que há uma grande quantidade de dados para se lidar, é importante categorizar seus dados de maneira eficiente para que seu programa funcione o mais rápido possível.

15.12   Depurando

Um padrão comum quando você está desenvolvendo um programa Python para conexão de uma base de dados SQLite será a de iniciar o programa e conferir os resultados usando o navegador de banco de dados pro SQLite. O navegador te permite verificar rapidamente se o programa está funcionando corretamente.

Você precisa ter cuidado pois SQLite se certifica de evitar dois programas de modificarem o mesmo dado ao mesmo tempo. Por exemplo, se você abrir o banco de dados no navegador e modificá-lo, porém não pressionar o botão "salvar" ainda, o navegador "trava" o arquivo do banco de dados e evita qualquer outro programa de acessar o arquivo. Em particular, seu programa Python não será capaz de acessar o arquivo se ele estiver bloqueado.

Então a solução é ter certeza de fechar o navegador do banco de dados ou usar o menu *Arquivo* para fechar o banco de dados no navegador antes de tentar acessar a base de dados pelo Python para evitar o problema do código falhar por causa do banco de dados estar bloqueado.

15.13   Glossário

atributo Um dos valores da tupla. Mais comumente chamado de "coluna" ou "campo".

restrição Quando chamamos o banco de dados para import uma regra num campo ou numa linha numa tabela. Uma regra comum é restringir que não possa haver valores duplicados num campo em particular (i.e., todos os valores devem ser únicos).

cursor O cursor te permite executar comandos SQL no banco de dados e recuperar dados dele. O cursor é similar ao socket ou ao identificaor de arquivo das conexões de internet e arquivos, respectivamente.

navegador de banco de dados *Software* que te permite se conectar diretamente com o banco de dados para manipulá-lo diretamente sem escrever um programa.

chave externa Uma chave numérica que aponta para a primeira chave de uma linha de outra tabela. Chaves externas estabelecem relações entre linhas armazenadas em tabelas diferentes.

índice Dado adicional que o *software* do banco de dados conserva como linhas e adiciona na tabela pra facilitar acelerar a visualização dos dados.

chave lógica A chave que o "mundo externo" usa para visualizar uma linha em particular. Por exemplo em uma tabela de contas de usuários, o email de uma pessoa poderia ser um ótimo candidato a ser uma chave lógica para os dados do usuário.

normalização modelar os dados para que não haja réplicas. Guarda-se cada item dos dados em um local no banco de dados e se faz referência dele em outro lugar utilizando uma chave externa.

chave primária Uma chave numérica atribuída a cada linha é utilizada para se referenciar uma linha na tabela por meio de outra tabela. Usualmente os bancos de dados são configurados para atribuir automaticamente chaves primárias assim que linhas são inseridas.

relação Uma área no banco de dados que contém tuplas e atributos. Mais comumente chamada como "tabela".

tupla Uma entrada simples numa tabela do banco de dados que é um conjunto de atributos. Mais comumente chamada como "linha".

Capítulo 16

Visualização de dados

Até o momento, nós estávamos aprendendo a linguagem Python para depois aprendermos a como utilizá-lo, junto a bancos de dados e redes de computadores, para manipulação de dados.

Neste capítulo, nós analisaremos três aplicações que reúnem todas esses conceitos para gerir e vizualizar dados. Você poderá usar essas aplicações como um código base para te ajudar a começar a resolver um problema do mundo real.

Todas essas aplicações estão num arquivo ZIP que você pode fazer o dowload e extrair no seu computador.

16.1 Construindo um mapa do Google

Neste projeto, nós usaremos a API do Google de Geocodificação para organizar algumas informações geográficas de localização de nomes de universidades que foram disponibilizados por usuários, para então colocar esses dados em um mapa do Google.

Para começar faça o download da aplicação em:

www.py4e.com/code3/geodata.zip

O primeiro problema a ser resolvido é que a API de geocodificação gratuita do Google é limitada a um determinado número de solicitações por dia. Se você tem muitos dados, talvez seja necessário parar e reiniciar o processo de pesquisa várias vezes. Então por isso dividiremos o problema em duas fases.

Na primeira fase, utiliza-se os dados de "pesquisa" de entrada no arquivo *where.data* e lê-se uma linha de cada vez para recuperar as informações geocodificadas do Google e armazená-las em um banco de dados *geodata.sqlite*. Antes de usarmos a API de geocodificação para cada informação inserida pelo usuário, nós verificamos se já temos os dados dessa linha de entrada específica. O banco de dados está funcionando como um "cache" local dos nossos dados de geocodificação para garantir que nunca perguntemos ao Google sobre os mesmos dados duas vezes.

Figure 16.1: A Google Map

Você pode reiniciar o processo a qualquer momento removendo o arquivo *geodata.sqlite*.

Rode o program *geoload.py*. Este programa lerá as linhas de entrada em *where.data* e, para cada linha, ele checará se elas já estão no banco de dados. Em caso de os dados não existirem para o local analisado, a API de geocodificação será chamada para recuperar tais dados e guardar no banco SQL.

Aqui está uma amostra de execução após já existir alguns dados armazenados no banco de dados:

```
Found in database  Northeastern University
Found in database  University of Hong Kong, ...
Found in database  Technion
Found in database  Viswakarma Institute, Pune, India
Found in database  UMD
Found in database  Tufts University

Resolving Monash University
Retrieving http://maps.googleapis.com/maps/api/
    geocode/json?address=Monash+University
Retrieved 2063 characters {    "results" : [
{'status': 'OK', 'results': ... }

Resolving Kokshetau Institute of Economics and Management
Retrieving http://maps.googleapis.com/maps/api/
    geocode/json?address=Kokshetau+Inst ...
Retrieved 1749 characters {    "results" : [
```

```
{'status': 'OK', 'results': ... }
...
```

Os cinco primeiros lugares já estão no banco de dados e portanto, eles são pulados.
O programa escaneia o arquivo até o ponto em que ele encontra novos lugares e
começa a recuperá-los.

O programa *geoload.py* pode ser parado a qualquer momento, além disso, existe um
contador que você pode utilizar para limitar o número de vezes que se é chamada
a API de geocodificação a cada vez que se é executado o programa. Dado que
where.data apenas possui algumas centenas de itens de dados, sua execução não
deverá ultrapassar o limite diário, entretanto, se você precisa de mais dados, pode
ser que sejam necessárias várias execuções ao longo de vários dias para que se
consiga extrair os dados geocodificados desejados.

Assim que possuir seus dados carregados em *geodata.sqlite*, poderá visualizar os
dados usando o programa *geodump.py*. Este programa lê um banco de dados e
armazena no arquivo *where.js* a localização, latitude e longitude na forma de um
código em Javascript executável.

A execução do programa *geodump.py* é mostrada a seguir:

```
Northeastern University, ... Boston, MA 02115, USA 42.3396998 -71.08975
Bradley University, 1501 ... Peoria, IL 61625, USA 40.6963857 -89.6160811
...
Technion, Viazman 87, Kesalsaba, 32000, Israel 32.7775 35.0216667
Monash University Clayton ... VIC 3800, Australia -37.9152113 145.134682
Kokshetau, Kazakhstan 53.2833333 69.3833333
...
12 records written to where.js
Open where.html to view the data in a browser
```

O arquivo *where.html* consiste em um programa escrito em Html e Javascript para
visualizar um mapa do Google. Ele lê os dados mais recentes em *where.js* para
fazer com que os dados sejam visualizados. Aqui está o formato do arquivo do
where.js:

```
myData = [
[42.3396998,-71.08975, 'Northeastern Uni ... Boston, MA 02115'],
[40.6963857,-89.6160811, 'Bradley University, ... Peoria, IL 61625, USA'],
[32.7775,35.0216667, 'Technion, Viazman 87, Kesalsaba, 32000, Israel'],
   ...
];
```

Esta é uma variável em Javascript que contém uma lista de listas. A sintaxe para
uma lista constante nesta linguagem é muito semelhante à lista em Python, logo
esta sintaxe será familiar para você.

Simplesmente abra o arquivo *where.html* no seu navegador e veja as localizações.
Você poderá se aproximar de cada um dos pins para descobrir a localização que a
API de geocodificação retornará à entrada fornecida pelo usuário. Caso você não
consiga ver nenhum dado quando abrir o arquivo *where.html*, talvez seja preciso
checar o Javascript ou o console de desenvolvimento do seu navegador.

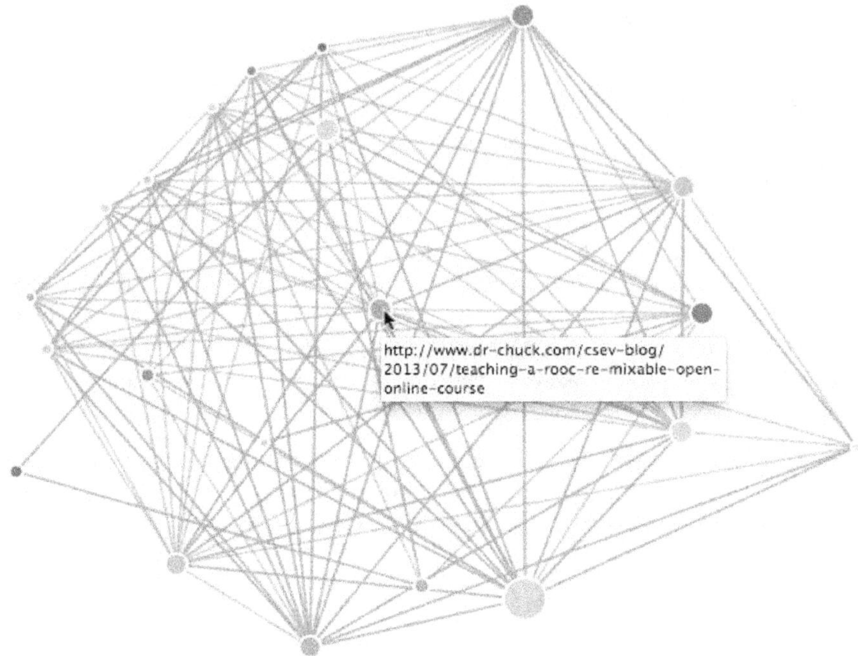

Figure 16.2: A Page Ranking

16.2   Vizualização de redes e interconexões

Nesta aplicação, executaremos algumas das funções de uma ferramenta de busca.
Primeiro, criaremos um pequeno subconjunto da web e executaremos uma versão simplificada do algoritmo de classificação do Google para determinar quais as
páginas estão mais altamente conectadas, para assim visualizar o *page rank* (um
ranking dado às páginas de acordo com sua relevância nas conexões entre links) e
a conectividade do nosso pequeno canto da web. Vamos usar a Biblioteca D3 de
visualização em JavaScript http://d3js.org/ para produzir a saída de visualização.

Você pode fazer o download e extrair essa aplicação do site:

www.py4e.com/code3/pagerank.zip

O primeiro programa (*spider.py*) rastreia um site e armazena uma série de páginas
para o banco de dados (*spider.sqlite*), gravando os links entre as páginas. Você
pode reiniciar o processo a qualquer momento removendo o arquivo *spider.sqlite* e
realizando uma nova execução do programa *spider.py*.

```
Enter web url or enter: http://www.dr-chuck.com/
['http://www.dr-chuck.com']
How many pages:2
1 http://www.dr-chuck.com/ 12
2 http://www.dr-chuck.com/csev-blog/ 57
How many pages:
```

Nesta amostra de execução, pedimos para rastrear um site e recuperar duas páginas.
Se você reiniciar o programa e solicitar que ele rastreie mais páginas, não rastreará

nenhuma página que já esteja no banco de dados. Ao reiniciá-lo, ele irá para uma página aleatória não rastreada e começará o rastreio a partir daí. Então, cada execução do programa *spider.py* é aditiva.

```
Enter web url or enter: http://www.dr-chuck.com/
['http://www.dr-chuck.com']
How many pages:3
3 http://www.dr-chuck.com/csev-blog 57
4 http://www.dr-chuck.com/dr-chuck/resume/speaking.htm 1
5 http://www.dr-chuck.com/dr-chuck/resume/index.htm 13
How many pages:
```

Você pode ter vários pontos de partida no mesmo banco de dados (dentro do programa), eles são chamados de *"webs"* ("teias" em português). A "aranha" escolhe aleatoriamente entre todos os links não visitados em todas as webs como a próxima página para rastrear.

Se você deseja visualizar o conteúdo do *spider.sqlite*, você pode executar o programa *spdump.py* da seguinte maneira:

```
(5, None, 1.0, 3, 'http://www.dr-chuck.com/csev-blog')
(3, None, 1.0, 4, 'http://www.dr-chuck.com/dr-chuck/resume/speaking.htm')
(1, None, 1.0, 2, 'http://www.dr-chuck.com/csev-blog/')
(1, None, 1.0, 5, 'http://www.dr-chuck.com/dr-chuck/resume/index.htm')
4 rows.
```

Isso mostra o número de links gravados, o antigo *page rank*, o novo *page rank*, o id da página, e o url dela. O programa *spdump.py* apenas mostra páginas que possuem, pelo menos, um link que aponta para elas.

Agora, com algumas páginas em seu banco de dados, você pode realizar a classificação das páginas (*page rank*) usando o programa *sprank.py*. Você simplesmente informa o número de iterações de *page rank* a serem executadas.

```
How many iterations:2
1 0.546848992536
2 0.226714939664
[(1, 0.559), (2, 0.659), (3, 0.985), (4, 2.135), (5, 0.659)]
```

Você pode verificar o banco de dados de novo para confirmar que o page rank foi atualizado.

```
(5, 1.0, 0.985, 3, 'http://www.dr-chuck.com/csev-blog')
(3, 1.0, 2.135, 4, 'http://www.dr-chuck.com/dr-chuck/resume/speaking.htm')
(1, 1.0, 0.659, 2, 'http://www.dr-chuck.com/csev-blog/')
(1, 1.0, 0.659, 5, 'http://www.dr-chuck.com/dr-chuck/resume/index.htm')
4 rows.
```

Você pode executar o programa *sprank.py* quantas vezes quiser, e ele simplesmente refinará a classificação das páginas a cada execução. Você pode até rodar o programa *sprank.py* algumas vezes e depois rastrear mais algumas páginas com o programa *spider.py*, para então executar o *sprank.py* novamente, a fim de reconvergir os valores do page rank. Um motor de busca geralmente executa os programas de rastreamento e classificação o tempo todo.

Se você deseja reiniciar os cálculos de page rank sem executar novamente o *spider.py*, você pode usar o programa *spreset.py* e assim reiniciar o *sprank.py*.

```
How many iterations:50
1 0.546848992536
2 0.226714939664
3 0.0659516187242
4 0.0244199333
5 0.0102096489546
6 0.00610244329379
...
42 0.000109076928206
43 9.91987599002e-05
44 9.02151706798e-05
45 8.20451504471e-05
46 7.46150183837e-05
47 6.7857770908e-05
48 6.17124694224e-05
49 5.61236959327e-05
50 5.10410499467e-05
[(512, 0.0296), (1, 12.79), (2, 28.93), (3, 6.808), (4, 13.46)]
```

Para cada iteração do algoritmo de page rank, é mostrado na tela a média de mudança no page rank por página. A rede inicialmente é bastante desequilibrada e, portanto, os valores individuais de classificação de página mudam bastante entre as iterações. No entanto, em algumas poucas iterações, o page rank converge. Você deveria rodar o programa *sprank.py* tempo suficiente para que os valores de page rank convirjam.

Se você deseja visualizar as principais páginas em termos de page rank, execute o programa *spjson.py* para ler o banco SQL e gravar os dados no formato JSON, para que as páginas mais altamente vinculadas sejam visualizadas em um navegador web.

```
Creating JSON output on spider.json...
How many nodes? 30
Open force.html in a browser to view the visualization
```

Você pode visualizar esses dados abrindo o arquivo *force.html* no seu navegador da web. Isso mostrará um layout automático dos nós e dos links. Você pode clicar e arrastar qualquer nó e também clicar duas vezes em um nó para encontrar o URL representadado por ele.

Se você executar novamente os outros utilitários, execute novamente o programa *spjson.py* e pressione atualizar no navegador para obter os novos dados do arquivo *spider.json*.

Figure 16.3: A Word Cloud from the Sakai Developer List

16.3 Vizualização de dados de e-mail

Até este ponto do livro, você se familiarizou bastante com nossos arquivos de dados *mbox-short.txt* e *mbox.txt*. Agora é hora de levar nossa análise dos dados de email para o próximo nível.

No mundo real, às vezes você precisa extrair dados de e-mail de servidores. Isso pode levar algum tempo, e os dados podem ser inconsistentes, cheios de erros, precisando de uma grande limpeza ou ajuste. Nesta seção, trabalharemos com uma aplicação, a mais complexa até agora, que lida com, aproximadamente, um gigabyte de dados e os visualiza.

Você pode fazer o download dessa aplicação pelo link:

www.py4e.com/code3/gmane.zip

Usaremos dados de um serviço gratuito de arquivamento de listas de e-mail chamado [www.gmane.org] (http://www.gmane.org). Este serviço é muito popular em projetos de código aberto, pois fornece um bom arquivo que pode ser utilizado para pesquisar suas atividades de email. Eles também têm uma política muito liberal em relação ao acesso aos dados por meio da API. Eles não têm limites de taxas, mas pedem para que você não sobrecarregue o serviço e utilize apenas os dados necessários. Você pode ler os termos e condições do gmane nesta página:

http://gmane.org/export.php

É muito importante que você use os dados do gmane.org responsavelmente, de forma a adicionar atrasos em seus acessos aos serviços desta plataforma, e, quando fizer trabalhos de longa duração, fazer com que eles se espalhem por um longo período de tempo. Não abuse deste serviço gratuito, pois fará com que ele seja arruinado para o resto de nós.

Quando os dados do email Sakai foram rastreados usando esse software, este produziu quase um Gigabyte de dados e necessitou de várias execuções em vários dias. O arquivo *README.txt* no ZIP acima pode ter instruções sobre como você pode baixar uma cópia pré-rastreada do arquivo *content.sqlite* para uma grande parte do corpo de e-mail Sakai, para que você não precise rastrear por cinco dias apenas para executar os programas. Se você baixar o conteúdo pré-rastreado, ainda deve executar o processo de rastreamento para acompanhar as mensagens mais recentes.

O primeiro passo é rastrar o repositório gmane. O URL base é codificado rigidamente no código em *gmane.py* e na lista de desenvolvedores Sakai. Você também pode rastrear outro repositório alterando o url base. Assegure-se de apagar o arquivo *content.sqlite* caso você altere o url.

O arquivo *gmane.py* funciona como uma aranha responsável pelo armazenamento em cache, que executa lentamente, buscando uma mensagem de e-mail por segundo para evitar ser suprimido pelo gmane. Ele armazena todos os seus dados em um banco de dados e pode ser interrompido e reiniciado quantas vezes for necessário. Pode ser que leve algumas horas para trabalhar com todos os dados. Desta forma, talvez você tenha que recomeçar algumas vezes.

Aqui está uma execução do arquivo *gmane.py* retornando as últimas cinco mensagens da lista de desenvolvedores de Sakai

```
How many messages:10
http://download.gmane.org/gmane.comp.cms.sakai.devel/51410/51411 9460
    nealcaidin@sakaifoundation.org 2013-04-05 re: [building ...
http://download.gmane.org/gmane.comp.cms.sakai.devel/51411/51412 3379
    samuelgutierrezjimenez@gmail.com 2013-04-06 re: [building ...
http://download.gmane.org/gmane.comp.cms.sakai.devel/51412/51413 9903
    da1@vt.edu 2013-04-05 [building sakai] melete 2.9 oracle ...
http://download.gmane.org/gmane.comp.cms.sakai.devel/51413/51414 349265
    m.shedid@elraed-it.com 2013-04-07 [building sakai] ...
http://download.gmane.org/gmane.comp.cms.sakai.devel/51414/51415 3481
    samuelgutierrezjimenez@gmail.com 2013-04-07 re: ...
http://download.gmane.org/gmane.comp.cms.sakai.devel/51415/51416 0

Does not start with From
```

O programa escaneia o arquivo *content.sqlite* a partir do número da primeira mensagem que não foi escaneada, começando a partir dela. Ele iria continuar escaneando até alcançar o número desejado de mensagens ou até encontrar uma página com uma mensagem que não está formatada corretamente.

Às vezes em gmane.org está faltando uma mensagem. Possivelmente, administradores podem ter deletado mensagens ou elas terem sido perdidas. Se seu escaneamento parar e parecer que ele encontrou uma mensagem perdida, vá no SQLITE Manager e adicione uma coluna com o Id que falta deixando os outros espaços em branco e reinicie o *gmane.py*. Isso fará com que o processo de escaneamento não fique travado e permitirá que ele continue. Essas mensagens vazias serão ignoradas na próxima fase do processo.

Uma coisa boa é que, depois que você houver escaneado todas as suas mensagens, contendo-as no arquivo *content.sqlite*, você poderá rodar o programa *gmane.py* novamente para adquirir novas mensagens a medida que elas são adicionadas à lista.

Os dados de *content.sqlite* são bem crus, com um modelo de dados ineficiente, além de não serem comprimidos. Isto é intencional, já que isto permitirá que você olhe o arquivo *content.sqlite* no seu SQLite Manager para debugar os problemas com o processo de escaneamento. Seria uma má ideia rodar alguma busca sobre este banco de dados, pois ela seria bastante lenta.

O segundo processo é rodar o programa *gmodel.py*. Ele lerá os dados crus do arquivo *content.sqlite* e produzirá uma versão mais limpa e mais bem modelada dos dados no arquivo *index.sqlite*. Este arquivo será bem menor (geralmente 10x menos) do que o *content.sqlite*, pois ele comprime o cabeçalho e o corpo do texto.

Toda vez que o programa *gmodel.py* rodar, ele deletará e reconstruirá o *index.sqlite*, permitindo você ajustar os seus parâmetros e editar as tabelas de mapeamento em *content.sqlite*, de forma a fazer você melhorar o processo de limpeza de dados. Aqui está uma amostra de execução do *gmodel.py*. Ele mostra na tela uma linha a cada vez em que forem processados 250 mensagens de e-mail, permitindo você de ver uma parte do progresso do programa. Este programa poderá estar em execução por um bom tempo, já que ele processará aproximadamente um Gigabyte de dados de e-mail.

```
Loaded allsenders 1588 and mapping 28 dns mapping 1
1 2005-12-08T23:34:30-06:00 ggolden22@mac.com
251 2005-12-22T10:03:20-08:00 tpamsler@ucdavis.edu
501 2006-01-12T11:17:34-05:00 lance@indiana.edu
751 2006-01-24T11:13:28-08:00 vrajgopalan@ucmerced.edu
...
```

O programa *gmodel.py* lida com um número de tarefas de limpeza de dados.

Os nomes de domínio .com, .org, .edu, and .net são truncados em dois níveis. Outros nomes de domínio são truncados em três níveis. Logo, si.umich.edu se torna umich.edu e caret.cam.ac.uk se torna cam.ac.uk. Endereços de e-mail também são forçados a serem minúsculos, e alguns dos endereços do @gmane.org descritos como o seguinte

```
arwhyte-63aXycvo3TyHXe+LvDLADg@public.gmane.org
```

são convertidos para o seu endereço real sempre que existir uma correspondência em outra parte do corpo da mensagem.

Na base de dados *mapping.sqlite*, existem duas tabelas que permitem você mapear tanto os nomes dos domínios como os endereços de e-mail do indivíduo, que mudam durante o passar do tempo. Por exemplo, Steve Githens utilizou os seguintes endereços de e-mail conforme ele foi mudando de emprego durante o tempo de vida da lista de desenvolvedores de Sakai:

```
s-githens@northwestern.edu
sgithens@cam.ac.uk
swgithen@mtu.edu
```

Você pode adicionar duas entradas para a tabela de Mapeamento em *mapping.sqlite* de forma que *gmodel.py* mapeará todas os três a um único endereço:

```
s-githens@northwestern.edu ->  swgithen@mtu.edu
sgithens@cam.ac.uk -> swgithen@mtu.edu
```

Você também pode fazer entradas similares na tabela DNSMapping se existir múltiplos nomes de DNS que você queira mapear para um único DNS. O mapeamento a seguir foi adicionado aos dados Sakai:

```
iupui.edu -> indiana.edu
```

logo todas as contas dos vários campus da Universidade de Indiana são monitoradas conjuntamente.

Você pode rodar o programa *gmodel.py* quantas vezes for preciso para melhorar a vizualização dos dados, além de poder adicionar mapeamentos para deixar os dados mais limpos. Quando você houver terminado, você terá uma boa versão indexada dos e-mails em *index.sqlite*. Este é o arquivo que deve ser utilizado para fazer a análise dos dados, com ele, a análise será bem rápida.

A primeira análise de dados mais simples é determinar "quem enviou mais e-mails" e "qual organização enviou mais e-mails"? Isto é feito utilizando o programa *gbasic.py*:

```
How many to dump? 5
Loaded messages= 51330 subjects= 25033 senders= 1584

Top 5 Email list participants
steve.swinsburg@gmail.com 2657
azeckoski@unicon.net 1742
ieb@tfd.co.uk 1591
csev@umich.edu 1304
david.horwitz@uct.ac.za 1184

Top 5 Email list organizations
gmail.com 7339
umich.edu 6243
uct.ac.za 2451
indiana.edu 2258
unicon.net 2055
```

Observe com que rapidez o código em *gbasic.py* é executado em comparação ao código em *gmane.py*, ou mesmo com aquele em *gmodel.py*. Eles estão todos trabalhando nos mesmos dados, mas *gbasic.py* está usando os dados compactados e normalizados que estão armazenados em *index.sqlite*. E se você tem muitos dados para gerenciar, um processo de várias etapas como o dessa aplicação pode demorar um pouco mais para ser desenvolvido, mas você economizará muito tempo quando você realmente começar a explorar e visualizar os seus dados.

Você pode produzir uma simples visualização da frequência de palavras nas linhas de assunto no arquivo *gword.py*:

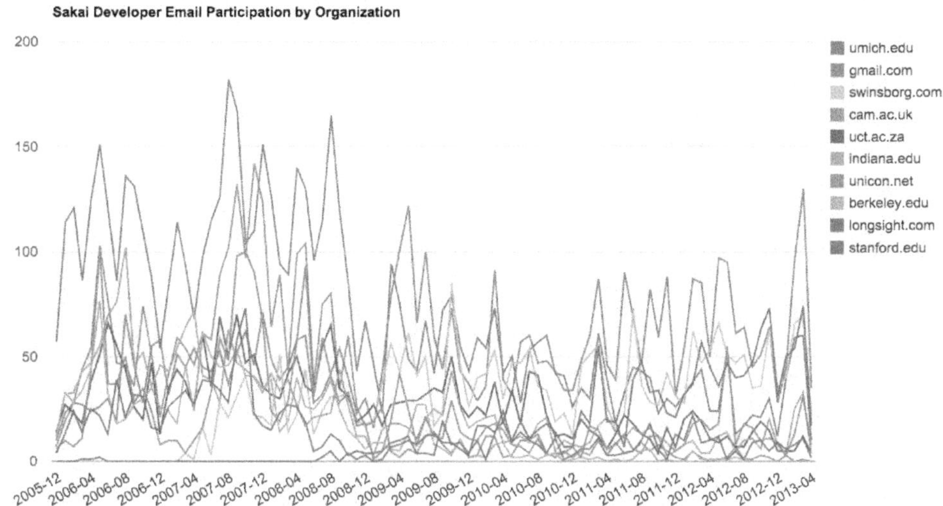

Figure 16.4: Sakai Mail Activity by Organization

```
Range of counts: 33229 129
Output written to gword.js
```

Isso produz o arquivo *gword.js*, que pode ser visualizado usando o programa *gword.htm* para produzir uma nuvem de palavras, semelhante àquela produzida no início desta seção.

Uma segunda visualização é produzida pelo código em *gline.py*. Neste código é calculado a participação de email pelas organizações ao longo do tempo.

```
Loaded messages= 51330 subjects= 25033 senders= 1584
Top 10 Oranizations
['gmail.com', 'umich.edu', 'uct.ac.za', 'indiana.edu',
'unicon.net', 'tfd.co.uk', 'berkeley.edu', 'longsight.com',
'stanford.edu', 'ox.ac.uk']
Output written to gline.js
```

Sua saída é gravada no arquivo *gline.js*, que é visualizada usando o programa *gline.htm*.

Esta é uma aplicação relativamente complexa e sofisticada, e tem características para realizar a recuperação, limpeza e visualização de dados reais.

Apêndice A

Contribuições

A.1 Lista de Contribuidores do Livro Python para Todos

Responsável pela tradução: Yuri Loia de Medeiros

Tradutores: Alysson Hyago, Andhré Carvalho, Giovana Oliveira, Lara Sobral, Maysa Freire, Natã Macedo, Pyettra Feitosa, Victor Marinho, Vinicius França, Vinicius Formiga, Vitor Araujo, Yuri Loia

Revisores: Antonio Marcos, Arthur Carneiro, Caio Porto, Debora Nunes, Gabriel Araújo Medeiros, João Pedro Melquiades, Lara Sobral, Pyettra Feitosa, Vinicius França, Yuri Loia

A.2 Lista de Contribuidores do Livro Python for Everybody

Elliott Hauser, Stephen Catto, Sue Blumenberg, Tamara Brunnock, Mihaela Mack, Chris Kolosiwsky, Dustin Farley, Jens Leerssen, Naveen KT, Mirza Ibrahimovic, Naveen (@togarnk), Zhou Fangyi, Alistair Walsh, Erica Brody, Jih-Sheng Huang, Louis Luangkesorn, and Michael Fudge

Você pode ver os detalhes das contribuições em:

https://github.com/csev/py4e/graphs/contributors

A.3 Lista de Contribuidores do Livro Python for Informatics

Bruce Shields pela revisão e correção dos primeiros rascunhos, Sarah Hegge, Steven Cherry, Sarah Kathleen Barbarow, Andrea Parker, Radaphat Chongthammakun, Megan Hixon, Kirby Urner, Sarah Kathleen Barbrow, Katie Kujala, Noah Botimer,

Emily Alinder, Mark Thompson-Kular, James Perry, Eric Hofer, Eytan Adar, Peter
Robinson, Deborah J. Nelson, Jonathan C. Anthony, Eden Rassette, Jeannette
Schroeder, Justin Feezell, Chuanqi Li, Gerald Gordinier, Gavin Thomas Strassel,
Ryan Clement, Alissa Talley, Caitlin Holman, Yong-Mi Kim, Karen Stover, Cherie
Edmonds, Maria Seiferle, Romer Kristi D. Aranas (RK), Grant Boyer, Hedemarrie
Dussan,

A.4   Prefácio de "Think Python"

A.4.1   A estranha história de "Think Python"

(Allen B. Downey)

Em janeiro de 1999 eu estava me preparando para ensinar uma disciplina intro-
dutória de programação em Java. Eu já a havia ministrado três vezes e estava
ficando frustrado. A taxa de reprovação da disciplina era muito alta e, mesmo
para alunos que eram bem sucedido, a satisfação era muito baixa.

Um dos problemas que vi foram os livros. Eles eram muito grandes, além de
possuírem muito detalhe desnecessário sobre Java, mas não tinham orientação de
alto nível sobre como programar. Todos eles sofriam com o efeito de alçapão: eles
começavam fácil, prosseguiam gradualmente e depois em algum lugar perto do
Capítulo 5 o fundo caia. Os estudantes recebiam muito conteúdo inédito, muito
rápido, e eu passaria o resto do semestre juntando os pedaços.

Duas semanas antes do primeiro dia de aula, decidi escrever meu próprio livro.
Meus objetivos eram:

- Ser curto. É melhor que os alunos lessem 10 páginas do que não lessem 50.

- Ter cuidado com o vocabulário. Eu tentei minimizar o jargão e definia cada
  termo na primeira utilização.

- Construir gradualmente. Para evitar alçapões, eu peguei os conteúdos mais
  difíceis   e os dividi em uma série de pequenos passos.

- Concentrar na programação, não na linguagem de programação. Eu incluí
  osubconjunto mínimo útil de Java e deixou de fora o resto.

Eu precisei de um título, então então, por um capricho, eu escolhi *How to Think
Like a Computer Scientist*.

Minha primeira versão foi difícil, mas funcionou. Os alunos fizeram a leitura e
entenderam o suficiente para que eu pudesse gastar o tempo de aula nos tópicos
difíceis, nos tópicos interessantes e (mais importante) deixar os alunos praticarem.

Eu lancei o livro sob a Licença GNU de Documentação Livre, esta permite que os
usuários copiem, modifiquem e distribuam o livro.

O que aconteceu em seguida é a parte legal. Jeff Elkner, um professor de ensino
médio em Virginia, adotoou meu livro e o traduziu para Python. Ele me mandou
uma cópia das traduções e eu tive a experiência não usual de aprender Python
lendo o meu próprio livro

Jeff e eu revisamos o livro, incorporamos um estudo de caso de Chris Meyers, e em 2001 nós lançamos *How to Think Like a Computer Scientist: Aprendendo com Python*, também sob a Licença GNU de Documentação Livre. Como Green Tea Press, publiquei o livro e comecei a vender cópias impressas através da Amazon.com e lojas de livros universitários. Outros livros de Green Tea Press estão disponíveis em [greenteapress.com] (greenteapress.com).

Em 2003, comecei a lecionar na Olin College e comecei a ensinar Python pela primeira vez. O contraste com o Java foi impressionante. Estudantes tiveram menos dificuldades, aprenderam mais, trabalharam em projetos mais interessantes, e geralmente se divertiram muito mais.

Nos últimos cinco anos, continuei desenvolvendo o livro, corrigindo erros, melhorando alguns dos exemplos e adicionando material, especialmente exercícios. Em 2008, comecei a trabalhar em uma grande revisão - no mesmo tempo, fui contatado por um editor da Cambridge University Press quem estava interessado em publicar a próxima edição. Bom momento!

Espero que você goste de trabalhar com este livro e que o ajude a aprender programa e pense, pelo menos um pouco, como um cientista da computação.

A.4.2 Agradecimentos de "Think Python"

(Allen B. Downey)

Primeiramente e mais importante, eu agradeço a Jeff Elkner, que traduziu meu livro de Java para Python, o que comunou no começo desse projeto e me introduziu para o que se tornou a minha linguagem favorita.

Eu também agradeço a Chris Meyers, que contribuiu com várias seções em *How to Think Like a Computer Scientist.*

E eu agradeço a Fundação de Software Livre por desenvolver a Licença GNU de Documentação Livre, a qual me ajudou a fazer a minha colaboração com Jeff e Chris possível

Agradeço também aos editores da Lulu que trabalharam no *How to Think Like a Computer Scientist.*

Agradeço a todos os alunos que trabalharam com versões anteriores deste livro e todos os contribuintes (listados no Apêndice) que enviaram correções e sugestões.

E agradeço à minha esposa, Lisa, por seu trabalho neste livro e pela Green Tea Press e tudo mais.

Allen B. Downey
Needham MA

Allen Downey é um Professor Associado de Ciência de Computação na Franklin W. Olin College of Engineering.

A.5 Lista de Contribuidores de "Think Python"

(Allen B. Downey)

Mais de 100 leitores perspicazes e atenciosos enviaram sugestões e correções nos últimos anos. Suas contribuições e entusiasmo por este projeto, tem sido uma grande ajuda.

Para os detalhes sobre a natureza de cada uma das contribuições destes indivíduos, consulte o livro "Think Python".

Lloyd Hugh Allen, Yvon Boulianne, Fred Bremmer, Jonah Cohen, Michael Conlon, Benoit Girard, Courtney Gleason and Katherine Smith, Lee Harr, James Kaylin, David Kershaw, Eddie Lam, Man-Yong Lee, David Mayo, Chris McAloon, Matthew J. Moelter, Simon Dicon Montford, John Ouzts, Kevin Parks, David Pool, Michael Schmitt, Robin Shaw, Paul Sleigh, Craig T. Snydal, Ian Thomas, Keith Verheyden, Peter Winstanley, Chris Wrobel, Moshe Zadka, Christoph Zwerschke, James Mayer, Hayden McAfee, Angel Arnal, Tauhidul Hoque and Lex Berezhny, Dr. Michele Alzetta, Andy Mitchell, Kalin Harvey, Christopher P. Smith, David Hutchins, Gregor Lingl, Julie Peters, Florin Oprina, D. J. Webre, Ken, Ivo Wever, Curtis Yanko, Ben Logan, Jason Armstrong, Louis Cordier, Brian Cain, Rob Black, Jean-Philippe Rey at Ecole Centrale Paris, Jason Mader at George Washington University made a number Jan Gundtofte-Bruun, Abel David and Alexis Dinno, Charles Thayer, Roger Sperberg, Sam Bull, Andrew Cheung, C. Corey Capel, Alessandra, Wim Champagne, Douglas Wright, Jared Spindor, Lin Peiheng, Ray Hagtvedt, Torsten Hübsch, Inga Petuhhov, Arne Babenhauserheide, Mark E. Casida, Scott Tyler, Gordon Shephard, Andrew Turner, Adam Hobart, Daryl Hammond and Sarah Zimmerman, George Sass, Brian Bingham, Leah Engelbert-Fenton, Joe Funke, Chao-chao Chen, Jeff Paine, Lubos Pintes, Gregg Lind and Abigail Heithoff, Max Hailperin, Chotipat Pornavalai, Stanislaw Antol, Eric Pashman, Miguel Azevedo, Jianhua Liu, Nick King, Martin Zuther, Adam Zimmerman, Ratnakar Tiwari, Anurag Goel, Kelli Kratzer, Mark Griffiths, Roydan Ongie, Patryk Wolowiec, Mark Chonofsky, Russell Coleman, Wei Huang, Karen Barber, Nam Nguyen, Stéphane Morin, Fernando Tardio, and Paul Stoop.

Apêndice B

Copyright Detail

This work is licensed under a Creative Common Attribution-NonCommercial-ShareAlike 3.0 Unported License. This license is available at

creativecommons.org/licenses/by-nc-sa/3.0/.

I would have preferred to license the book under the less restrictive CC-BY-SA license. But unfortunately there are a few unscrupulous organizations who search for and find freely licensed books, and then publish and sell virtually unchanged copies of the books on a print on demand service such as LuLu or CreateSpace. CreateSpace has (thankfully) added a policy that gives the wishes of the actual copyright holder preference over a non-copyright holder attempting to publish a freely licensed work. Unfortunately there are many print-on-demand services and very few have as well-considered a policy as CreateSpace.

Regretfully, I added the NC element to the license this book to give me recourse in case someone tries to clone this book and sell it commercially. Unfortunately, adding NC limits uses of this material that I would like to permit. So I have added this section of the document to describe specific situations where I am giving my permission in advance to use the material in this book in situations that some might consider commercial.

- If you are printing a limited number of copies of all or part of this book for use in a course (e.g., like a coursepack), then you are granted CC-BY license to these materials for that purpose.

- If you are a teacher at a university and you translate this book into a language other than English and teach using the translated book, then you can contact me and I will granted you a CC-BY-SA license to these materials with respect to the publication of your translation. In particular, you will be permitted to sell the resulting translated book commercially.

If you are intending to translate the book, you may want to contact me so we can make sure that you have all of the related course materials so you can translate them as well.

Of course, you are welcome to contact me and ask for permission if these clauses are not sufficient. In all cases, permission to reuse and remix this material will be granted as long as there is clear added value or benefit to students or teachers that will accrue as a result of the new work.

Charles Severance
www.dr-chuck.com
Ann Arbor, MI, USA
September 9, 2013